珍藏本·增订本

纪念版

汉译世界学术名著丛书

福利资本主义的三个世界

〔丹麦〕哥斯塔·埃斯平-安德森 著

李秉勤 译

Gøsta Esping-Andersen
THE THREE WORLDS OF WELFARE CAPITALISM
Polity Press Ltd., 1990
本书根据政体出版社 1990 年版译出

汉译世界学术名著丛书
（120年纪念版·珍藏本）
增订本出版说明

2017年10月，为纪念商务印书馆创立120周年，本馆推出“汉译世界学术名著丛书”（120年纪念版·珍藏本），计七百种。近五六年来，仰赖学界同人倾力支持，订正旧译，增补新译，拓展新著，积累日多。为满足读者需要，本馆在七百种的基础上，继续推出“汉译世界学术名著丛书”（120年纪念版·珍藏本·增订本）三百种。至此，“汉译世界学术名著丛书”累计出版已达千种。

今后，本馆将继续推进丛书的翻译出版工作，在积累单本名著的基础上陆续分辑刊行，汇印出版。为促进中外文明互鉴、推动我国学术发展，使“汉译世界学术名著丛书”这项对我国学术文化有基本建设意义的重大工程发挥更大作用，诚望海内外学术界、翻译界继续给予支持，帮助我们把这套丛书出得更好。

商务印书馆编辑部

2024年2月

汉译世界学术名著丛书
（120 年纪念版·珍藏本）
出版说明

2017 年 2 月 11 日，商务印书馆迎来 120 岁的生日。120 年前，商务印书馆前贤怀揣文化救国的理想，抱持“昌明教育，开启民智”的使命，立足本土，放眼寰宇，以出版为津梁，沟通中西，为中国、为世界提供最富智慧的思想文化成果。无论世事白云苍狗，潮流左右激荡，甚至战火硝烟弥漫，始终践行学术报国之志，无改初心。

逐译世界各国学术名著，即其一端。早在 20 世纪初年便出版《原富》《天演论》等影响至今的代表性著作，1950 年代后更致力于外国哲学和社会科学经典的译介，及至 1980 年代，辑为“汉译世界学术名著丛书”，汇涓为流，蔚为大观。丛书自 1981 年开始出版，历时三十余年，迄今已推出七百种，是我国现代出版史上规模最大、最为重要的学术翻译工程。

丛书所选之书，立场观点不囿于一派，学科领域不限于一门，皆为文明开启以来，各时代、各国家、各民族的思想与文化精粹，代表着人类已经到达过的精神境界。丛书系统译介世界学术经典，引领时代思想，为本土原创学术的发展提供丰富的文化滋养，为推动中国现代学术和现代化进程做出了突出的贡献。

为纪念商务印书馆成立120周年，我们整体推出“汉译世界学术名著丛书”120年纪念版的珍藏本，寄望既利于文化积累，又便于研读查考，同时向长期支持丛书出版的译者、编者和读者致以敬意。

两甲子后的今天，商务印书馆又站在了一个新的历史时间节点上。我们不仅要铭记先辈的身影和足迹，更须让我们的步伐充满新的时代精神。这是商务人代代相传的事业，更是与国家和民族的命运始终紧密相连的事业。我们责无旁贷，必须做好我们这代人的传承与创造，让我们的努力和成果不仅凝聚成民族文化的记忆，还能成为后来人可以接续的事业。唯此，才能不负前贤，无愧来者。

商务印书馆编辑部

2017年10月

目　录

第一部分　三种福利国家制度

第二部分　就业结构中的福利国家

结　论

表格目录

前　言 ix

虽然读起来或许不甚明显，但本书基于大量的真实数据和经年的统计计算。它借助了过去八年中构建起来的三个大型数据库。在对福利国家方案的制度特征分析中，数据来源于我和沃尔特·科皮从 1981 年开始在瑞典社会研究院承担的比较福利国家课题。若阿基姆·帕尔梅在收集、整理和分析数据的过程中做了大量的工作。在此，我还必须感谢瑞典银行三百周年基金和瑞典社会研究委员会对该项研究的资助。正文诸章中的多个表格均建立在此基础上，其资料来源被标注为“SSIB 数据档案”（Svensk Socialpolitik i International Belysning）。

对福利国家和劳动力市场相互作用的分析大部分基于 WEEP（Welfare State Entry and Exit Project，福利国家进入与退出课题）数据库，我们在“资料来源”处注明了“WEEP 数据档案”。WEEP 是一个涉及多个国家（包括 10 个国家 25 年的情况）的课题，始于 1985 年，由来自斯堪的纳维亚的让·埃温德·科尔贝格，以及来自柏林科学中心的李·雷恩沃特、马丁·赖因和我共同主持。要把所有的底层数据源都列举出来，至少要用一整章的篇幅。不过大体来说，WEEP 数据库取自国家劳动力调查和人口普查数据。这一数据库的建立，全部仰仗于谢勒·哈根、汤姆·丘萨克和弗莱德尔·纳斯侯德的帮助。此外，我还要衷心感谢北欧委员会和柏林科学中心的资助。

x 在詹纳·詹内利和乔伊斯·里斯的帮助下，第三套数据库于佛罗伦萨的欧洲大学研究院（EUI）建立起来，并得到了研究院的慷慨资助。这套数据包括了欧洲国家和美国的就业结构与变迁的时间序列和截面数据，其数据源主要是人口普查时的原始数据表和由国家统计局直接提供的未发表数据。在表格中引用这些数据时，我们直接注明了底层出处。遗憾的是，我们无法一一追溯至最早向我们提供这些数据的受访人员。我们直接依赖于他们的帮助，而他们往往要花费大量时间来处理对他们来说可能是很奇怪的请求。

在过去的八年中，我们接触了 18 个国家不计其数的政府部门和统计官员。仅构建数据库这项工作本身就是一项有价值的经验，值得与其他人分享。如果允许我排列一下次序，美国在这方面无可争议地位居第一。在我熟悉的国家里，没有任何一个国家的相关部门能和美国劳工部、普查局和社会保障管理局相提并论。无论是在所提供数据的数量、质量，还是慷慨乐助的程度方面，他国都难以望美国之项背。瑞典、挪威和英国差强人意，与美国仍存在一定差距。丹麦和意大利虽乐成人美，奈何其统计体系只能算得上二流。从我处理社会保障和劳动力数据的经验看，最差的当数德国（什么也找不到）和荷兰（什么都要花钱）。在瑞士，银行和保险公司通常是主要的数据来源。

在内容方面，本书的诞生要感谢马丁·赖因。是他让我意识到社会政策可以是一个非常振奋人心的研究领域。我有幸与马丁·赖因和李·雷恩沃特共事，本书一半的思想来源于此，另一半则是我与沃尔特·科皮、让·埃温德·科尔贝格及约翰·麦尔斯合作的结果——即使没有我的参与，这五个人说不定也可以共同写出比本书更好的版本。细心的读者可能会在本书中看出马丁·赖因的影子——在第六章和第八章尤为如是；约翰·麦尔斯之于第四章，让·埃温德·科尔贝格之于第六章同样如此。

本书第一章首次发表于《加拿大社会学与人类学评论》
（*Canadian Review of Sociology and Anthropology*）1989 年春季号，
此次稍做了修改。与之类似，第七章另一略有不同的版本在 H. 科 xi
曼、H. 帕娄海默和 P. F. 怀特利编写的《应对危机》（*Coping with*
the Crisis，伦敦，SAGE 出版社）一书中发表过。我对两家出版社
允许我将这两篇文章收录于本书表示感谢。

1 # 引　　言

福利国家是一个长期备受关注的研究领域。这并不令人意外，尤其是当我们考虑到 1960 和 1970 年代其在大多数国家的惊人发展态势。过去曾扮演守夜人角色的国家，曾制定法律、维护秩序的国家，曾推进军事扩张的国家，甚至曾通过压迫来维护集权统治的国家，如今纷纷转为了致力于生产和分配社会福利的国家。因此，研究福利国家有助于我们理解资本主义社会中出现的新的历史现象。

发达的资本主义国家对福利制度的强调各不相同。即使它们都把大部分的支出或人员用于福利，其提供的福利种类也存在着质的差异，并且福利目标相对于其他竞争对手——战争、维护法律及秩序、促进赢利和贸易——的优先级亦有所不同。

国家的历史特征在形成福利国家制度的过程中起着决定性的作用。吉登斯（1985）在近期的一本书中强调了战争与福利国家兴起的因果关系，然而这个因素在研究福利国家起源的海量文献中基本被忽视了。我们的论述未直接处理这一观点，但在强调专制主义和独裁统治的相对影响力时某种程度上间接支持了它。不过，我们的主要观点是，政治阶级联盟的历史是福利国家间产生差异的最具决定作用的因素。

对福利国家的研究既有狭义视角，也有广义视角。那些基于
狭义视角的人从传统意义上的社会调和角度来理解福利国家：收
入转移、社会服务，可能还象征性地涉及了住房问题。广义视角 2
常常把问题纳入政治经济学的范畴，其关注点集中于国家在管理
和组织经济方面的更广泛的作用。因此，按照广义视角，就业、
工资问题和管理宏观经济的能力都属于福利国家的有机组成部分。
从某种意义上看，这种方式所研究的主题是“凯恩斯式的福利国
家”，或——您也许更喜欢这个名称——“福利资本主义”。

本书采取的是广义的视角。这就是我们从古典和现代政治经济学谈起，并将最后三分之一的部分用来讨论就业和宏观经济管理的原因，也是我们倾向于采用“福利资本主义”和“福利国家制度”等术语的原因。

“福利国家制度”（welfare-state regimes）一词，在某种程度上，是把本书内容组织在一起的概念。原因有几点。首先，它的含义比较广泛，而福利国家（welfare state）的概念则几乎等同于传统的社会调和政策。其次，我们的目的是要阐述当代发达国家不仅在传统社会福利政策的构建方式上带有类聚性，而且这些福利政策对就业和总体社会结构的影响也带有类聚性。谈论“制度”，就是为了指明一项事实：在国家与经济的关系中，法律和组织特征是系统地相互交错的。

然而，更广的内涵也有不利之处。我们的目的是理解“全局”，所以无法对各种福利项目的特点进行详细剖析。比如，研究养老金时，我们并不是就事论事，而是要看它们如何阐释国家形成各自独特的公私混合体的方式。另一个类似的缺憾是，大规模

的比较性研究——正如本书采用的方式——没有办法对单个国家进行具体分析。如果读者熟悉本书所涉及的 18 个国家中的任何一个，就会感到我对该国的处理过于肤浅。遗憾的是，由于作者的局限和出版社的版面限制，这是进行宏观比较必然要付出的代价。

本书的写作过程中，笔者有两个信念。第一个信念是，现有的福利国家理论模型是不充分的。我们的抱负是，根据我们对福利国家重要内容的认识，完成一种再概念化和再理论化。社会项目的存在和它花费的金额可能不如其实际效果重要。我们将用较大的篇幅来论述这样一件事：判定一国是否为福利国家，关键要
3 看去商品化、社会分层和就业等方面。第二个信念是，只有通过比较实证研究，才能充分揭示凝聚或分裂现代福利国家的根本特性。社会科学的遥远梦想是提炼出社会运动的法则。无论是以资本主义、个人主义、现代主义，还是国家建设的逻辑进行提炼，其背后的假定都是存在一条趋同和相似的演化路径。而显然，“法则”意味着对其的背离不应出现。

比较研究的目的是（也将会）表明福利国家并非千篇一律。我们的研究确立了三种大不相同的制度类型，每一种都围绕着其自身的组织、分层和社会一体化的逻辑组织起来。它们各自在不同的历史力量推动下诞生，其发展轨迹也存在质的不同。

在第一章，我们把关于福利国家的辩论重新纳入政治经济学的知识传统中。这有助于使主要理论问题的焦点更明确。在此基础上，我们可以更好地具体论述福利国家的明显特征。传统的从支出角度对福利国家进行概念化的做法将不再适用。我们的最终目标是使对福利国家的研究“社会学化”。大部分研究把世界视为

线性的：各项变元——权力、工业化、支出——要么多，要么少。在这本书里，我们将福利国家理解作类聚为三种不同制度类型的国家群体。我们把这三种类型定义为保守、自由和“社会民主”。它们的形成和随后的发展难以用简洁的分析解释清楚。

在第二、三、四章，我们对福利国家的显著特征进行了再概念化。社会权利的范围总被视为社会政策的本质。受卡尔·波兰尼的启发，我们将社会权利视为实现“去商品化”的能力。社会权利的显著标准应该是它能在多大程度上允许人们在脱离纯市场力量的情况下享受一定的生活水平。从这个角度看，社会权利能够让公民不被看作“商品”。

社会分层是福利国家的一个重要特征。社会政策本应解决分层问题，但它同时也会产生新的分层。平等总被认为应该是福利国家的追求，然而对这一概念的理解一直相当模糊。有些分析认
为社会福利当然能够消除不平等，其他分析则聚焦于消除贫困或 4
整体的收入分配问题。但所有的研究都忽略了一点：福利国家本身就是一种分层系统。这一系统是扩大了还是缩小了现有的地位或阶级差异？它是否创造了二元主义、个人主义或广泛的社会团结？这些问题将在第三章讨论。

社会权利和社会分层都是由国家和市场在分配体系中的关系所形成的。对于社会民主主义者来说，依赖市场提供基本福利存在问题，因为市场不能提供不可剥夺的权利，而且无法保证公平。对于自由放任主义者来说，依赖福利国家也有风险，因为它限制了自由和效率。在第四章，我们探讨了公私部门之间的相互作用如何促成了不同福利国家制度的混合养老金体系。其中的观点有

二：第一，福利国家的活动与私人部门密不可分，必须将二者联系起来才能理解福利国家。第二，认为市场或国家中的某一个天然更适合于福利形成，这一想法只是幻想。相反，市场往往是政治的产物，是福利国家制度的一个有机组成部分。

本书第一部分探讨了福利国家的比较维度，并阐述了发达资本主义民主国家在三种不同制度之下的类聚。第二部分则考虑了这种现象的成因。在该部分的分析中，我们显然不能把视野局限在解释为什么有的福利国家在某个方面得分更高；我们还必须阐明，为什么世界上存在三种本质不同的福利国家逻辑。在第五章中，我们采用了标准的比较相关分析方法，以确定政治力量在福利国家形成过程中的相对重要性。我们的结论与学术共识的相符之处是，政治不仅重要，而且起决定作用。然而，与多数研究不同的是，我们认为工人阶级的政治动员并非总是关键因素。在某些制度下，工人阶级的作用已经不大了。我们必须将这些福利国家的演化理解为国家建设的历史和 / 或保守主义和天主教的影响所产生的结果。我们尝试把解释嵌入国家的政治历史之中。

本书第二部分大大扩展了研究的范围。此处研究的焦点并不主要在于福利国家的形成，而是更多地关心它们对经济的影响。具体而言，我们考查了福利国家与就业相互作用的三个方面。我们首先在第六章提出了一个论点，用以解释为什么劳动力市场结构与福利国家制度紧密联系。我们说明了二者之间的契合是惊人
5 的，不同国家劳动力市场的行为特征取决于福利国家的构建方式。

在第七章和第八章中，我们更为详细地研究了福利国家如何影响就业市场。我们选择了三个制度类型中的代表性国家。第七

章的重点是国家维持充分就业的能力，第八章的重点是就业结构的后工业转型。在前一章，我们分析了福利国家如何成为应对由充分就业承诺引发的困境和紧张局面的关键机制；在后一章，我们提出不应相信会出现一条普适的后工业就业途径。我们找到了三种本质不同的轨迹，每一种都受福利国家结构调整的影响。我们的结论是，每一种轨迹都会产生自己的分层效果，并导致了极为不同的矛盾。

由上，本书认为福利国家是构建不同战后资本主义模式的主要机制，因此将其命名为《福利资本主义的三个世界》。

第一部分

三种福利国家制度

第一章　福利国家的三种政治经济学理论[①] 9

古典政治经济学的遗绪

关于福利国家的大多数辩论主要围绕两个问题展开。首先，社会公民权的扩展是否会减弱阶级的重要性？换句话说，福利国家是否能从根本上改变资本主义社会？其次，福利国家发展背后的驱动力是什么？

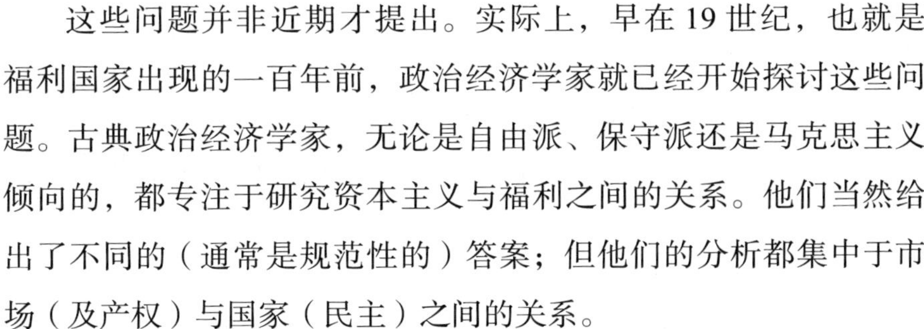

这些问题并非近期才提出。实际上，早在19世纪，也就是福利国家出现的一百年前，政治经济学家就已经开始探讨这些问题。古典政治经济学家，无论是自由派、保守派还是马克思主义倾向的，都专注于研究资本主义与福利之间的关系。他们当然给出了不同的（通常是规范性的）答案；但他们的分析都集中于市场（及产权）与国家（民主）之间的关系。

① 本章主要根据先前发表于1989年《加拿大社会学与人类学评论》（第26卷第2期）的文章进行改写，原文标题为“福利国家的三种政治经济学”。这一章节探讨了三种福利国家制度。

当代新自由主义在很大程度上是应和了古典自由政治经济学。在亚当·斯密看来，市场是消除阶级、不平等和特权的最佳手段。在必要的最低限度外，国家的干预只会扼杀竞争交换的均衡过程，并产生垄断、保护主义和低效率：国家维持阶级；市场则有可能解体阶级社会。[①]（斯密，1961年，第二卷，特别是第232—236页）

10 自由派政治经济学家在政策倡导方面意见并不统一。纳索·西尼尔和后来的曼彻斯特自由主义者强调了斯密理论中的自由放任元素，拒绝任何超出现金范畴的社会保护形式。约翰·斯图尔特·密尔和“改革派自由主义者”则倡导一定程度的政治监管。然而，他们都同意，通往平等与繁荣的道路应当由自由市场最大化和国家干预最小化来铺设。

他们对市场资本主义的热情拥抱，从现在的视角看来可能是站不住脚的。但我们不应忘记，他们所处的是维护着绝对特权、重商主义保护主义和普遍性腐败的国家，他们攻击的是一个压制自由和企业的政府体系。因此，他们的理论具有革命性。从这个角度来看，我们可以理解为什么亚当·斯密的一些观点有时会让人联想到卡尔·马克思。[②]

民主对于很多自由主义者来说是致命的弱点。只要资本主义

① 尽管许多人引用斯密的观点，但真正阅读并深入理解他作品的人却不多。仔细看他的作品会发现他还是比较严谨的，对资本主义的好处并不是毫无根据地表现出极度的热情。

② 《国富论》中，斯密对国家支持拥有财产而享受特权和保障的人的做法作出评论：“民权政府，只要它从制度上是保证财产安全，那它实际上就是从制度上保护富人不是穷人，或者保护拥有一些财产的人而不是根本没有财产的人。”（*The Wealth of Nations*, 1996, Ⅱ，第236页）

仍是小资产者的世界，财产本身就不会对民主有什么畏惧。但是随着工业化的发展，无产阶级大众登上了历史的舞台。对于他们来说，民主是限制有产者特权的手段。自由主义者对普选权的恐惧不无道理，因为它有可能使分配斗争政治化，扭曲市场，并助长低效。许多自由主义者发现，民主可能篡夺或破坏市场。

保守派的和马克思主义的政治经济学家都认识到了这一矛盾，但是提出了截然相反的解决方案。德国历史学派对自由资本主义的批判是保守派中最前后一致的，特别是弗里德里西·李斯特、阿道夫·瓦格纳、古斯塔夫·施莫勒。他们不相信市场中原始的现金关系是对经济效率唯一的或最好的保证。他们的理想是以父权制和绝对主义作为无阶级斗争资本主义的最佳法律、政治和社会框架。

一个著名的保守学派提出了“君主制福利国家”，用来保护社会福利、阶级和谐、对王权的忠诚和生产力。在这种模式中，高效的生产系统不是来源于竞争，而是产生于纪律。一个威权国家会比混乱的市场更善于调和国家、社会和个人的福祉。[1]

---

① 盎格鲁–撒克逊国家的读者几乎不知道有这么一个传统，因为这方面的资料很少被翻译成英文。一个影响了公众辩论以及后来社会立法的文献是阿道夫·瓦格纳的《论社会问题》（*Rede Ueber Die Soziale Frage*, 1872）。关于政治经济学这一传统的英语综述，可参阅熊彼特（1954），特别是鲍尔（1947）。

在天主教的传统方面，根本性的文献是两份教皇通谕，即《新事物》（*Rerum Novarum*, 1891）和《第四十年》（*Quadrogesimo Anno*, 1931）。天主教社会政治经济学的主张是形成一种社会组织，把紧密的家庭关系纳入跨阶级的集团中，国家按照辅助原则提供救助。新近的探讨，见里彻尔（1987）。

就像自由主义者一样，保守派政治经济学家也有他们的当代共鸣，尽管在数量上相对较少。一例这样的复兴是奥特马尔·斯潘恩在德国提出的，带有法西斯性质的“法团国家”（corporative [Standische] state）概念。辅助原则仍然指导着德国基督教民主主义政治的很多方面。（参见里彻尔，1987）

保守政治经济学的出现是对法国革命和巴黎公社的反应。它是十足的民族主义和反对革命的，并企图扼制民主的激情。它害怕社会均等化，更希望保持等级和阶层。社会地位、等级和阶层
11 是自然的和天定的；而阶级斗争却不是。如果允许普遍的民主，并允许消除权威和地位的界限，那么社会秩序必将崩溃。

马克思政治经济学不仅厌恶市场产生的原子化效应，而且反对自由派所谓的市场能够保证平等的观点。正如道布（1946）所述，资本积累剥夺了人们的财产所有权，最终使阶层分化加深。由于这些激化了的矛盾，自由主义国家不得不放弃自由和中立的理想，转而保护有产阶层。马克思主义认为，这就是阶级统治的基础。

由资本主义产生的阶层分化和社会不平等能否——以及在什么条件下能够——被议会制民主消除？这不仅是马克思主义的核心问题，而且也是当代所有围绕着福利国家的辩论的中心议题。

自由主义者害怕民主会导致社会主义，因而他们并不热衷于发扬民主。相比之下，社会主义者则怀疑议会制不过是一具空壳，或者如列宁所说，仅仅是一处“空谈之地”（叶索普，1982）。当代马克思主义理论的不少内容都沿用了这种思路，认为社会改革不过是在裱糊千疮百孔的资本主义秩序。从其定义看，它们不可能对工人阶级寻求解放的渴望作出反应。[①]

---

① 这一分析的主要支持者是德国的“国家演绎”（state derivation）学派（米勒和纽塞斯［1973］、奥菲［1972］、奥康纳［1973］、高夫［1979］，以及普兰萨斯［1973］）。正如斯考科波尔和阿曼塔（1986）在其精辟的综述中所指出的，这种方式决不是一维的。奥菲、奥康纳和高夫也提出，社会改革的功能还包括对大众需求的妥协，并可能自相矛盾。

从历史上看，社会主义对议会改革的反对，其动机更多地是基于现实而非理论。德国社会民主党的伟大领导者奥古斯特·倍倍尔拒绝了俾斯麦的开创性社会立法。这不是因为他不支持社会保护，而是由于俾斯麦改革背后明显的反社会主义和分裂动机。

要让社会主义者全心全意地接受对议会制更乐观的分析，首先需要对政治权利进行重大扩展。理论上最成熟的贡献来自奥地利—德国的马克思主义者，如阿德勒、鲍威尔、爱德华·海曼。根据海曼（1929）的观点，保守派的改革可能仅仅是出于压制劳工动员的愿望。但一旦改革开始推行，它们就会变得自相矛盾：当工人享有社会权利时，阶级力量的平衡就会发生根本性的改变，因为社会工资减少了工人对市场和雇主的依赖，从而变成了一种潜在的权力资源。在海曼看来，社会政策将一种外来元素引入资本主义政治经济体系。它是一匹特洛伊木马，可以偷越过资本主义和社会主义的边界。这种知识立场在马克思主义近来的发展中得到了相当程度的复兴（奥菲，1985；鲍尔斯和钦蒂斯，1986）。

如前面总结的，社会民主模式并不一定会放弃根本的平等，
这归根结底有赖于经济社会化这一正统观念。然而，历史很快表 12
明，通过议会制实现社会化是一个不切实际的目标。[①]

社会民主派拥抱议会改革主义作为其实现平等和社会主义的主导战略，是基于两个论点：第一，工人需要社会资源、健康和教育才能有效地成为社会主义的一分子；第二，社会政策不仅具有解放性，而且是经济效率的前提条件。（迈尔达尔和迈尔达尔，1936）遵循马克思的理论，福利政策的战略价值在于它们有助于

① 这一认识来自两种类型的历史经验。一种经验证明，即使以工人阶级为基础，社会化也并未受到热烈欢迎。典型例子是1920年代的瑞典社会主义。事实上，瑞典社会主义者成立了一个专门委员会来准备社会化计划，但经过十年的探索后他们得出结论：进行社会化是不可能的。另一种经验证明，资本家可以通过扣留投资和将资本输出国外，轻易破坏激进的提案。典型例子有挪威的社会主义者和1936年布卢姆领导的法国人民阵线政府。

促进资本主义生产力的提高。但社会民主战略的美妙之处在于，社会政策也会导致权力动员。通过消除贫困、失业和完全的工资依赖，福利国家增加了政治能力，减少了社会分裂，而这些分裂正是工人之间政治团结的障碍。

因此，从社会民主模式中，诞生了当代关于福利国家辩论的主要假设之一：议会阶级动员是实现社会主义理想——平等、正义、自由和团结——的手段。

福利国家的政治经济学

许多最近的学术研究，其基础都由政治经济学方面的前辈界定。他们分离出阶级、国家、市场和民主这些关键变量，并提出了有关公民身份和阶级、效率和平等、资本主义和社会主义的基本命题。当代的社会科学与古典政治经济学有两方面的重要不同。首先，它将自己定义为一种实证科学，并回避规范性的建议。（罗宾斯，1976）其次，古典政治经济学家对历史差异不感兴趣：他们认为自己终将找到一套具有普适性的规律。虽然当代政治经济学有时仍坚持对绝对真理的信仰，但是当今支撑了几乎所有优秀的政治经济学研究的却是比较和历史的方法，是一种揭示了变异性和渗透能力的方法。

尽管存在这些差异，近来的多数学术研究仍都聚焦于19世纪政治经济学所定义的国家与经济的关系。鉴于福利国家在过去的巨大扩张，政治经济学的不同理论纷纷选择以福利国家验证自己的主张，也在情理之中。

下文将对发达资本主义国家中福利国家发展的比较研究进行 13
综述。我们认为，大部分的学术研究方向有误，主要因为它们脱离了理论基础。因此，必须重新构造政治经济学的方法论和概念，以便充分研究福利国家。这是本章最后一节论述的重点。

在解释福利国家方面，主要有两种研究方法：一种强调结构与整体系统，另一种强调制度与行为者。

系统 / 结构主义方法

系统或结构主义理论试图全面捕捉发展逻辑。“意愿”由系统提出，因此所发生的事情很容易被解释为社会和经济再生产的功能性要求。因为其关注点集中在系统运行的规律，这种方法倾向于强调跨国家的相似性而不是差异，即工业化或资本主义超越了文化变异或权力关系中的差异。

这个理论的一种变体的起点是工业社会理论，即工业化使社会政策变得必要而且可能——必要是因为前工业化的社会再生产方式，如家庭、教会、贵族义务以及行会的凝聚力，被附属于现代化的力量所摧毁。这些力量包括社会流动性、城市化、个人主义以及市场依赖。问题的症结在于，市场并不能充分替代这些社会再生产模式，因为它只关照那些能够在市场中表现良好的人。因此，“福利功能”由民族国家来承担。

福利国家的出现也有赖于现代官僚制度的兴起。现代官僚制度是一种理性、普适、有效的组织形式。它是一种管理集体利益的手段，但也是一个独立的权力中心，因此倾向于促进自身的增长。这种思路构成了所谓“工业化的逻辑”视角的基础。在这一视角下，福利国家将在现代工业经济摧毁传统的社会制度时出现。（弗洛拉和阿尔贝，1981；普赖尔，1969）但这个理论很难解释为什么政府的社会政策要在传统社会被摧毁五十年后，甚至有时是一百年后才到来。对这个问题的基础性回应借鉴了 1883 年的瓦格纳法则（瓦格纳，1962），以及艾尔弗雷德·马歇尔（1920）的
14 观点——要有一定水平的经济发展及由此带来的剩余，才能允许稀缺资源从生产性用途（投资）转向福利。（威伦斯基和勒比奥克斯，1958）从这种意义上讲，这一理论沿袭了老式自由主义的思路：社会再分配威胁到效率，只有达到某一经济水平，才有可能避免因其对经济的冲抵作用而造成负和结果。（奥昆，1975）

新结构主义的马克思主义与这一观点惊人地相似。它放弃了前人强调以行动为中心的经典理论。它的分析起点是，福利国家是资本主义生产方式的必然产物。资本积累带来的矛盾迫使社会改革。（奥康纳，1973）和“工业化的逻辑”视角对官僚制度的重视相对，在马克思主义的传统看来，福利国家制度几乎无需由政治角色来推进，无论其是工会、社会主义政党、人道主义者还是开明的改革者。问题在于，国家的定位决定了它无论如何要服务于集体对资本的需要。因而，这个理论建立在两个重要的假设之上：第一，权力是结构性的；第二，国家是“相对”独立于阶级的指令的。（普兰萨斯，1973；布罗克，1977。近期对这个文献的评价，参见泰伯恩，1986a；斯考科波尔和阿曼塔，1986）

这种“资本主义逻辑”的视角引出了几个棘手的问题。第一，若是如普热沃尔斯基（1980）所言，工人阶级的认可是建立在物质霸权基础上的，即他们是自愿地服从资本主义制度的，那么很

难解释为什么高达40%的国民生产必须分配给福利国家的合法活动。第二个问题出在从“生产方式”的分析中推演出国家活动。东欧国家或许并不完全符合社会主义的标准，但也不是资本主义。然而，我们在其中也能发现“福利国家”的存在。也许无论累积如何进行，有些功能总在一定程度上不可或缺？（斯考科波尔和阿曼塔，1986；贝尔，1978）

制度方法

古典政治经济学者阐明了民主制度影响福利国家发展的原因。自由主义者担心完全的民主可能会危害市场，并且导致社会主义。在他们看来，自由带来了保护市场免受政治干扰的需要。在实践中，这也正是自由资本主义国家试图实现的目标。但正是这种政治与经济的分离，推动了许多制度主义的分析。以波兰尼（1944）

为最佳代表，还有一些历史学派的反民主论者也持同样观点，制 15
度方法坚持认为任何试图将经济从社会和政治制度中分离出来的做法都终将摧毁人类社会。经济必须植根于社会之中才能生存。因此，波兰尼把社会政策视为社会经济重新整合的一个必要条件。

最近，制度接轨理论（institutional alignment theory）中一个很有趣的分支提出，福利国家更容易在一个规模较小的开放经济体中出现。这类经济特别容易受到国际市场冲击。正如岑施泰因（1985）与卡梅伦（1978）指出的，当一国的商业与劳动力都易被外来力量所控制时，它就更可能通过政府和利益的协调来调节阶级分配的冲突。

从约翰·斯图尔特·密尔与亚历克西斯·德·托克维尔以来，

民主对福利国家的影响一直广受争论。但这些论述通常不涉及任何特定的社会动因或阶层。在这个意义上，它是制度性的。这一观点的经典表述非常简单：多数人支持通过社会分配来弥补市场的缺陷或风险。如果工薪阶层要求获得社会工资，则资本家（或农场主）也会更多地要求以关税、垄断或补贴的形式得到保护。而民主是一种无法抗拒大多数人要求的制度。

在现代的阐释方式中，这种民主理论产生了很多变体。其中一种认为，在国家建设的各个阶段，完全公民权的扩展必须包括社会权利。（马歇尔，1950；本迪克斯，1964；罗坎，1970）另一种变体由多元论（pluralist）与公共选择理论发展而来。它主张民主助长了政党围绕中间选民所进行的竞争，其结果是公共开支的增加。例如，蒂夫特（1978）认为，公共干预往往在竞选期间作为调动选民的手段而得到扩张。

从制度角度研究还面临许多实证问题。（斯考科波尔和阿曼塔，1986）制度观点认为，福利国家越发展，民主权利就越扩张。然而，历史事实与之相悖：福利国家的产生早于民主制度的实现，而且是出于限制民主制度的强烈动机。显然拿破仑三世统治下的法国、俾斯麦领导下的德国，以及冯·塔弗领导下的奥地利就是如此。相反，在较早实现民主的国家，例如美国、澳大利亚和瑞士，福利制度多发展迟缓。这个明显的矛盾只能用社会阶层与社会结构来解释：较早实现民主制的国家都以农业为主，并由小资产所有者支配。这些人利用他们的选举权来降低而不是提高税收。
16（迪克，1973）相比之下，即使民众并不情愿，专治政府也有能力提高税负。

社会阶层作为政治动因

前文论及，阶级动员理论（class mobilization）来源于社会民主政治经济学。它与结构主义和制度分析的不同在于，该理论强调社会阶层是变化的主要动因，并主张阶级力量的平衡决定着分配结果。要强调积极的阶级动员，并不一定要否定结构性力量或威权的重要性。（科皮，1983）但在原则上，议会能够很有效地把动员起来的力量转化成所需的政策及改革。因此，议会政治能够凌驾于威权之上，而且可以用来服务于资本的对立面的利益。更进一步，阶级动员理论假设福利国家的作用不仅限于减轻现行体系的病痛：一个“社会民主”福利国家本身就会为工薪阶层形成重要的权力资源，并且强化工人运动。正如海曼（1929）最初所主张的，社会权利逼退了资本主义权力的扩张。

为什么福利国家本身是一种权力资源，这个问题对该理论的适用性至关重要。答案是，市场中的工薪阶层从本质上是分散、分层的——他们被迫相互竞争，没有保障，并依赖自身无法控制的决策和力量。这限制了他们集体团结与动员的能力。普遍意义上的福利国家所追求的社会权利、收入保障、平等和消除贫困等目标，是动员集体力量所需要的实力与凝聚力的必要先决条件。（埃斯平–安德森，1985a）

这个理论所面临的最大困难是确定权力动员所需的条件。权力依赖于选民数量以及集体谈判所决定的资源。因此，权力动员依靠工会组织的水平、选票的份额，以及左派或工党在议会与内阁所占有的席位。但是，一个动因的力量不简单地局限于其拥有的资源：它还要取决于对立面所占有的资源、其动员的历史持久性以及权力联盟的模式。

阶级动员理论面临着若干有效的反对意见，其中三点尤其致
17 命。第一是决策和权力的场所可能会从议会转到调解利益的新法团主义机构（neo corporatist institution）。（肖恩菲尔德，1965；施密特和莱姆布拉什，1979）第二是工党影响福利国家发展的能力受到右翼政党权力结构的限制。卡斯尔斯（1978；1982）已经论述了保守党派的团结程度比左派的调动力量更加重要，其他作者则强调了荷兰、意大利和德国等国的宗教性（通常是社会天主教）政党已然动员了大批的工人阶级，并追求与其社会主义竞争者差异不大的福利国家方案（施密特，1982；威伦斯基，1981）。阶级动员理论因其“瑞典中心主义”而受到批评，即它对权力动员过程的定义过多地以瑞典的特殊经验为基础。（沙莱夫，1984）

这些反对意见认为阶级动员理论的阶级形成假设中存在一个基本错误：我们不能假设社会主义是动员工薪阶层的一个自然基础。实际上，仍然没有充分的资料说明工人在什么条件下会成为社会主义者。历史上，工人动员的自然组织基础是前资本主义社会，特别是行会，但也包括教会、种族或语言。现有的错误假设不能解释为什么荷兰、意大利或美国的工人在非社会主义的原则下仍然会动员起来。为什么社会主义在瑞典工人阶级中占有主导地位与为什么认信主义对荷兰人如此重要一样难以捉摸。

第三点，也可能是最根本性的反对意见，是这个模型认为权力是线性的。认为选票、工会化或议会席位的增加会转化成更强

的福利国家主义，这个观点有一定的问题。首先，不论是对社会主义政党还是对其他政党，在实践中“百分之五十”这道取得议会多数的神奇门槛似乎都无法逾越。（普热沃尔斯基，1985）其次，如果社会主义政党代表的是传统意义上的工人阶级，则他们的主张明显不可能实现。传统意义上的工人阶级占多数的例子很少；而且其角色正在被迅速地边缘化。[①]

近来，通过将巴灵顿·穆尔开创性的阶级联盟理论（the class coalition thesis）应用于现代国家的转型，这种工人阶级占少数与线性权力关系的综合问题或许有望解决。（韦尔和斯考科波尔，1985；固尔艾维奇，1986；埃斯平-安德森，1985a；埃斯平-安德森和弗里德兰，1982）因此，凯恩斯式的充分就业承诺和社会 18
民主福利国家的伟大成就，都可追溯到（不同程度上）强有力的工人运动与农民组织结成政治联盟的能力；也可以说，可持续的社会民主已经开始依赖于新工人—白领阶层联盟的形成。

阶级联盟的研究方法还有其他的优点。两个国家可能在工人阶级动员这个变量上的得分相近，但最终的政策结果却截然不同。典型的例子就是奥地利与瑞典。这可以用这两个国家的联盟形成史的差异来解释：瑞典社会民主主义之所以能取得霸权，是因为其有能力与农民结成著名的“红绿联盟”；相比之下，由于奥地利的农村阶层事实上被保守联盟掌控，社会主义者只能“蜗居一

① 这一问题显然不仅存在于议会制度的阶级假设；结构主义马克思主义在确定新中产阶级的阶级属性时也面临着类似的困境。如果无法证明新中产阶级构成一个新工人阶级，则马克思主义理论的两种变体都会面临严重的（虽然并不相同的）问题。

隅”，相对处于劣势。（埃斯平–安德森和科皮，1984）

总之，我们必须从社会关系的角度来考虑，而不能只看到社会类型。结构功能主义的解释看到了福利国家的趋同，阶级动员的范式看到了巨大的，但却是线性的差异，而联盟研究等互动模型则将我们的注意力引导到不同的福利国家制度。

什么是福利国家？

每种理论范式都必须以某个方式界定福利国家。我们如何判断福利国家何时，以及是否在功能上满足了工业化的需求，或资本主义再生产及其合法性？而我们又怎么来判断福利国家所作的回应是否恰好是动员起来的工人阶级所需要的？除非我们对所要解释的现象有共同的认识，否则无法验证聚讼纷纭的论点。

回顾文献，一个非常明显的特点是它们对福利国家本身并没有什么真正的兴趣。对福利国家的研究是由对其他现象的理论关注带来的，如权力、工业化，或资本主义面临的矛盾；福利国家本身从概念上几乎没有吸引到多少关注。如果福利国家各自不同，其不同点何在？而一个国家又是从什么时候开始可以真正地被称为福利国家？这把我们的注意力又直接拉回到最早提出的问题：什么是福利国家？

19 一个常见的教科书定义是，福利国家有义务保障其公民享有某些基本福利。这样的定义没有回答社会政策究竟是否具有解放性，是否有助于制度的合法性，是与市场过程相左还是有助于市场过程，以及所谓的“基本”实际到底指什么。要求福利国家满足公民基本或最低福利需求以外的需求，难道有所不当？

第一代的比较研究通常始于创造概念。它们不假思索地认定社会支出足以反映出国家对福利的承诺，其理论意图也并不是真的要去获得对福利国家的充分了解，而是要验证政治经济学中彼此相争的理论模型的有效性。通过按城市化、经济增长水平以及老年人在人口结构中的比例等指标对不同国家进行评分，这些研究自认为已经适当地考虑到了工业现代化的基本特征。而另一方面，以权力为导向的理论则致力于比较各国左派政党的实力或工人阶级力量的动员。

很难对第一代比较研究的成果进行评估，因为任何一个理论都没有令人信服的案例作为支撑。由于缺少用于比较的国家，可供同时检验的变量数从统计上就受到了限制。因此，当卡特赖特（1965）或威伦斯基（1975）发现经济水平及与之相关的人口和官僚体系因素能够解释“富国”中福利国家的大多变体时，并没有将工人阶级动员或经济开放度的有关测度纳入其分析之中。因而，他们支持“工业化的逻辑”的结论值得怀疑。而且，当休伊特（1977）、斯蒂芬斯（1979）、科皮（1983）、麦尔斯（1984a）与埃斯平-安德森（1985b）等人发现支持工人阶级动员理论的证据，或者当施密特（1982；1983）发现支持新法团主义的证据，以及当卡梅伦（1978）发现支持经济开放度的证据时，均未检验其他可能的解释。[①]

① 已有诸多作者对这一脉络的文献作了详尽的评论，例如威伦斯基等（1985）。更具批判性的优秀评估，见乌西塔洛（1984）、沙莱夫（1983）、斯考科波尔和阿曼塔（1986）。

这些研究大多声称解释了福利国家。然而，它们对支出的关注可能是误导性的。支出只是福利国家理论实质的表象。此外，社会学理论认为，权力、民主或福利之间相互联系且为结构性的现象，而线性评分（如权力、民主或支出水平的高低）的方式与这一观念相矛盾。使用支出水平来衡量福利国家的假设是所有支出的重要性都相同。但有些福利国家，例如奥地利，将大部分资金用于为享有特权的公务员群体提供福利。这并非我们考虑的对公民身份与国家凝聚力的投入。其他一些国家在经济状况限定性
20 社会救助的方面花费比例不当。很少有当代分析者会同意，改良的贫困救济传统也可以视为福利国家的承诺。一些国家斥巨资为主要惠及中产阶级的私人保险计划提供税收优惠，这是一种财政福利，但却无法在国民支出账户中体现。英国在撒切尔执政时期，总社会支出有所增长，但几乎完全是由高失业率造成的。某些项目上的低支出或许更能显示福利国家对充分就业的承诺之认真。

泰伯恩（1983）认为我们应该从明确国家结构的概念开始，这个观点是正确的。我们应使用哪些标准来判断一个国家是否，以及从何时开始可以算作福利国家？有三种回答这个问题的方式。第一种方式，即泰伯恩的建议，是从国家活动的历史转变开始。一国能被称为真正的福利国家，底线是其大部分日常活动必定是服务于家庭的福利需求。这个标准影响深远。如果我们仅以支出与人员来测度国家的例行活动，则在1970年代以前，没有一个国家可以真正称得上是福利国家。即使通常被称为福利国家的那些国家也无法符合这个标准，因为它们的大部分例行活动主要集中

在国防、法律与秩序、行政等方面。（泰伯恩，1983）社会学家往往过于轻信一个国家对其已达到福利国家地位的自诩。而且他们的结论也下得太快，仿佛标准的社会方案一经引进，福利国家就诞生了。

第二种是概念方法，源自理查德·蒂特马斯（1958）对补缺式与制度式福利国家的经典区分。在前一模式中，国家只有在家庭或市场失败时才承担责任，试图将承诺限制在处于边缘且值得帮助的社会群体。而后一模式则针对整个人口，是普遍性的，且包含制度化的福利承诺。原则上，它会将福利承诺扩大到所有对社会福利影响重大的分配领域。

蒂特马斯的方法孕育了比较福利国家研究中形形色色的新发展（麦尔斯，1984a；科皮，1980；埃斯平-安德森和科皮，1984，1986；埃斯平-安德森，1985b）。这个方法迫使研究者从支出的黑箱转向福利国家的内涵：方案是针对性的还是普遍性的、福利的享受条件、福利与服务的质量，以及或许也是最重要的，就业与工作在多大程度上被纳入国家对公民权的扩展中。这种福利国家分类的转变使得对其的简单线性排序难以为继。概念上，我们是 21
在分类比较不同类型的国家。

第三种是从理论上选择评判标准，再据以判断福利国家的类型。具体而言，可将实际的福利国家与某个抽象模型相比较，然后对各个方案或整个福利国家进行评分。（达伊，1978；麦尔斯，1984a）但这种方式是反历史的，而且不一定能捕捉到历史人物在争取实现福利国家的过程中所追求的理想与设计。如果我们的目标是验证包含行动者在内的因果理论，我们应该从在福利国家发展历史中举足轻重的人物倡导的要求出发。很难想象有人会把支出本身作为奋斗目标。

福利国家的再界定

很少有人不同意托马斯·汉弗莱·马歇尔（1950）的主张，即社会公民权构成了福利国家的核心理念。但是，我们必须对这个概念加以丰富。首先，它必须包含社会权利的赋予。如果社会权利具有与财产权一样的法律与实际地位，如果它们是不可侵犯的，而且如果赋予社会权利的基础是公民身份而不是个体的市场表现，那么它们将带来个人的去商品化。但社会公民权的概念也包含了社会分层：一个人的公民身份将会与其阶层地位相竞争，甚至取代后者。

福利国家不能仅从权利赋予的角度来理解。我们也必须考虑到国家活动如何与市场和家庭在社会供给中的角色紧密相连。在对福利国家作出任何理论界定之前，有三个必须首先进行阐释的主要原则。

权利与去商品化

在前资本主义社会中，很少有工人真正称得上是商品，即纯靠贩卖劳动力来维持生存。只有当市场普及而且居主导地位之后，个人的福利才开始完全依赖现金交易关系。在剥离了除劳动合同外的其他保障社会再生产的制度安排之后，人们就被商品化了。与之相对，现代社会权利的引入则暗示着纯粹商品地位的放松。

当获得某些服务被视为一种权利，并且一个人不必依赖市场就能 22
维持生活时，去商品化就出现了。

如果社会救助或保险不能把个人真正地从对市场的依赖中解脱出来，则未必能够带来明显的去商品化。经济状况限定性贫困救济可能会提供一张最终的安全网。但是，假若救济水平很低，并且会带来社会污名问题，则这个救济体系无非是逼迫一切可能的人投身于市场。这正是19世纪时多数国家济贫法的意图。与此相似，早期的多数社会保险方案也是为使劳动市场得以最充分发挥而刻意设计的。（欧格斯，1979）

无疑，去商品化在福利国家的发展中已经历很多争议。对劳动者而言，去商品化一直处于优先的地位。当工人完全地依赖市场时，就难以被动员起来团结行动。因为他们所掌握的资源反映出市场的不平等，“内”“外”之间出现的分化使得工人运动难以形成。去商品化使工人强大起来，同时削弱了雇主的绝对权威。正是出于这个原因，雇主们一直反对去商品化。

在当代福利国家中，去商品化权利的发展各不相同。在以社会救助为主导的福利国家中，权利并不那么依附于工作表现，而是依附于所能显示出来的需要。然而，对需要的审查与往往是微薄的救济，却抑制了去商品化的效果。因此，在以这个模式为主的国家（主要是盎格鲁–撒克逊国家），市场实际得到了强化，因为除了那些市场中的失败者，所有的人都被鼓励与私人部门签订契约，取得福利。

第二种主要的模式奉行强制性的国家社会保险，并且其中包含的权利十分丰富。但同样，该模式也未必能自动保证实质性的去商品化，因为这在很大程度上要由享受资格与福利规则的设计来决定。德国在社会保险方面是先行者，但20世纪的大部分时间里，其社会保险方案在去商品化方面取得的成就都很有限。福利金几乎完全依赖缴费，即依赖工作与就业。换言之，重要的不单是社会权利存在与否的问题，还有相应的规则与前提条件。这些规则与条件决定了福利方案能真正替代市场依赖的程度。

第三种主要的福利模式是贝弗里奇式的公民福利。初看，这
23 似乎是最能实现去商品化的模式。它不计以前的收入、缴费情况或市场表现，提供了一种最基本的、对所有人平等的福利。它可能确实更具有团结性，但不一定是去商品化的，因为这类方案很少能使福利金达到让领取者真心选择工作与否的标准。

在实践中，去商品化的福利国家是不久前才出现的。其最基本的定义必须包括公民在自认为必要的时候，能够自由地选择暂停工作，而不会丧失职位、收入或一般的福利。考虑到这一点，我们就会要求，例如，疾病保险保证个人的救济金等于正常收入，个人提供最低限度的医疗证明就有权利请假，而休假的时间长短由个人视需要认定。值得注意的是，学术工作者、公务员与较高阶层的白领雇员通常会享受这些条件。同样的思路也可用于养老金、产假、子女抚育假、教育假以及失业保险。

直到最近才有一些国家向着这种去商品化的水平迈进，且在很多情况下还出现了明显的豁免。1960年代末与1970年代初，几乎所有国家的福利金水平都上升到近于正常工资的水平。但在有些国家，申请病休仍然必须提供即时的医疗证明；在另外一些国家，必须经过长达两周的等待期才能有资格申请休假；更有一些

国家，休假的期限非常短。我们在第二章会看到，斯堪的纳维亚福利国家最具有去商品化特性，而盎格鲁–撒克逊国家的去商品化程度最低。

福利国家作为一个分层体系

虽然古典政治经济学与 T. H. 马歇尔富于开创性的作品中都强调了公民权与社会阶层之间的关系，但无论从理论还是实证层面，这种关系一向受到忽视。通常，这个议题要么在假定中即被排除（人们想当然地认为福利国家创造了更平等的社会），要么仅从收入分配或教育是否促进向上的社会流动这种狭窄的角度出发。一个更基本的问题是，社会政策究竟促进了怎样的分层体系。福利国家不仅仅是一个干预或可能修正不平等结构的机制；它本身就构成了一个分层体系，是一种安排社会关系的积极力量。

我们可以从比较和历史的角度轻易地找到存在于福利国家内 24
的不同分层体系。贫困救济的传统及其衍生的当代经济状况限定性社会救助显然带有分层目的。通过惩罚和污名化接受救助者，它们助长了社会二元主义，也因而成为工人运动攻击的主要目标。

由俾斯麦和冯·塔弗等保守改革者提倡的社会保险模式同样是一种明确的阶级政治。事实上，它试图同时实现两种分层效果：一是为不同阶层和地位的群体制定不同的方案，每个方案都通过其独特的权利和特权来强调个人在生活中的适当位置，从而巩固工薪阶层之间的分化；二是将个人的忠诚直接与君主制度或中央政府权威结合起来，这也是俾斯麦提倡国家直接补充养老金福利的动机。这种国家法团主义模式在德国、奥地利、意大利和法国得到推崇，促成了与社会地位挂钩的极为复杂的保险基金。

这种法团主义传统中特别重要的一环是为公务员（Beamten）提供特权福利。这既是鼓励对国家的忠诚，也是标明这一社会群体独特而优越社会地位的手段。法团主义的地位区分模式主要源自旧有的行会传统，而像俾斯麦这样的新专制主义独裁者则在其中发现了打击新兴工人运动的手段。

工人运动对法团主义模式的敌意一如他们对待贫困救济的态度，且二者都理由充分。然而，工人所倡导的其他模式，在将工人联合为一个团结的阶级方面，也存在不少问题。工人首先追求的几乎总是自发组织的友谊型社团或类似的、由工会或政党支持的兄弟会式福利计划。这并不奇怪：工人对站在他们对立面的国家机器支持的改革持怀疑态度，同时认为他们自己的组织不仅是阶级动员的基地，也是另一个团结和正义的世界的萌芽，是即将到来的社会主义乌托邦的缩影。但这些微型社会主义社团常常成为问题重重的分层据点，导致工人分化而非团结。会员资格通常限于工人阶级中最强大的阶层，而最脆弱、最需要保护的人往往
25 被排除在外。简而言之，这种兄弟会式模式阻碍了工人阶级的动员目标。

当社会主义政党发现需要组建政府，并实现它们长期追求的社会改革时，这种社会主义的“据点方式”变成了额外的负担。为了在政治上建立联盟并促进更广泛的团结，他们不得不将福利模式修改为面向“人民”的福利。因此，社会主义者开始拥护普遍主义原则。他们借鉴了自由主义者的思想，其方案通常按照民主的单一费率、由一般收入提供资金的贝弗里奇模式设计。

作为经济状况限定性救助和法团主义社会保险之外的另一个选择，普遍主义体系提倡地位平等。所有公民，无论其阶级或市场地位，都被赋予了相似的权利。从这个角度看，这个体系旨在促进跨阶级的整合，即整个国家的团结。但是，单一费率的普遍主义整合需要一种历史上比较独特的阶级结构，即人口的绝大多数是“小人物”。对他们来说，适度的——尽管是平均的——福利水平可能就足够了。但当这种独特的阶级结构无法维持，例如随着工人阶级财富的增长和新中产阶级的兴起时，单一费率的普遍主义在无意中加剧了社会的分化，因为较富裕的人群会转向私人保险和附加福利（fringe benefits）谈判，以增补既有的福利，满足他们习惯的高水平。当这一过程开始后（如在加拿大和英国），普遍主义所持的美好平等理念将转变为类似社会救助国家的二元格局：穷人依赖国家，而其他人依赖市场。

实际上，不仅是普遍主义体系，所有的福利国家模式在历史上都面临阶级结构变化的挑战。但因为它们对财富和中产阶级增长的反应各不相同，其各自的社会分层结果也并不一样。从某种程度上说，由于法团主义的保险传统由于能够较容易地从技术上升级现有体系，以分配更充足的福利金，因此能够更好地管理对福利国家的新期望和更高要求。1957 年德国阿登纳政府的养老金改革就是这方面的先驱。这项改革旨在重塑因过去的保险体系无力提供符合个人期望的福利而受到削弱的地位差异。为此，它将之前的按缴费定级的福利转变为按收入定级的福利，但并没有改变地位区分的框架。

无论是实行社会救助制度，还是实行普遍主义贝弗里奇体系

26 的国家，都面临一个选择：是让市场还是让国家来提供足够的资金，以满足中产阶级的期望。不同的政治选择导致了两种不同的模式。一种以英国和大部分盎格鲁-撒克逊国家为典型，它们保持了国家层面温和的普遍主义，同时允许市场为日益增长的、追求更高福利的社会阶层提供服务。由于这些群体所拥有的政治力量，在国家和市场的二元化之外，福利国家的各种转移支付之间也出现了二元化的现象：在这些国家中，最快增长的公共支出项目之一是对所谓“私人”福利计划的税收补贴。其典型政治效果是公共转移支付体系的普遍性日渐减弱，中产阶级对其的支持也随之下降。

另一种模式则试图在市场之外寻求普遍主义和充分性的融合。一些国家已经沿着这条路走下去，通过国家指令或立法，在单一费率的平等主义保险方案之上，额外建立一个奢侈的第二层次，将新中产阶级纳入这一普遍的、与收入挂钩的保险方案中。最著名的例子是瑞典和挪威，它们通过使福利金与预期相协调，重新引入了福利金的不平等，但有效地阻止了市场力量的介入。因此，它们成功地维持了普遍主义，并保持了政治上的一致性。这种类型的福利国家必须以高额的税收为支撑，而广泛且一致的支持对此至关重要。

福利国家体制

当我们调查社会权利与福利国家分层的国际变体时，会发现国家、市场与家庭之间的制度安排性质各不相同。福利国家的各种变体并不是按线性方式分布，而是根据体制类型形成不同的聚类。

第一种聚类是“自由的”福利国家，主要以经济状况限定性救助、有限的普遍性转移或有限的社会保险计划为主导。这种模式的福利主要面向低收入人群，通常是工人阶级或依赖国家的群体。在这里，社会改革的进展受到传统的自由工作伦理标准的严格限制：福利的上限等同于选择福利而不是工作的边际倾向。因此，领取资格的规定是苛刻的，并经常带来污名化效果；福利通常也是有限的。反过来，国家采取消极（通过仅提供最低水平的 27
保障）或积极（通过补贴私人福利计划）的方式鼓励市场。

结果是，这类体制将去商品化的效果降到最低，有效地控制了社会权利的范围，并建立了一种分层秩序，将国家福利接受者之间的贫穷的相对平等、面向多数群体的由市场区分的福利，以及这两者之间的阶层政治二元分割融合在一起。这种模式的典例包括美国、加拿大和澳大利亚。

第二种体制类型的聚类包括奥地利、法国、德国和意大利等，它们的法团国家主义历史遗产得到升级，以适应新的“后工业”阶级结构。在这些保守且法团主义色彩浓厚的福利国家，自由主义对市场效率和商品化的迷恋从未过分突出，因此社会权利的赋予也从未受到严肃的争议。它们主要考虑的问题是如何维持地位差异；因此，权利附属于阶层和地位。这种法团主义与国家结构的结合随时准备取代市场成为福利提供者；因此，私人保险和职业附加福利往往处于边缘地位。另一方面，国家的重点在于维持地位差异，这意味着再分配效果可以忽略不计。

然而，法团主义体制通常受到教会的影响，因而极力维护传统家庭关系。社会保险通常排除没有工作的家庭主妇，家庭福利则鼓励母职。托儿所和类似的家庭服务明显得不到发展；这种“辅助性”原则强调，只有当家庭为其成员提供服务的能力彻底枯竭时，国家才会介入。

第三种，也是规模最小的体制聚类，是将普遍主义原则和去商品化的社会权利扩展到新中产阶级的国家。在这些国家中，社会民主显然是社会改革的主导力量，我们可以称之为“社会民主”体制类型。社会民主主义者不允许国家与市场之间，以及工人阶级与中产阶级之间出现二元分化，他们追求在福利国家实现最高水平的平等，而不是其他制度所追求的最低需求层次的平等。这首先意味着服务和福利必须达到满足新中产阶级挑剔品味的水平；其次，平等的实现来源于确保工人充分享受富裕人群所能享有的权利。

28 这种模式转化为高度去商品化和普遍性方案的混合，但这些方案是根据不同的预期制定的。因此，体力劳动者也能享有与薪资白领或公务员相同的权利。所有社会阶层都被纳入一个普遍的保险体系中，福利按设定的收入累进。这一模式排斥了市场，因而形成了一种支持福利国家的本质上的普遍团结。所有人都是受益者，都是依赖者，也都认为有义务为此支付。

社会民主体制的解放性政策旨在应对市场和传统家庭两方面。与法团主义的辅助性模式不同，社会民主体制的原则是在家庭的救助能力枯竭之前，先行将家庭关系的成本社会化。其理念不是最大化对家庭的依赖，而是最大化个人的独立能力。因此，这种模式可以说是自由主义与社会主义的独特结合。其结果是福利国家直接向儿童提供转移支付，并承担起照顾儿童、老人和无助者的直接责任。因此，它承担了沉重的社会服务负担，不仅服务于家庭需求，也使女性能够选择工作而不是囿于家庭。

社会民主体制最显著的特点可能是福利与工作的结合。它真诚地承诺保证充分就业，并且完全依赖这一目标的实现。一方面，工作权与收入保护权地位相同；另一方面，由于维持团结的、普遍的、去商品化的福利体系需要巨大成本，它必须最小化社会问题并最大化税收。显然，让大多数人工作，让尽可能少的人依赖社会转移，是维持这个制度的最佳方式。

其他两种体制类型都不将充分就业视为福利国家承诺的核心组成部分。在保守主义传统下，女性不被鼓励参与工作；而在自由主义理想中，对性别差异的关注不及对市场的尊重。

在后续章节中，我们将介绍福利国家的不同聚类。我们必须承认，没有任何国家完全属于某一特定群体。斯堪的纳维亚国家主要倾向于社会民主，但它们也受到某些重要自由主义因素的影响。同样地，自由主义体制也不是纯粹的。例如，美国的社会保障体系具有再分配性质，是强制性的，且不符合精算原则。至少在新政的早期形式上，它与当代斯堪的纳维亚国家的社会民主性质非常相似。欧洲的保守主义体制则受到自由主义和社会民主的 29
双重影响。在过去几十年中，这些体制变得不再那么法团主义和威权主义。

尽管不够纯粹，但如果我们从社会权利的性质，社会分层，以及国家、市场与家庭之间的关系三个方面定义福利国家的基本标准，那么世界上显然存在不同的体制聚类。仅仅通过数量或质量来比较不同的福利国家是不够的，这可能会导致严重的误解。

福利国家体制的成因

如果我们接受福利国家分属于三种不同的体制类型，那么我们的任务变得更加复杂：我们需要找出导致这些差异的原因。工业化、经济增长、资本主义或工人阶级政治权利，在多大程度上能解释这些体制类型的差异？一个肤浅的回答是：很小。尽管我们研究的国家在工人阶级的动员方面各不相同，但它们在很多方面都相似。在这三种聚类的国家中，我们都可以看到强大的工人运动和政党。

要用一个福利国家发展理论来解释这些聚类，就必须仔细重新考虑其因果关系假设。我们应该放弃寻找一个强有力的单一原因，而是寻找明显的互动效应。基于先前的论述，我们可以识别出三个特别重要的因素：阶级动员（特别是工人阶级）的性质、阶层政治联盟的结构，以及体制制度化的历史遗留。

正如我们已经指出的，没有充分的理由相信工人会自动且自然地形成社会主义的阶层认同；他们的动员也不一定类似于瑞典模式。实际上，历史上工人阶级的形成各自不同，其集体特征、目标、意识形态和政治能力也大相径庭。无论是工联主义还是政党的发展，都会呈现根本的差异。工会可能代表某一小群体的利益，也可能追求更普遍的目标；它们可能是宗教性质的，也可能是世俗的；它们可能强调意识形态，也可能遵循务实的商业工联主义。但不管怎样，这些因素都将对其政治要求的表达、阶层亲和以及工党行动的范围产生决定性影响。显然，一个关于工人阶级动员的理论需要关注工会的结构。

工联主义的结构可能会，也可能不会反映在工党的形成上，
但是在什么样的条件下，我们能期待具体的政党构成会产生某种 30
福利国家的结果？许多因素共同作用，使我们几乎不可能确定任何劳工或左翼政党能单独建构出福利国家。撇开宗教或其他差异不谈，只有在非常特殊的历史环境下，工党才可能长期独自控制议会多数席位，从而强行实施其意志。我们已经注意到，传统的工人阶级几乎从未构成过选举中的多数。因此，阶级动员理论必须超越主要的左翼政党。历史上，福利国家的建设依赖于政治联盟的形成。阶级联盟的结构比任何单一阶层的权力资源都更具决定意义。

不同阶级联盟的出现，部分取决于阶层的形成。在工业化的早期阶段，农村阶层通常是选民中最大的单一群体。如果社会民主派想要成为政治上的多数，就必须在农民阶层中寻找同盟。农村阶层对社会主义的未来产生了决定性影响，这也是历史上的诸多悖论之一。一个由小规模资本密集型家庭农场主导的农村经济，比一个依赖大量廉价劳工的经济更有可能形成联盟。此外，在一个农民的政治表达能力强且组织有序的地方（例如斯堪的纳维亚），就政治交易进行谈判的能力也更强。

因此，农民在联盟形成和福利国家发展中的角色是显而易见的。北欧国家以农业价格补贴换取福利国家的充分就业，并形成广泛红绿联盟。这种情况在挪威和瑞典尤为明显。这两个国家的农业高度不稳定，依赖国家补贴。美国的新政也是基于类似的联盟（由民主党建立），但不同的是，劳动力密集型的南方各州阻碍

了真正意义上普遍性社会保障体系的形成，并反对福利国家的进一步发展。相比之下，欧洲大陆的农村经济则对红绿联盟相对冷淡。例如，在德国和意大利，农业大部分是劳动力密集型的，因此工会和左翼政党常被视为威胁。此外，欧洲大陆的保守势力已经成功地将农民吸纳进“反动”联盟中，助长了在政治上对劳工的孤立。

在第二次世界大战结束前，政治上的主导地位都基本上是一个农村阶层政治的问题。因此，在这个时期，福利国家的建设取
31 决于哪个政治势力能够获得农民的支持。缺乏红绿联盟并不必然意味着无法进行福利国家的改革。相反，这揭示了何种政治力量在设计福利国家时起着主导作用。英国是这一普遍规则的例外，因为其农村阶层的政治影响力在世纪之交就已经减弱。因此，英国的联盟逻辑很早就面临了大多数国家后来才遇到的问题，即日益增长的白领阶层成为了政治多数的关键。第二次世界大战后，福利国家的巩固从根本上依赖于新中产阶级的政治联盟。对于社会民主派来说，挑战在于如何将工人阶级与白领阶层的需求融合在一起，同时不牺牲对团结的承诺。

由于新中产阶级历来在市场中享有相对特权地位，因此他们能够相当成功地满足自己的福利需求而不依赖于国家，或者作为公务员享受着优越的国家福利。传统上，他们享有强大的就业保障，因而充分就业问题一直不受他们的关注。最后，任何激进的收入平等化方案都可能遭到中产阶级的激烈反对。因此，这一阶级的兴起可能导致社会民主计划的终止，并加强自由福利国家模式的实施。

新中产阶级的政治倾向对福利国家的巩固具有决定性影响。他们在塑造前述三种福利国家体制中的作用显而易见。斯堪的纳维亚模式几乎完全依赖于社会民主派成功地将新中产阶级纳入新型福利国家的能力：既提供了迎合中产阶级的品位与期望的各种福利，同时又保留了普遍权利。实际上，通过扩展社会服务与公共就业，福利国家直接塑造了致力于社会民主的中产阶级。

相比之下，由于在从市场到国家的转换过程中未能争取到新中产阶级，盎格鲁-撒克逊国家完全保留了补缺式的福利国家模式。从阶层的角度来看，其结果是二元分化：福利国家主要迎合工人阶级与贫困人群的需求，而私人保险与职业附加福利则满足中产阶级的需求。由于中产阶级在选举中的重要性，福利国家活动的进一步扩展可能会受到阻力。这是一个逻辑能够自洽的结果。

第三种福利国家，即欧陆福利国家体制，虽然也受新中产阶
级的影响，但方式有所不同。这是由其历史背景所决定的。这一 32
体制由保守的政治势力发展而来，将中产阶级对保留按职业划分的社会保险方案的倾向制度化，并最终使该阶级忠于促成这些方案的政治势力。例如，1957 年阿登纳对养老金的大幅改革，就明确旨在恢复中产阶级的忠诚。

结　论

我们提出了一种不同于福利国家发展的简单阶级动员理论。这是因为在研究福利国家及其成因时，必须从线性分析转向互动分析。如果我们要研究福利国家，必须从定义其社会角色的一系列标准开始。这一角色必然不是支出或征税；也不必然是实现平等。我们已经提出了一个比较福利国家的框架，考虑了历史人物在其联合与斗争中的诸多原则。当我们专注于福利国家所包含的原则时，我们发现了明显不同的体制聚类，而不仅仅是围绕某个共同变量的“多”或“少”的差异。

体制差异背后隐藏的是互动的历史力量，包括：一是工人阶级政治形成的模式；二是从农村经济转向中产阶级社会过程中政治联盟的构建——这一点具有决定性意义；三是既往改革对阶级偏好与政治行为的制度化。在法团主义体制中，按等级地位区分的社会保险加强了中产阶级对某一特定福利国家类型的支持。在自由主义体制中，中产阶级与市场制度性地结合在一起。而在斯堪的纳维亚，社会民主在过去几十年中的命运则与建立一个使传统工人阶级和新兴白领阶层均受益的中产阶级福利国家紧密相连。斯堪的纳维亚的社会民主派之所以能达成这一目标，一部分原因是其私人福利市场相对落后，另一部分原因是他们有能力建立一个提供足够奢侈的福利来满足更为挑剔的公众需求的福利国家。这也解释了为什么斯堪的纳维亚福利国家的成本极高。

然而，任何试图解释福利国家增长的理论，也应当能理解福利国家减弱或衰退的原因。一般的观点是，反对福利国家的活动、
33 对税收的抗议以及削减都是由社会支出负担过重所引起的。然而，矛盾的是，在过去十年中，在福利支出最多的地区，一般来说，反对福利国家的情绪反而最弱，反之亦然。何以如此？

反福利国家运动的危机并不取决于支出，而是依赖于福利国家的阶层特征。无论是社会民主的（如斯堪的纳维亚）还是法团主义的（如德国）中产阶级福利国家，都得到了中产阶级的支持。相比之下，美国和加拿大这些自由主义的、补缺的福利国家则依赖一个数量上居于劣势，政治上也往往相对较弱的社会阶层的支持。英国也愈发如此了。因此，这三类福利国家体制所植根的阶级联盟不但解释了福利国家过去的演化，也解释了其未来的前景。

35

第二章　社会政策中的去商品化

现代社会政策的主要来源是人类需求和劳动力转化为商品的过程。因此，福利依赖于我们与现金交易的关系。这并不意味着社会政策在现代资本主义出现之前不存在，而是其特性和组织形式发生了变化。传统社会福利面对的是一个商品化不完全的世界。因此，在中世纪，人们的生存能力取决于家庭、教会或统治者，而不是劳动合同。

资本主义的繁荣伴随着“前商品化”社会保护的减弱。当满足人类需求意味着购买商品时，购买力和收入分配问题变得突出。然而，当劳动力也成为商品时，人们在市场之外的生存权利就岌岌可危。这是社会政策中最具矛盾性的问题之一。商品化问题是马克思分析积累过程中阶级发展时的核心：独立的生产者变成了无产的工薪阶层。对马克思而言，劳动力的商品化意味着异化。

劳动的商品形态是现代哲学、意识形态和社会理论关注的核心议题。古典自由资本主义者反对纯粹现金交易关系的任何替代，认为这会扰乱甚至威胁神圣的供需平衡。他们及其当代追随者认
36 为，最低社会工资不仅无法消除贫困，反而使其长期存在。马克
思主义在这方面总是含糊不清。马克思主义者有时提出，真正的
人类福利只能在完全取消雇佣劳动后实现，有时又认为社会调和

会带来决定性变革。后一种观点不仅是改良主义社会民主派的观点，也出现在马克思的《共产党宣言》和他对英国《工厂法》的分析中。T. H. 马歇尔（1950）认为，社会公民权从本质上解决了商品化问题，因此有助于缓解突出的阶级问题。最后，传统的保守主义者直接反对人的商品化原则，因为它会威胁到权威和社会整合；他们担心这会给旧秩序的延续带来致命一击。

波兰尼在 1944 年的《巨变》中指出，自由资本主义试图使劳动力完全商品化的过程中，存在着一项根本性矛盾。这一体系本身只能通过劳动力的商品化来发展，但这样做却埋下了自我毁灭的种子：如果劳动力仅仅是一种商品，它就可能灭失。

波兰尼以英国为例，指出前工业化时期斯宾汉姆兰（Speenhamland）的收入保障体系阻止了劳动力向纯商品的转化。因为它实质上保障了社会工资，这一体系减轻了无地工人转移到新兴纺织城镇的迫切需要。因此，在 1834 年新的《济贫法》取代斯宾汉姆兰体系之前，英国资本主义的发展始终受其限制。

表面上可能不明显，但新的《济贫法》实际上是一项主动的社会政策，旨在使雇佣劳动和现金交易关系成为个体生存的关键。福利，甚至于生存，取决于个人的劳动力能否受雇。我们可能认为斯宾汉姆兰体系奉行前商品化原则，因为它坚持封建社会的传统保障。自由资本主义的《济贫法》初看似乎是政府被动性的极端例子。然而，我们必须认识到，其背后隐藏着一种非常积极主动的社会政策，目的是在福利分配中为市场确立统治地位。没有财产可依靠，没有国家对需求进行引导，市场成为了工人的监狱，在其中必须像商品一样行事才能生存。

需求的商品化和人的商品化可能加强资本主义积累的动力，但同时也削弱了单个工人的地位。在市场中，自由主义的原则似
37 乎正当合理：工人可以自由地在不同的工作、雇主和休闲时间之间作出选择。但是马克思、波兰尼和林德布卢姆（1977）都正确地指出，这不过是一种狱中自由，因此是虚伪的。工人与其他商品不同，因为他们必须生存，并对自身及所属社会进行再生产。洗衣机可以被存储起来，直到价格合适再出售；但是如果没有其他生活手段，劳动力无法长期待价而沽。

将工人商品化的政治必然孕育其对立面。作为商品，人们容易受到他们无法控制的力量的影响；即使是微小的社会突发事件（如疾病），或宏观事件（如经济周期），也可能轻易破坏商品。如果工人真的像离散的商品那样行动，那么按照商品的定义，他们将相互竞争；竞争越激烈，价格越低廉。作为商品，工人处于可替代的、易冗余的、原子化的状态。因此，去商品化是一个有着多重根源的过程。正如波兰尼所论证的，去商品化对于体系的生存是必要的。它还是达到最低可接受限度的个人福利和保障水平的前提条件。最后，没有去商品化，工人就无法进行集体行动；因此，它是工人运动发展所需的统一和团结的起始与终末。

福利国家的演变的不同形态，反映了其对去商品化压力的不同反应。要理解这个概念，我们不应将去商品化与完全消除作为商品的劳动力混为一谈；这不是一个非此即彼的问题，而是指个人或家庭在市场参与之外，仍能维持社会可接受的生活水平的程度。从社会政策的历史来看，冲突往往围绕着可容许的市场豁免度，即社会权利的强度、范围与性质。当工作接近于

自由选择而非必需时，去商品化将可能相当于去无产阶级化（de-proletarianization）。

劳动力作为商品的地位是19世纪关于“社会问题”——或德国通常所说的“劳工问题”——的争论与冲突的核心。当然，工人的纯商品化在现实中几乎不曾存在过。即便在自由资本主义的高峰期，前资本主义的社群主义残留仍持续存在，新的保护机制也已经形成。然而，将纯粹的自由资本主义作为一种理想中的类型进行分析仍是有价值的，因为它可以帮助我们更清晰地识别主要差异。在19世纪，传统的保守主义通过维护前资本主义准则，成为对抗商品化的唯一主力，并显著影响了社会政策的发展。因 38
此，我们的分析宜从“前商品化”的遗产出发。

前商品化和保守主义的遗产

我们不应认为前资本主义社会缺乏商品形式。封建农业经常生产经济作物，中世纪城镇也积极参与商品生产和交换，庄园或专制经济所需的税收刺激了商品销售。但当时劳动力的商品形式尚未发展。

当然，前资本主义社会的生产者、农民、奴隶、熟练工人并非无需工作表现就能享有多种福利。没有人能不工作而要求生计。缺少商品形式只是意味着大多数人不必完全依赖工资维生。家庭往往自给自足；封建奴役制度要求领主提供一定程度的互惠和父权式帮助；城市生产者一般被强制纳入行会或兄弟会；极度贫困者可寻求教会帮助。因此，与资本主义赤裸裸的商品逻辑不同，当时的多数人能够依赖盛行的规范和社群组织生存。与自由资本主义的济贫措施相比，“前资本主义”社会救助更为慷慨和友好。

保守主义意识形态的一个标志性观点是，个人的商品化在道德层面是堕落的，在社会层面是腐化的、分裂的、失范的。个体不应相互竞争或拼抢，而是应将自身利益附属于公认的权威和普遍制度。在实践中，保守主义如何处理商品化问题？我们可以区分出几种模式：第一种基本上是封建的；第二种是法团主义的；第三种是国家本位的。

封建理念对商品地位极为敌视；在其看来，市场并不重要，雇佣劳动对人类福祉的影响也只是微乎其微。一个真实的故事清晰地说明了这一逻辑：1970 年代，一家典型的美国纺织公司决定在海地开设工厂，因为当地的低工资吸引了它。当工厂建成时，全部由美国人构成的管理团队决定用稍高的工资吸引岛上最优秀
39 的工人。开幕当天，成千上万的失业者来应聘，管理层轻松选出了最优秀的劳动力。但仅仅几个月后，工厂就倒闭了。原因很简单：美国式管理无法适应封建式福利安排。例如，工人母亲的房子烧毁时，老板（在海地，工人称其为“爸爸”）必须负责修复；或者，当孩子需要就医或兄弟结婚时，“爸爸”也要承担责任。显然，这些美国人误将海地人的市场工资看作实际工资了！在劳动力真正商品化的地方，经理绝不会是“爸爸”。

我们不应认为海地的封建父权主义仅是遥远过去的遗迹。保护人制度和庇护主义是这种现象的现代版本，在对抗残酷的商品化世界方面极具影响力。在美国，城市机器成为一种机制，使少数族裔移民能将雇佣工作与福利结合；在意大利，基督教民主在战后的扩

张很大程度上得益于福利庇护主义，特别是对工作和身心障碍者抚恤金的分配。更具体的例子是早期在欧洲和美国出现的雇主职业附加福利方案。这些方案通常由雇主自行决定，将福利奖励给受青睐的员工。在美国，运通公司（当时是一家海运公司）率先实施了这种方案。在战后相当长的时间里，这种父权式的、庇护主义的奖励一直是私人公司的一个典型特征。（韦弗，1982）

法团主义社会是前资本主义与前商品化安排的第二种变体。它们出现在城镇的工匠与手工艺人之间，用以将整个阶层团结起来，垄断加入权、会员资格、价格与生产。行会与兄弟会也融合了薪水与社会福利，照顾残疾会员、寡妇和孤儿。他们的会员不是商品，也不在市场上出售，而是视其法团地位而定。重要的是，行会包括了师傅与熟练工，认可级别与等级的不同，但并不区分阶级。当行会被废止时，它们常常转成互助团体。在德国，这些互助团体与随后的社会保险法案都保留了诸多的旧式封建精神。例如，某些团体保留了强制会员资格以及法人自治原则。（纽曼和沙普特，1982）

法团主义模式是对早期商品化的一种反应，而且是出现得最多的一种反应。它遍布在初级的工人阶级兄弟会之中。在封闭的
条件下为其成员提供一系列的服务与保护。不过——但也并不奇 40
怪——这类兄弟会主要面向地位优越的手工工匠。

法团主义模式主要受欧洲大陆保守统治阶层的喜爱。他们将其视为一种在资本主义经济日渐明朗的过程中对传统社会加以维护的方法；是将个人整合到一个有机实体之中的手段。这个实体免受市场个人化与竞争的影响，并消除了阶级反抗的逻辑。法团主义福利成为天主教会的信条，而且在教皇的就社会问题的两大教谕，《新事物》（1891）和《第四十年》（1931）中，得到积极的宣扬。（梅森纳，1964）《第四十年》中的法团主义色彩尤其强烈，同时也与当时的法西斯意识形态保持了一致的论调。在德国和意大利，法西斯主义并不特别热衷于将劳动力培育成零散的商品，而是要重树道德赏罚的原则。因此，其社会政策积极主张赋予一系列的社会权利。然而，这些权利有其条件，取决于适当的忠诚与道德；它们被视为新法西斯党人的整体要素。（里姆林格，1987；基耶博，1941；普罗伊瑟，1982）

保守主义乐于赋予社会权利，虽然这种权利以道德、忠诚或习俗为前提。这一点在国家本位主义传统中也相当明显。或许历史上最好的代表是俾斯麦统治下的德国与冯·塔弗统治下的奥地利。与法团主义一样，其背后的动机是整合社会、维护权威并对抗社会主义。同时，它也出于对个人主义与自由主义的强烈反对。从思想上，它受到了诸如古斯塔夫·施莫勒和阿道夫·瓦格纳这样的保守学者的影响，以及克特乐主教的言论等天主教的教诲。这催生了“君主社会主义”（monarchical socialism）的原则，即父权式专制模式对臣民福利的义务。

国家本位保守主义认为社会权利可以解决“社会问题”。当俾斯麦与冯·塔弗开创现代社会保险的先河时，他们事实上是在效仿法国拿破仑三世。但俾斯麦想要更进一步，甚至考虑将就业权利（或者说义务）法律化，变成他更为宏大的以工为兵（Soldaten der Arbeit，工人在经济中所扮演的角色与士兵在军队中的角色一样）理想的重要成分。（普雷勒尔，1949，1970；布里格斯，

1961）1930年代，通过工作征召，纳粹真正将俾斯麦的工人军事化概念付诸实践。这个政策反对女性就业，同时强迫工人加入罗伯特·莱的高度法团主义的“劳工阵线”。（里姆林格，1987）在 41
保守主义的社会政策中，义务与权利之间的界限常常是模糊的。

我们对社会权利的保守主义基础作这样长的叙述是很有必要的，因为它们正是现代社会政策的历史来源。几乎在斯堪的纳维亚、英国或欧洲大陆每一个国家，第一个系统地、有目的地攻击劳动力商品化的总是保守的传统。其原因并不难看出。首先，这些保守势力相当正确地担心，自由主义、民主与资本主义的进步将会摧毁其权力与特权所植根的各种制度。劳动力成为商品，显然将撕毁封建与专制的劳动力控制体系。

其次，工人的前商品化地位是一种既有的模式，而且在自由资本主义的全盛期也依然存在；它是一个自然的反应，并能获得相当大的合法性。行会或许已被废止，但仍作为互惠的社团存续下来；资本主义的公司（以及国家）在工作契约之外，也提供一系列的社会福利；而父权主义与企业家精神似乎并不特别矛盾。正如熊彼特（1970）雄辩地指出的那样，资本主义秩序之所以能够发挥作用，是因为它受到早期存留下来的保护性社会阶层的支配与组织。可以这么说，“前商品化”的社会政策是一个“防止资本主义崩塌的拱架”。（熊彼特，1970，第139页）它也是我们今天所认定的现代福利国家的一块基石。

自由主义对商品化困境的反应

在现实生活中，与自由资本主义联系在一起的、纯粹而未经稀释的劳动力商品可能从未存在过。事实上，它也并未出现在任何严肃的自由资本主义理论中。亚当·斯密或纳索·西尼尔之类的理论大师均未倡导过国家不提供任何社会保障的政治经济学。但这并不意味着这个问题只是历史的错觉。许多劳动力市场的确出现过近似于纯粹商品的案例，比如德克萨斯州的街角劳工拍卖会。受尊崇的理论只是主张国家的作用应是极小化的，只有在面临真正的人类危机时才能调用。

是斯迈利或马蒂诺等推动自由资本主义普及的人，让纯粹的
42 商品形式变得神圣不可侵犯。从福利角度看，他们的主张是双重的。首先，他们认为保障最低的社会标准会导致贫困与失业，而不是消灭它们——这一论点在近来的新自由主义中获得了新生。其次，对他们而言，社会保障会导致道德败坏、浪费、懒惰和酗酒。自由主义与保守主义两者的道德观显然有所不同。

自由主义的一般假设是，市场是解放性的，是自立与勤奋的最佳保护伞。只要不加以干预，市场的自我调节机制会确保所有想要工作的人都能就业，从而能够保证自身的福利。私人生活可能会受到不安、危险与陷阱的搅扰；而原则上也可能出现贫困与无助的现象。但是，这不是体制的错，而只是个人缺乏远见且未能节俭的结果。

这种粗糙的自由主义“优良社会”模式有几个显而易见且众所周知的弱点。它假设所有的个人都能够真正参与市场活动，这当然是不对的。老弱盲残的人被迫依靠家庭，这反过来又限制了家庭在市场上提供劳动力的能力。当工资仅够维持最低生存标准时，为将来的社会灾难进行储蓄几乎不可能。而且几乎没有哪一

个体能够抵御长期性的危机。

在所有这些例子中，自由主义教条均被迫求助于前资本主义的社会救助制度，如家庭、教会与社区。这样，就发生了自相矛盾，因为如果这些制度担负起社会责任，它们就无法按照市场规则运行。

自由主义在公共产品的原则中意识到社会干预的逻辑基础。如果没有灯塔，商船会搁浅；同样地，如果没有公共卫生设施，人口会灭绝。迫于情势压力，自由主义不得不接受社会权利。正如英国人在布尔战争中所发现的，如果没有大量的健康而且受过教育的士兵，帝国将难以维系。同样，陷于贫困的英国工人阶级的效率要逊于德国等后发的工业国家。那么，自由主义如何与劳动力商品化的困境相妥协呢？

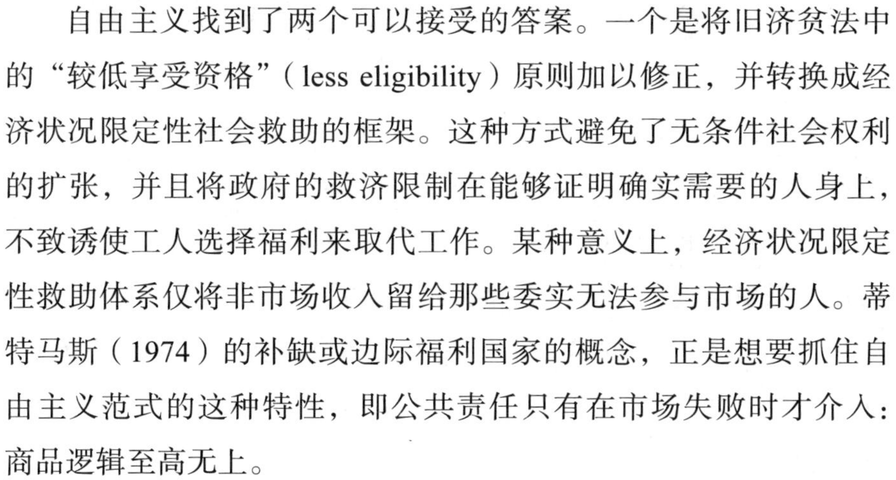

自由主义找到了两个可以接受的答案。一个是将旧济贫法中的“较低享受资格”（less eligibility）原则加以修正，并转换成经济状况限定性社会救助的框架。这种方式避免了无条件社会权利 43
的扩张，并且将政府的救济限制在能够证明确实需要的人身上，不致诱使工人选择福利来取代工作。某种意义上，经济状况限定性救助体系仅将非市场收入留给那些委实无法参与市场的人。蒂特马斯（1974）的补缺或边际福利国家的概念，正是想要抓住自由主义范式的这种特性，即公共责任只有在市场失败时才介入：商品逻辑至高无上。

这种社会救助模式主要出现在自由主义占主导地位的盎格鲁-撒克逊和早期斯堪的纳维亚的社会政策中。20 世纪开始后很长的一段时间里，甚至在第二次世界大战之后的一些时候，它常常严格依赖于适当的“商品化”（有时也包括道德）行为上。例如，在丹麦，那些未能偿还先前领取的国家贫困救济的人，将不能获得经济状况限定性救助年金。而在新西兰，社会救助拒绝向有“不道德”婚姻行为的人，即离婚的人，进行支付。

同样的思想也影响了第二种方式。即使是最纯粹的自由主义也从未拒绝过慈善或保险本身。但慈善或任何种类的保险都必须出于自愿，且保险必须具有完备的契约，并符合精算。天下没有免费的午餐，权益必须反映贡献。一旦自由主义逐渐接受了工联主义的原则，它也完全有能力将个人保险的理念扩展为集体谈判式的社会福利。事实上，后者启发了整个福利资本主义的意识形态，而正是这种意识形态在两次大战之间强烈刺激了美国的自由主义。（布兰代斯，1976）这里的思路是，通过鼓励以公司为基础的福利方案，美国可以淡化国家社会保险的“社会主义”色彩。

自由主义所偏爱的显然是市场中由私人组织的保险。但如同欧格斯（1979）谈到的，公共社会保险的理念与劳动力商品逻辑的调和，并不像纯粹主义意识形态所认定的那样困难。社会保险与其私人部门的类似计划一样，把权利和福利挂钩于就业、工作表现、缴费情况。因此，这种福利应会促进工作积极性与生产力。如果是建立在精算的基础上，它还会保留纯粹的福利交换关系。而且，如格雷布纳（1980）所论述的，商业社会甚至认为养老金能促使劳动力市场更富弹性：有了养老金，雇主能够——让别人出钱——使自己更轻易地摆脱年龄较大的、缺乏效率的工人。即
44 使是强制性社会保险的理念也能与自由主义教条相适应。如果某些团体被纳入社会保险之中，而其他的团体却没有，结果将是不

公平的竞争。而正是在这个动机的驱使下，美国形成了普遍的强制性失业保险，而不是因为那些社会团结之类的理想。一旦社会保险变得无法避免，自由主义倾向于采用普遍性的解决方式就不是什么意外的事了。

总之，自由主义对社会保障的包容实际上比人们一般想象的更富有弹性。而这正是因为在某些条件下，它希望真正强化劳动力的商品地位，同时不致产生负面的社会影响。

去商品化作为社会主义的政治学

社会主义，不论作为一种理论、一种意识形态还是一种政治策略，其出现在很大程度上是对资本主义劳动力商品化的反应。对社会主义而言，劳动力商品化是异化过程与阶级的构成要素；是工人放弃对工作的控制权而换得工资的条件；是确立他们对市场的依赖的条件，因而也是雇主控制的关键来源。此外，它是阶级分化的成因，也是集体团结的障碍。单从定义看，商品之间相互竞争，竞争越激烈，价格越便宜。因此，很自然，工人对去商品化的渴望成为工运政策的指导原则。不论是工人的福利还是工运的力量，都依赖于使个人摆脱金钱交易关系奴役的渴望。

古典社会主义理论常被描述成是在提倡全面摧毁劳动力的商品逻辑。当然，从最终目标来看，这是正确的，但就实践分析而言却并非如此。在《资本论》一书中，马克思曾为英国《工厂法》喝彩，因为它有助于改善工人软弱无力的状况。而《共产党宣言》的最后一章则宣扬了一系列增加工人资源并强化其在市场中地位的温和社会改革。卡尔·考茨基和罗萨·卢森堡二人积极主张社会工资。总的来说，不论革命的或改革的理论都同意，在工资劳动之外，为争取社会收入权而斗争的做法是必要的并且是有益的。社会主义阵营中改良派与革命派的分歧，主要在于战略问题。

去商品化政策的雏形与法团主义的保守传统血脉相承，这是
45 不足为奇的。因为早期的工人运动主要是建立在有限的工匠联盟、互助会，以及有时是某一政党的基础上。当然，这些组织形式的一个弱点是福利水平有限，而且只能有限地顾及工人阶级中最易受到伤害的成员。对工人团结的最大威胁来自无组织的“赤贫无产阶级”（slum proletariat）。他们是最需要被赋权的劳工，但微观的社会主义福利团体却难以触及他们。因此，出现了关于是否支持资产阶级国家中社会权利扩张的争论。

这个困境严重抑制了社会主义者的行动能力。在第一次世界大战结束前，几乎所有的国家都由保守派或自由派势力所控制，而社会主义者除了反对他们认为是有害的社会绥靖措施，没有多少选择。在进入 20 世纪相当一段时间后，这依然是德国社会民主主义的主要反应。但是，社会主义者与保守主义者之间在社会权利问题上的分裂不一定那么深。许多重要的社会主义者，如瑞典的布兰亭、德国的海曼和卡莱茨基[*]，都渐渐认识到这一点，且它与一个新兴的范式，即奥地利与德国社会民主派所推崇的“缓慢革命”不谋而合。

* 此处的卡莱茨基大概率指波兰经济学家米哈尔·卡莱茨基（Michał Kalecki），疑原文有误。——编注

于是，这些社会主义者综合了保守的改良主义与社会主义的目标。例如，两位著名的德国社会民主主义者，莱德勒和马沙克（1926）认为，对工人的保护推进了劳工事业，因为雇主控制的范围将无可避免地受到限制。而当时最重要的一位理论家爱德华·海曼（1929）则认为社会政策具有双重作用：它很可能是支撑与拯救资本主义体系的工具，但同时又是个外来事物，也许会削弱资本的统治。有了这类分析的支持，社会主义也可被用以维护渐进主义的策略，并对抗革命共产主义的教条。后者相信，革命的根源埋藏在危机与崩溃之中，但改良主义者则认为危机孕育的人类苦难只会削弱社会主义的事业。因此，社会权利范围的扩大与质量的逐渐提高，被视为更大范围斗争的先决条件，而不只是最后的胜利果实。通过这种战略性的重新结盟，社会主义终究将福利国家列为其长期计划的焦点。正是从这个角度，社会民主主义变成了福利国家主义的同义词。

若认为社会主义有一张去商品化的蓝图，那是绝对错误的。即
使是最为著名的瑞典社会主义者也是在各种政策中摸索，其中许多 46
政策客观上立足于不健全的社会主义根基。困惑的来源有两个。一个与对“能力—需求”关系的解释有关，它是经典马克思主义的中心议题。如果社会改良是需求的函数，则社会主义者会很容易发现，他们主要按照自由主义的资格审查模式运作，即福利标准视贫困者的生活条件而定。在许多情况下，比如在澳大利亚与丹麦，社会救助模式就是基于这样的理由受到工人运动的支持。社会主义者或许为提高福利并尽量减少相关的社会污名而斗争，但他们仍认为救助型的方案是最平等的：帮助真正需要的人。

困惑的另一个来源与去商品化的服务对象有关。第二次世界大战之前，工党一直具有强烈的“工人主义”导向，视自己为产业工人阶级的保护人。在这样的条件下，它自然会拥护具有阶级排他性的方案。但当社会主义者逐步拥抱“所有的小人物”时，他们在政治上就被迫以普遍适用的方式来处理权利问题。这即是社会主义社会政策普遍主义具有凝聚力的根源，我们将在第三章进行讨论。

几乎所有早期的社会主义社会政策都信奉基本的或最低的社会权利，其思路是实行强有力的享受权，但维持低水平的福利，而且限定在人类需求的核心领域（如养老金、意外保险、失业与疾病救济金）。财政拮据当然是原因之一，但所采取方式的简朴性也反映了早期社会主义者对此的看法——他们是从“工人主义”的角度，从为所有人提供一个兜底基本线的角度来看待这个问题的。确实，直到1950与1960年代，虽然工党的社会方案都提供非常宽松的享受资格标准，但范围与质量普遍有限。其目标是打击贫困，而不是真的要将工人从对市场的依赖中解放出来。要做到后者，就需要对社会政策进行重大调整，包括两项基本变革：第一，将权利扩张到狭窄的绝对需求以外；第二，救济金必须提高到国家的正常收入与平均生活水平。关于前者，特别重要的是引进各式方案，允许雇员在从事工作之外的活动——如生育、家庭责任、再教育、组织活动甚至是休闲时，也能获得工资。这样的方案才是真正意义上去商品化的。而关于后者，关键的问题是救济接受者的状况。即使在长时期内，其生活水平也不应有所下降。

总而言之，社会主义范式中的去商品化，其要义是解放对市 47
场的依赖。将社会主义方法与其他方法区分开来的，是社会权利的性质与安排，而不是其存在本身。相对于保守主义模式，社会主义模式下，对家庭、道德或权威的依赖不能取代对市场的依赖；其观念更近于个人独立。而相对于自由主义，社会主义的目标是要将权利最大化与制度化。在追求充分发展的社会主义范式的地方，原则上也应便于工人地位的去无产阶级化：工人与工作的关系开始接近特权阶层（如公务员）在过去几十年，甚至几个世纪中所享受的水平。

现实世界中的福利国家与去商品化

不论何时何地，不同社会政策在去商品化潜能上的差异都可以通过实证来鉴别。这种潜能显然不能仅凭社会支出水平来概括，而是要求通过对实际福利方案的规则与标准进行分析。问题是，我们如何能充分利用去商品化的重要层面。

第一个层面必须涉及人们获得福利机会的规则：享受资格的标准与对享受权的限制。如果按某个计划，福利的享受并不困难，并且不论过去的就业记录、表现、需求审定或金钱缴纳状况如何，个体均有权享受充分的生活水平，则此方案有较大的去商品化潜能。“进入”的另一面是“退出”。如果一个方案提供福利金的时效有限，则显然其去商品化的能力也随时效的缩短而递减。

第二个层面与收入替代率有关。如果福利金水平明显低于正常所得或社会认可的适当生活水平，则可能的结果是促使领取者尽快回到工作岗位。我们因而必须将收入替代水平也考虑在内。

第三，享受权的范围是至关重要的。几乎所有的发达资本主义国家都认为需要某种形式的社会权利，以抵御基本的社会风险：失业、残疾、病患与老年。一个最高级的例子是不论何种原因，都向公民支付社会工资。这一思路实质上保证了公民的工资所得。
48 斯堪的纳维亚国家与荷兰正在进行的，以及更温和一些的美国的负所得税建议，均相对接近这一理念。

享受权的条件

社会权利很难是无条件的。申请人至少必须满足某个条件，如生病、年老或失业，才能得到福利金。然而，除了呈报的问题，领取条件通常与社会保障安排的种类相关。

我们可以大致上区分三种安排类型，每一种对去商品化都有独特的影响。第一种类型最常见于盎格鲁-撒克逊国家，将享受权界定在可证实的不幸者上。由于其主要来源于济贫法，这种社会救助传统的特征是对资产或收入进行严格程度不等的审查。这些制度并没有适当地拓展公民权。这种传统的主要例子包括斯堪的纳维亚国家早期的养老金方案、英国的补充福利金方案、美国的补充性保障收入以及整个澳大利亚的福利体系。每个国家都有某种经济状况限定性的社会救助或济贫安排。最关键的是在这类体制中资产 / 收入审查的限制性和福利金的慷慨程度。

第二种类型把享受权根据工作表现进行扩大。这一变体植根于保险的传统。该传统由德国首先发展而来，然后传遍欧洲大陆。在这种体系下，权利明显地以对劳动力市场的依附以及经济贡献为条件，而且通常是符合精算逻辑的，即个人依照合同拥有自己的享受权。这种体制提供去商品化机会的程度，主要取决于它在多大程度上放松了精算原则。换言之，即一个人必须工作或缴费多久才能有资格享受权利，以及先前的工作表现与福利金之间的关系有多紧密。

第三种类型源自贝弗里奇的原则，即公民享有普遍的权利，不论其需求程度或工作表现如何。享受福利资格取决于个体是否为一国的公民或长期居民。这类项目均建立在单一费率福利原则之上。总体上，这种“人民福利”方式有很强的去商品化潜能，但也明显受到福利金总额的影响。人民福利体系在斯堪的纳维亚国家最受推崇，已经成为社会政策中传统的社会主义长期原则。虽然从未付诸实践，但它一直是德国社会民主的永恒理想。 49

一定程度上，这三种类型反映了蒂特马斯著名的补缺式国家、工业表现（industrial achievement）国家及制度性福利国家的三分法（蒂特马斯，1958）。然而，在现实中，并没有一个国家是某个单一类型的纯粹代表。在盎格鲁-撒克逊国家，如澳大利亚、加拿大和美国，社会救助体系可能占据主导地位，但也有其他的方案来作为补充。在美国，社会保障体系属于社会保险范畴；加拿大则混合了人民养老金与基于社会保险的养老金；而即使是澳大利亚，也正逐步接近人民福利养老金原则。欧洲大陆各国社会保险传统最强，在过去这些年间涌现了多种不同的方案：在意大利，是社会养老金；在法国，是“团结基金”（the solidarity funds）。最后，几乎所有为人民福利方式所主宰的国家，均发展出与收入和工作相关的方案，作为对单一费率普遍性方案的较低福利金水平的补充。简言之，现在的每一个国家都是混合体系。

虽然从实证上区分福利国家在去商品化方面的能力差别是件很复杂的工作，但并非不可能。我们在此对三项最重要的社会福利方案——养老金、疾病救济与失业保险三种现金福利金进行去商品化能力方面的综合评分。为说明一个普通人脱离市场的难易程度，这些分数总结了一系列不同的变量：第一，享受条件的限制性，如工作经验、缴费情况或资产调查；第二，内在的、打消积极性的因素（如现金救济的等候时间）的强度与享受资格的最长期限；第三，救济金接近预期正常收入水平的程度。去商品化的总分按社会保障方案所覆盖的相关人口比例来加权，这反映了任一特定个体接受转移支付的可能性。一项方案可能提供非常奢侈的救济金与宽松的限制条件，但如果它只面向很小的群体，则显然其去商品化的能力很有限。

表 2.1 列出了 18 个先进工业民主国家养老金的去商品化指数。我们用五个变量来构造养老金的指数：1）个人最低养老金占正常工人收入的百分比（净税后替代率）；2）个人（净）标准养老金替代率；3）有资格享受养老金所需的缴费年数；4）养老金融资中由个人支付的比例；以上四个变量的分数加总，再按 5）达到规定年龄且实际领取养老金的人数的比例（即领取率）来加权。疾病救济与失业保险的计算过程几乎完全相同，但有以下例外：我们只包括标准救济金（净）替代率，省略了个人资金贡献部分，并包括了领取救济的等候天数与救济金持续的周数等资料。对全部三个项目，我们都将救济金得分进行了加倍，因为在任何人的工作 / 福利规划决策中，预期收入水平都具有绝对的决定意义。

表 2.1　养老金、疾病救济金和失业保险中去商品化的程度（1980 年） 50

	养老金	疾病救济金	失业保险
澳大利亚	5.0	4.0	4.0
奥地利	11.9	12.5	6.7
比利时	15.0	8.8	8.6
加拿大	7.7	6.3	8.0
丹麦	15.0	15.0	8.1
芬兰	14.0	10.0	5.2
法国	12.0	9.2	6.3
德国	8.5	11.3	7.9
爱尔兰	6.7	8.3	8.3
意大利	9.6	9.4	5.1
日本	10.5	6.8	5.0
荷兰	10.8	10.5	11.1
新西兰	9.1	4.0	4.0
挪威	14.9	14.0	9.4
瑞典	17.0	15.0	7.1
瑞士	9.0	12.0	8.8
英国	8.5	7.7	7.2
美国	7.0	0.0[a]	7.2
平均值	10.7	9.2	7.1
标准差	3.4	4.0	1.9

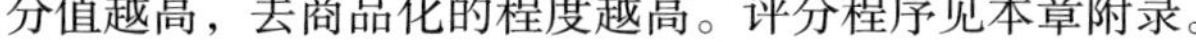

分值越高，去商品化的程度越高。评分程序见本章附录。

a 不存在此项计划，因此分值为 0。

资料来源：SSIB 数据档案。

为防止产生任何误解，这里必须阐明，我们想要测度的是一项方案的去商品化潜能，而不是其一般的性质。我们要掌握一位普通工人独立于市场的程度。因此，一个一般被认为拥有一流养
51 老金体系的国家（如德国）有可能得分很低。事实上，在这个例子中，德国得分较低是因为它要求长期和大量的个人缴费，并且其养老金相对有限。澳大利亚与新西兰在疾病救济和失业保险方面的评分都非常低，因为它们只根据资格审查提供救济金。

表 2.1 中，三种方案的去商品化潜能有明显的不同。失业保险几乎总是在拖后腿。表 2.1 还表明，发达福利国家的去商品化程度有实质性的差异。有些国家所有的项目评分都很低，而另一些国家在各个方面都有较强的去商品化。这样，我们碰到了一个问题，就是各国的福利体系似乎含有一定的系统性特征。北欧国家均有较高的去商品化倾向，而盎格鲁–撒克逊国家去商品化水平最低。这也正是根据我们对福利国家制度进行分类所预期的结果。

表 2.2 中有更多的证据表明福利国家会聚成不同的聚类。在此，我们列出了前面 18 个国家的去商品化总分，并大致根据这些国家围绕着平均值的分布，区分出三类国家：盎格鲁–撒克逊的“新型”国家，类聚在指数的底部；斯堪的纳维亚国家，居于顶部；在这两极中间的是欧陆国家，有些（特别是比利时和荷兰）更接近于北欧国家。

即使表 2.2 显示出有些案例处于边界地带，但国家聚类的现象仍相当突出，而且这种聚类和我们在先前讨论中根据制度类型对福利国家制度的先验划分相一致。前文我们预期的是，那些在历史上为自由主义所主宰的国家，去商品化程度将会很低。在第一

表 2.2　以综合的去商品化为标准的福利国家排序（1980 年） 52

	去商品化评分
澳大利亚	13.0
美国	13.8
新西兰	17.1
加拿大	22.0
爱尔兰	23.3
英国	23.4
意大利	24.1
日本	27.1
法国	27.5
德国	27.7
芬兰	29.2
瑞士	29.8
奥地利	31.1
比利时	32.4
荷兰	32.4
丹麦	38.1
挪威	38.3
瑞典	39.1
平均值	27.2
标准差	7.7

评分程序见本章附录。

资料来源：SSIB 数据档案。

个聚类中就能看到这样的特征。而在“高度去商品化”的聚类中，我们看到的多属社会民主主导的福利国家，和之前的预计完全相同。最后，欧陆国家由于受到强有力的天主教和国家本位主义的影响，往往占据中间的位置——它们乐于大幅扩大市场之外的权利因素，但是与社会民主国家相比，更强调社会控制。

我们如何解释不同福利国家去商品化能力之间的差异呢？正如我们已经谈到的，用经济发展或工人阶级力量动员所做的简单解释是难以令人满意的。我们在第五章会进一步讨论，经济发展水平与去商品化是负相关的，而且没有解释力。

我们将会看到，左派权力的强度对去商品化有相当强而且是正相关的影响，大约可以解释 40% 的方差。然而，未解释的残差仍很大，需要深入分析才能全面理解福利国家的变体是如何以及为何发展到今天的地步。这个问题将在第五章阐述。在此，我们只需指出，可以从政治力量与国家历史遗产的相互作用中找到解释。欧陆国家较高的去商品化得分，不仅是左派政治动员的产物，而且来自长期以来的保守主义与天主教改良主义的传统。反过来，工人运动比较强的国家，如澳大利亚与新西兰，去商品化的得分
53 却相当低。我们可从其历史上由制度化自由主义所主宰的现象来寻求解释。

当我们考察不同国家早期——尤其是在左翼或工党对社会政策立法产生影响之前——如何类聚成群时，一个依据历史解释福利国家聚类的方法明显会更有成效。由此，我们能将“社会民主”的效果设为常量。在 1930 与 1950 年，去商品化较低的群体中包含了 1980 年该群体中的大多数国家：加拿大、美国、新西兰以及

（1950 年的）澳大利亚。此外，还包括了意大利和日本这两个长期在法西斯主义统治下的国家，以及芬兰。战后芬兰的去商品化程度明显提高，可被视为社会民主化的一个案例，而对另外两个国家则不能这么看。1980 年斯堪的纳维亚诸国高度的去商品化在 1950 年以前是无从谈起的，是战后社会民主力量影响的又一例证。然而，最重要的是欧陆的“保守主义—天主教”或国家本位主义体制，如德国、奥地利与法国等，它们在 1930 年代，乃至 1950 年代和 1980 年代都一直保持中高水平的评分。在此基础上，我们或许能够提出以下指导性假设，并在往后各章中进一步探讨：

1. 具有较长保守主义和 / 或天主教改良主义历史传统的国家，在较早时期有可能已经制定出相当程度的去商品化社会政策。尽管如此，其福利国家以强大的社会控制机制来约束松懈的市场纽带，例如已经证实的强大就业关系或较强的家庭责任。1950 年以后，我们在奥地利、比利时和荷兰等国可以找到的去商品化方面的卓越表现，或许归于社会民主工人运动的强大政治地位是最为恰当的了。

2. 具有强大自由主义传统的国家根据政治权力的结构而出现两个分支。社会民主在政治上占优的国家，如丹麦、挪威、瑞典等，其自由模式已遭到破坏，并被高度去商品化的社会民主福利国家体制取代。另一方面，在工人未能重组国家政治经济并确立自身主导地位的国家中，去商品化则是持续低水平的或至多为中等水平的。一端的例子是英国，另一端是加拿大与美国。1950 年，英国成为高度去商品化群体中的一员，证实了英国工党的突破：战后推行的贝弗里奇普遍社会公民权模式，将英国置于国际去商 54

品化得分最高的国家之列。到了1980年代，这个体系并没有被取消，但也未能取得进步；工党在战后的执政力量过于薄弱，而且时常中断，以致在去商品化方面无法赶上斯堪的纳维亚国家。而美国与加拿大则是自由主义霸权地位的“纯粹”案例，几乎没有受到过社会主义甚或保守改良主义等替代范式的任何挑战。

附录　去商品化指数的评分程序

养老金

养老金的去商品化程度通过下述附加指标来测度：1）一个赚得平均工资的标准生产性工人的最低养老金。这里（其他地方也是如此）的替代率是当年养老金占普通工人收入的比率，养老金与收入都为税后净值。2）一个普通工人的标准养老金。计算方法同上。3）缴费期限。用满足标准养老金领取资格所需的缴费（或就业）年数来测度（反向计分）。4）养老金融资中个人负担的成分。我们分别对18个国家就这4个指标打分，以1代表低水平去商品化，2代表中等水平去商品化，3代表高水平去商品化。打分标准为距离平均值一个标准差；对个别离散程度过大的国家，我们作出了调整。最后，按方案所覆盖的（相关）人口比例（养老金按领取率）来为得分加权。由于澳大利亚的养老金基于资格审查，我们对其缴费期限的赋值为0，而对其所覆盖的人口给予0.5的权重。这个“反向”评分反映出从赋权的角度来看，经济状况限定性方案具有高度的条件性。考虑到替代率对人们在福利—工作之间进行选择的特殊重要性，我们增加了这些变量的权重（乘以 2）。

疾病与失业现金救济金

在疾病与失业项目中，我们按下列的指标测度去商品化程度：1）为一个标准工人生病或失业后前 26 周所提供的救济金（净）替代率；2）规定的取得领取资格前的等待周数；3）救济金支付前所需的等待天数；4）救济金能够持续的周数。和养老金一样，我们根据标准差来打出 1、2、3 的分值，以得出概括性的去商品化指数。然后，按所覆盖的（相关）人口占劳动力的百分比进行加权。资格审查方案的处理与养老金相同。同养老金一样，替代率也乘以 2。

55 第三章　作为一种分层体系的福利国家

福利国家可以提供服务与收入保障，但也是，而且总是一种社会分层体系。福利国家是塑造阶级与社会秩序的关键制度。福利国家的组织特征有助于确定社会团结的表达、阶级的分化，以及地位的差异。

虽然福利国家是分层的一种动因这种说法已经得到了认同，但不幸的是，这种认同常常是狭隘的，有时甚至是错误的。福利国家的这个方面从理论上和实证上均受到严重忽视。在理论层次上，有两种主要的看法。第一种与新马克思主义的观点有很多相同之处。其典型的论点是，即使发达的福利国家也不过是在复制（甚至可能在滋养）现有的阶级社会。（奥菲，1972；奥康纳，1973；米勒和纽塞斯，1973）奥康纳认为，福利政策提供了垄断资本主义所需的合法性与社会安定。在皮文和克劳沃德（1971）的研究中，政府向贫民提供救助的意愿，取决于其感受到的对社会稳定的威胁，而不那么取决于贫民的迫切需要。

第二种看法则踏着 T. H. 马歇尔的足迹，从某种程度上也是追随了其战前的先辈，如海曼等人的思想。这个观点认为福利改革是阶级显著性下降的主要贡献因素。（利普塞特，1960；克罗斯兰，1967；帕金，1979）此处的论点是，福利消除了阶级斗争的根本原因，联合了工人阶级，并使大众使用国家资源的机会民主化；或者如帕金所述，它把阶级冲突转化为地位竞争。

实证方面的文献几乎都着眼于收入再分配。问题当然不在于 56
总体上的收入不平等是否已经下降——这是个不争的事实，而是福利国家的税收 / 支出关系在多大程度上扮演了决定性的角色。如克劳斯（1981）所揭示的，解答这个问题时需要面对的实证与方法论问题，虽然不能说无解，但确实是很困难的，因此截面和时序研究所得的结果均和猜测差不多。尽管如此，多数研究的结论大体相似。在进行截面研究时，我们发现不同福利国家在制度的平等化能力上有着巨大差异。在有些国家，如德国和法国，福利国家的再分配效果不足为道；相比之下，斯堪的纳维亚福利国家则效果显著。（索叶，1976；休伊特，1977；斯蒂芬斯，1979；卡梅伦，1987；奥希金斯，1985；林根，1987；林根和乌西塔洛，即将出版，1990）

这些研究更多关注权力和平等的理论，而非福利国家的影响。因此，基本上没有解释为什么不同福利国家结构产生的分配效果差异会如此之大。正如卡梅伦的研究那样，福利国家在被纳入分析时，往往被含糊地以社会支出水平作为替代变量。奥希金斯与林根的研究则是少见的两个将分配结果与福利国家规划的构成要素直接联系在一起的例子。

当对这个问题进行多年期时序研究时，所得结论会非常不同。几项研究都得出结论说，尽管福利国家取得了惊人的发展，但其再分配能力只是少许地增加了一些而已。（索叶，1982；肯尼斯·汉森，1987）社会转移支付似乎逐渐取代了税收体系，成为再分配的主要手段。这一趋势在斯堪的纳维亚福利国家中明显可见。（埃斯平–安德森，1985a；肯尼斯·汉森，1987）发生这种转变的理由很直接：当福利国家规模扩大，财政方面的需求迫使其征收重税，就连收入不多的住户也不放过。结果，福利国家的再分配净效果主要取决于社会转移支付的结构。一种自相矛盾的解释是，大规模的福利国家因此丧失了其税收的再分配能力。就转移支付而言，追求均等的动力可能会因中产阶级不成比例地获益而弱化。（勒·格兰德，1982）对中产阶级的偏向程度可能因国而异，但我们目前缺乏可比的证据。我们在下文中将仔细探讨福利国家结构对平等的直接影响。

57　近期的不少比较研究开始以更为有效的方法来重新探讨这个问题，而不再把注意力放在总体收入分配上。“卢森堡收入研究”（The Luxembourg Income Study）拥有世界上唯一真正有可比性的微观收入分配数据，并已就各个福利国家降低或消除主要社会群体贫困的能力进行了一系列分析。赫德斯特伦和林根（1985）以及斯梅丁、托里和赖因（1988）的研究发现了惊人的国别差异：处于贫困的老年人口百分比，在英国为29%，美国为24%，在德国下降到11%，而在瑞典不及1%。在有子女的家庭中也存在着类似的差异。因为老年人与有子女的家庭特别依赖转移性收入，所以这些研究能够直接确定不同福利体系对分层的影响。

第二种不同于标准收入分配的开创性方法是“生活水平”研究。这类研究至今仍局限在对斯堪的纳维亚国家的研究中。这种研究的理念是，只凭收入本身提供的基础不够宽泛，无法反映机会与不平等的结构。因此，该研究将资源的概念进行了扩大，纳入了健康、住房、工作、教育、社会与政治效能，以及其他对人类再生产至关重要的成分。研究通过全国性调查，测度人口的资源调用分配状况。瑞典自 1968 年，然后是丹麦与挪威，在以后的年份里不断重复这样的研究，用以监测资源分配随时间的变化。瑞典和丹麦的数据在评价福利国家分配效果方面最耐人寻味，因为他们多年来一直对同一批人进行调查，并且研究期间发生了长期的失业率上升与经济滞胀。他们的发现是，尽管经济条件不断恶化（特别是在丹麦），但是生活条件总体上得到了改善。核心资源上的匮乏已经减少，而且进一步平等的趋势仍在继续。（爱里克松和阿伯格，1984；汉森，1988）因此有证据表明，至少对斯堪的纳维亚国家来说，福利国家强有力地抵制了经济不平等的冲力。

无论如何，贫困与收入分配都只是福利国家分层的一个（虽然是很重要的）方面而已。即使生活水平的不平等下降了，但根本的阶级或身份的差别依然存在。在此，我们并不那么关心收入水平，而是关心社会公民权的构建在各国之间有什么不同。

那么，福利国家分层中的显著方面有哪些呢？除了其纯粹的
收入分配角色之外，福利国家还以各种不同的方式来塑造阶级与 58
地位。教育体系是个很明显，而且得到过很多研究的例子，不仅个人的流动机会受其影响，而且整个阶级结构都在其中孕育。我们在本书第二部分会讨论到，社会服务组织，特别是女性组织，对一国的就业结构有决定意义。在这里，我们将把注意力集中在福利国家传统的且仍占主要地位的活动——收入维持——对阶层分化的影响上。

贝弗里奇爵士与 T. H. 马歇尔已向世人揭示了那种特别的，并

且本质上带有种族优越感的假设——普遍主义是发达福利国家的标志。正是战后英国改革中所隐含的普遍主义为阶级重要性逐渐下降的理论提供了源泉。但是，不必跑到很远的地方就可找到完全不同的社会保障组织特征。在有些国家，福利的覆盖面或许相当全，但从养老金到疾病救济金的体系却包括了按照无数种职业区分的方案，明显是为承认与维持旧有的地位差别而设计。在有些国家，关键的社会群体——如公务员——会被赋予特权地位。但在另外一些国家，社会保险是用来促进个人主义与自立，而不是为了集体团结。还有一些国家，社会方案主要面向真正有需要的人，因而造成了贫民（依赖福利国家的人）与中产阶级（主要通过市场为自己购买保障的人）二元对立的社会。

换言之，同样大而全的福利国家，对社会结构可以有完全不同的影响。一个国家可能会滋生等级与地位差异，另一个可能促成二元社会，而第三个则可能带来普遍主义。每一种类型都会产生其独特的社会团结网络。我们能够找出三种分层及团结的模式或思路，这与我们从去商品化角度所看到的三种体制类型密切相关。

保守主义社会政策中的分层

正如前面看到的，传统的保守主义认为理想的社会秩序可以有多种不同模式。和社会权利的情况相似，它们的共同点是厌恶资本主义所产生的社会平等化和阶级敌对。无论它们倾向的是严格的等级制度、法团主义还是家庭主义，其贯穿的统一思想是，为了社会整合，传统的地位关系必须得到维持。

历史上，强调威权父权主义的保守主义对福利国家结构的发 59
展起到了很重要的作用。它源于封建庄园社会以及欧洲与俄罗斯的专制君主制，指导原则是等级、权威以及个人（或家庭）对父权或国家的直接服从。受到黑格尔国家理论的启迪，这些组织观念受到19世纪学者、社会改革者和政治家的热情推崇，尤其是在德国与奥地利等国。（鲍尔，1947）阿道夫·瓦格纳的国家干预式经济（Staatswirtschaftlische Oekonmie）思想认为国家应直接指导和组织所有的经济活动；而俾斯麦的以工为兵（Soldaten der Arbeit）观念则是套用军事上的概念，其思路是以公司为单位来组织工人（就像连队之于步兵），由经理（就像中尉）直接指挥，并对国家（就像将军）负责。（基耶博，1941）

当俾斯麦宣传他的第一个社会保险方案时，他必须两面作战：一面要对抗自由主义者，他们偏爱市场的解决方式；另一面要对抗保守主义者，他们支持行会模式或家庭主义。而俾斯麦要的是国家本位主义的至高无上。他坚持由国家直接提供资金与分配社会福利，目标是将工人直接与君主制的父权主义权威绑定，而不是与职业基金或是现金交易关系联系在一起。实际上，他的计划大打折扣。1891年的养老金立法只保留了他所追求的国家赠予的一小部分。（里姆林格，1971）事实上，后来的养老金体系以及威廉时代大部分的社会方案，都能被解释成一种国家本位主义，它对自由主义（精算主义）和保守的法团主义（强制性的职业区分方案）作出了部分让步。

国家本位主义的父权主义在社会政策的两个领域留下了深深

的印记。一个是奥地利、德国与法国等国的传统，即为公务员提供非常慷慨的福利。其目的也许是奖励或保证公务员适当的忠诚与服从。但也有证据表明，该体制有意利用社会政策动议来塑造阶级结构。科卡（1981）展示了德意志帝国时期的养老金政策如何创造出特殊的社会阶层：公务员阶层（Beamten）和私人部门工薪雇员阶层（Privatbeamten）。奥地利也曾采取过类似的政策（奥特鲁巴，1981），结果是在国家公务员与其国民之间，在工人与较
60 高的“社会层级”之间形成非常明显的地位屏障。我们在此能看到国家本位主义与法团主义的遗迹之间关系紧密。

父权主义的第二个主要遗产存在于社会救助的演化中。正如许多学者都认识到的，在贵族政治体制下，如迪斯雷里时期的英国、俾斯麦时期的德国以及埃斯楚普时期的丹麦等，贫困救济比在自由主义制度下显得人道和慷慨得多。（布里格斯，1961；里姆林格，1971；埃文斯，1978；维比·摩根森，1973）与倾向于扩大基本收入保障的原因相似，保守主义者受古训“位高责重”的影响而乐于施救。

在保守主义传统中，法团主义总是国家本位主义的一个主要替代。它源自庄园、行会、垄断以及公司法人传统，这些组织在中世纪城市经济中把社会与经济生活组织起来。虽然行会在18与19世纪逐渐消失了，但其立足的原则被纳入法人结社主义（corporate associationalism）与互助主义（mutualism）的意识形态之中。法团主义，作为保守主义对由市场和工业带来的社会分割和个体化的一种反应，而发展起来。它是涂尔干分析如何对抗社会混乱的核心思想；它成为教皇及天主教社会政策的基石；它在

法西斯主义意识形态中得到最充分的表达。

法团主义的整合性原则是一种兄弟情谊，它建立在地位身份、义务的和排他性的会员资格、互助主义以及代表权垄断等之上。进入现代资本主义后，法团主义一般围绕职业性结社而构建，试图维持旧日公认的地位差别，并以此形成社会与经济的组织关系。这样的法人实体常常直接仿效旧式的行会，作为互助协会和友伴社团，在地位比较优越的工人，如管道工与木匠之间建立起来。在其他的例子中，法团主义社会福利在国家的参与下确立起来，例如在矿工与海员群体中经常发生的那样。在 19 世纪晚期，随着社会立法加快，法团主义也加速扩散。

不管是因为国家认可了某些地位特权的存在，还是因为有组织的团体拒绝加入更具地位包容性的立法，构建无数区别地位的社会保险方案的传统确立起来了——这些方案各有各的规则、资金来源和福利结构，每一个都为了突出其客户的相对地位。因此，俾斯麦的工人养老金不能等同于矿工的年金，当然更不能与公务员或白领雇员的社会政策相混同。（科卡，1981）在奥地利，官方承认公证人享有地位特权，其养老金方案必须与之匹配，因而法团主义原则在某种程度上走得更远。第二次世界大战后，法国的 61
养老金立法也出现了类似的发展过程，形形色色的工薪收入群体（“干部”）成功地在社会保障中获得了特殊的地位。意大利迷魂阵一样的养老金体系在国际上堪称法团主义的领头羊，有 120 多种以职业区分的养老金基金。（福斯托，1978）

法团主义在欧陆各国势力最为强大，原因并不难追寻：第一，这些国家都是后来发展起来的工业化国家，行会的传统一直延续到相当近的时期。因此，在社会保障的萌芽时期，一种可行的发展模式就已经存在了。第二，也是由于第一点的部分影响，地位、等级以及特权的力量一直异常强大。第三，天主教教会成功地影响了这些国家的社会改革。19 世纪末，教皇通谕《新事物》鼓吹将国家本位主义与法团主义相结合；1931 年的通谕《第四十年》中，法团主义色彩甚至更加浓厚。

法团主义是天主教教会为全力保持传统家庭而作出的反应，它寻找社会主义与资本主义之外的另一种可行替代，也相信有可能在不同社会阶层之间组织起和谐的关系。法团主义很容易将自身融入天主教的“辅助性”原则之中，即只有当家庭无力提供彼此间的保护时，较高层和较大范围的社会集体力量才应介入。行会、兄弟会或互助会的集体团结性明显近似于家庭单位，也因此相较于高远的中央政府，更能满足家庭的需求。（梅森纳，1964；里彻尔，1987）

在 1920 年代与 1930 年代欧洲的法西斯统治下，法团主义变成一种近乎官方的意识形态，但这主要是作为更利于中央政治控制的大而全的阶级组织的替代，而不是那么出于“辅助性”的考虑。（基耶博，1941；里姆林格，1987）

自由主义社会政策的分层

自由主义的目标作为反对保守主义的残余来理解是最恰当不过的了。在舍弃庄园、行会、垄断和中央君主专制主义的过程中，自由主义发现了个性解放、自由、机会平等以及健康的竞争性的

前提。显然，强力的国家以及法团主义的胶合，对自由市场、志 62
愿主义（voluntarism）以及创业精神都是一种束缚。

人们常常将自由主义对积极国家的抗拒解释为对社会政策的消极态度。正如同波兰尼（1944）所展示的，事实并非如此。通过限制救助或撤除传统的社会保障体系，且仅允许市场取代二者，经典的自由主义国家试图在社会和经济生活的组织中赋予金钱交易关系以支配性的地位。自由主义教条的底线是，国家没有任何适当的理由来改变由市场所导致的分层。市场的分层是正义的，因为它们能够反映出努力、动机、熟练与自立。

在经典自由主义思想中，普遍主义与平等是重要的原则，如果能防止有组织的权力干涉市场自动的出清机制，则这两个原则必然能够实现。因此，自由资本主义的最低限度社会政策与其理想乃是相匹配的。社会政策等同于不良的分层结果：父权主义与精英主义；对国家的依赖；贫穷的长久存在。如果没有国家，没有垄断（如工会联盟），也就不会有阶级，只有一个由自由行动的个体组成的网络。这些个体也许自行其是，但在法律、契约与金钱交易关系面前一律平等。

自由主义的普遍主义理想在实践中与其所促成的二元化与社会污名相矛盾。虽然市场根据现金交易关系对其参与者进行分层时并未受到任何束缚，但自由主义国家却为市场上的失败者建立起极具惩罚性和丑化效果的贫困救济措施。迪斯雷里的《西比尔》（*Sybil*）一书可能至今仍是关于自由主义如何创造出一贫一富两个不同英国的最好教材。

即使自由主义迫于压力转为现代的经济状况限定性社会救助，

对领取贫困救济者的社会污名仍然保留下来了。丹麦很好地展示了这一模式不经意就能造成二元社会。1891 年该国所引进的老年救助方案只不过是贫困救济体系的更新而已。当它在第二次世界大战后经过改革转变成实质上的普遍公民养老金之后，由于其传统上带有贫困与依附的污名，大量的中产阶级退休者放弃了领取养老金的权利。

然而，经济状况限定性的救济只是自由主义社会政策中的补缺因素。真正的核心是市场中带有自愿性且符合精算合约的个人保险。在这个框架中，“社会政策的结果”将会近似于市场结果：
63 那些节俭的，有创业精神的以及自力更生的人会得到回报。

但是历史现实为，个人生命保险模式表现不佳。与其他替代的市场解决途径和 / 或国家的作用相比较，个人生命保险未能担当起满足人们社会保障需求的角色。事实上，私人福利市场只有在国家提供一定的协助时才有可能成长——我们将在第四章更详细地讨论这一点。因此，更务实的自由主义反应方式是混合市场的福利资本主义与公共部门的社会保险。在 19 与 20 世纪之交的自由主义“改革运动”时期，出现了个人主义必须与最低程度的集体主义相结合的原则。

自由主义的改革运动通常与英国的劳合·乔治联系在一起，但整个西方世界都可找到对应的运动。其根源是多方面的。在英国，朗特里与布斯的研究揭示了在城市工人阶级中蔓延的贫困、疾病与苦难。布尔战争暴露出英国战士的状态极差。（比尔，1966；埃文斯，1978；阿什弗得，1986，第 62 页）一个更具一般意义的催化剂则是工人阶级获得选举权，同时人们了解到一个新型的资本主义已经拉开序幕，这是一种围绕着大型集团、组织、官僚体系、人力资本以及更加纷繁复杂的劳动分工而形成的经济制度——简言之，这是一种经济秩序，在其中进步、效率与利润已不能单靠压榨工人的最后一滴血汗来获得。无怪乎一些主要的倡议均来自“法人自由主义者”（corporate liberals）（温斯坦，1972）、新科学管理学派，或美国的自由主义改革者，如阿尔比恩·斯莫尔和威廉·詹姆斯，他们既坚定支持市场，又确信市场的出路要求更大的社会责任。

改革自由主义者认可外部性问题、对公共产品的需要以及旨在帮助人们自立的政策，因而愿意去支持更大范围的集体主义措施。改革自由主义并不准备开辟一条逃离市场的路，只是采取行动以减少其带来的社会病患，并重新调整个人主义以适应社会由集体形式来组织的新现实。自由主义者所钟爱的社会政策也反映出这个新的逻辑。帮助人们自立，这一目标可以通过大众教育与支持机会平等实现。职业附加福利或福利资本主义的思想，反映出通过集体行动进行工资谈判的做法已经得到接受，也反映了人们希望必要的福利计划能被纳入这个领域之中。社会保险渐渐成 64
为一个可接受的政策，但前提是其在某种程度上能基本保持自愿性并符合精算原则，不妨碍工作积极性与竞争。如欧格斯（1979）指出的，自由主义者经常吃惊地发现，社会保险之中竟然含有一系列的自由主义理念：个人契约的原则、与过去表现挂钩的福利金水平、自力更生以及服从于市场等。国家确实可以作为另一类承保人。改革自由主义的公民社会权利以市场模式形成。

虽然这些都是受到推崇的理想，但在实践中，自由改革主

义（liberal reformism）通常容许出现明显的变例。例如，1908 年劳合·乔治引进了非缴费的，也因此不符合精算的养老金。如基尔·哈迪与独立工党所示，之所以出现这种不合原则的倡议，可能是出于更为迫切的分裂低层与高层工人阶级阵营的动机。但福利水平仍被维持在最低限度，以鼓励私人节俭。（海伊，1975；佩林，1961；基尔伯特，1966）美国的《社会保障法》也出现过一个类似的情况。由于严格坚持精算原则，法案很快具有明显的再分配功能，而且强制要求加入。但和英国的养老金一样，美国的社会保障并不是要排挤私人养老金市场与个人主义。因此，福利与缴费水平被定得相当低，而总体目标是使该体系尽可能地服从于市场。（德克，1979；夸达格诺，1988）

总而言之：自由主义分层理想的核心，显然是由市场培育的竞争性个人主义。然而，自由主义在尝试将这个概念应用于国家政策时，却碰到了很大的困难。它热衷于需求审查方式，希望政府救助只针对真正的贫民。这个想法本身是符合逻辑的，但不曾想导致了社会污名与二元化。而其替代方法，即私人保险与谈判相结合的职业福利和社会保险，从自立、正义、精算主义和自由选择等自由主义原理来看，也同样合乎逻辑，但这些解决方式也都会形成其特殊的阶级二元现象。经过谈判或契约形成的私人福利从逻辑上将复制市场的不平等，但这种福利注定主要出现在劳动力中处于优势地位的层次；它必然不会去关注处于最危险境地的工人的福利需求。反过来，自由主义的社会保险计划，如果坚持原则的话，也会再现市场的分层，并推动那些较为幸运的人寻求私人保障。

那么，如果将这三种自由主义方式结合起来，结果可能是个 65
人自身责任与二元化现象的奇怪组合：底部的群体主要依赖带有污名作用的救济；中间群体则是社会保险的主要客户；最后是有特权的群体，他们能够从市场获得主要的福利。事实上，这或多或少是美国社会分层的形态，英国的福利体系也有些类似。（埃斯平-安德森、赖因和雷恩沃特，1988）

社会主义社会政策的分层

和保守主义与自由主义相同，社会主义者在推行改革主义时也总是考虑到不同的分层结果。对工人运动而言，团结的建立是非常重要的。

社会主义者总是面临着如何建成一个可供长期集体动员发展的统一体的问题。庸俗马克思主义者常常把这个问题描绘成对抗资产阶级社会的斗争。这完全是个误导：社会主义者真正要对抗的是历史选择的多重性。他们自己的阶层就有力地代表了其中的一些选择。他们必须抗拒狭隘的地位团结所推崇的排他性法团主义，早先的工会组织与友伴社团中就充斥着这样的做法。而且他们必须抨击雇主与国家的父权主义，因为这样的父权主义会涣散工人的忠诚，并分裂工人阶级。最后，他们还必须对抗市场的原子化和个人化冲动。

多数早期的社会主义著作都表明，集体主义的一个严重障碍是持续失业造成的二元分化。“赤贫无产阶级”——这一名词由考茨基（1971）在1891年提出——被普遍地视为一种主要威胁。他们意志消沉，走投无路，没有组织也没有任何资源，易受反动煽动的影响，难以组织起来，有可能压低工资和破坏罢工。1867 年第一国际的洛桑大会上，“赤贫无产阶级”就是一个主要议题；当时，与会代表相信通过合作运动可以改善底层无产阶级的道德品质与经济状况。

另一个重要的障碍是早先保守派与自由派改革过程中形成的制度化社会分隔。旧的济贫法体系显然是最大的敌人，因为它强行割裂了无产阶级，而且救济金领取者一般被剥夺了选举权。因
66 此，废止资格审查与限制的规定成为政治上的首要任务。同样，他们反对由雇主赞助的父权主义福利，因为它会产生法团主义与排他主义；他们也攻击国家向工人提供保险的做法，因为那是社会怀柔主义的，有分裂性，还会将不平等制度化。

社会主义者当然看到了统治阶级改革主义中蕴藏着的危险，但常常难以设计出真正的替代方式。其思想的一个萌芽源于早期他们对资产阶级社会改良的批判。马克思与恩格斯一心认为社会怀柔式的改革可能推迟社会主义的发展——这种担心是可以理解的，因为拿破仑三世、冯·塔弗以及俾斯麦都公开承认，他们的目的正在于此。但就是马克思本人也不完全赞同这个观点。在对英国《工厂法》的分析中（1954—1956，第十章），马克思总结道，资产阶级的改革不但是有意义的，而且会提高工人的地位。而他在《共产党宣言》的结论中所呼吁的改革，与后来的自由主义几乎没有什么差别。

社会主义者必须设计出一种社会政策，既照顾到对社会救济的真正需要，又能帮助社会主义运动获得权力。而对这个问题的

讨论一直围绕着彼此矛盾的各式团结原则。法团主义与兄弟会是一种流行的模式，尤其是在技术工人与手工艺工人之中。但如果以建立广泛的阶级联盟并教化“赤贫无产阶级”为目标，这种模式是有问题的。

第二种方式是将这个社会问题交由工会处理，通过集体谈判来达成妥协。但这种方式需要稳定而强大的谈判力和雇主的认同；它有可能复制劳动力市场的不平等，或主要偏袒劳动力中的贵族阶层。同样地，这个策略不太可能产生广泛的团结。即便如此，它仍然在两类社会中成为主要的方式。在澳大利亚，由于工会处于异常有利的谈判地位，这种方式占据了优势。在美国，由于缺少一个可靠的政治联盟，国家又不值得信赖，该方式也能起到重要作用。

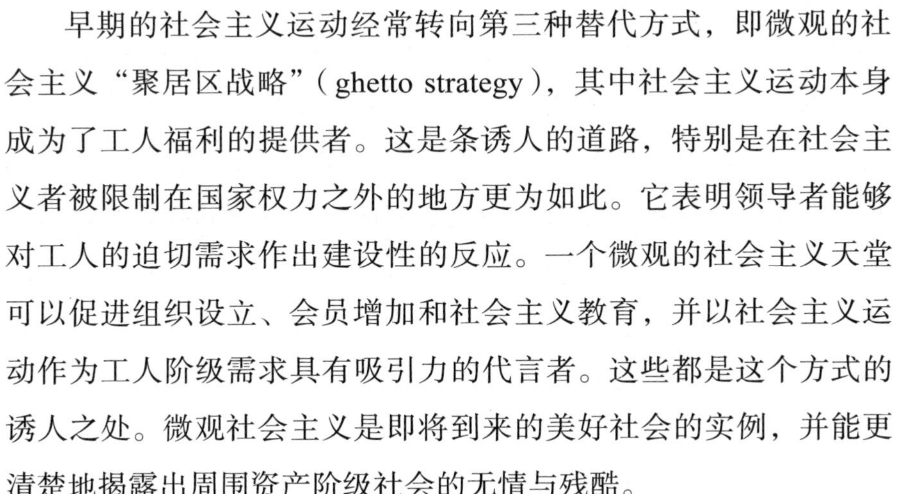

早期的社会主义运动经常转向第三种替代方式，即微观的社会主义“聚居区战略”（ghetto strategy），其中社会主义运动本身成为了工人福利的提供者。这是条诱人的道路，特别是在社会主义者被限制在国家权力之外的地方更为如此。它表明领导者能够对工人的迫切需求作出建设性的反应。一个微观的社会主义天堂可以促进组织设立、会员增加和社会主义教育，并以社会主义运动作为工人阶级需求具有吸引力的代言者。这些都是这个方式的
诱人之处。微观社会主义是即将到来的美好社会的实例，并能更 67
清楚地揭露出周围资产阶级社会的无情与残酷。

微视社会主义在社会主义的早期曾被大力推行过，并取得了一些成功。这个运动常常建立起有组织的“帝国”，其中拥有休闲

设施、国际象棋俱乐部、剧团、音乐、童子军组织、运动俱乐部，甚至包括了诸如住房协会与合作社等生产性企业。

这种聚居区模式的问题在于其自身的目的，也就是通过会员动员来建立阶级团结与权力。因为其财源是工人自己，所以容易受长期经济危机与高成本的劳资纠纷所累。而且，微视社会主义还孕育了会员与非会员之间的二元分化。在有特权的工人与地位不稳的群体之间也总是存在着这样的分隔。如果社会主义者希望实现广泛的阶级统一并取得议会多数，他们必须采用真正具有普遍主义的团结思想，这种普遍主义有助于使现实中具有显著差异而且处于分隔状态的工人阶级团结起来。

广泛的大众普遍主义原则与民主权利的扩张与确立一同出现。在这方面，斯堪的纳维亚各国处于先驱地位。佩尔·阿尔宾·汉松对 1920 年代后期的“人民之家”福利国家的溢美，也体现了这一点。实际上，在 1880 年代丹麦社会主义者提出的养老金计划，以及 20 世纪前 10 年瑞典布兰亭的社会政策中，这一趋势就已经明朗了。（艾尔默，1960；拉斯姆森，1933）第一次世界大战之后，奥地利的奥托·鲍威尔通过覆盖面很广的福利政策来谋求工农联盟。（鲍威尔，1919）在德国、奥地利和意大利这样高度法团主义的体系中，社会主义者或共产主义者总是通过呼吁“国民保险”（Volksversicherung）与“联合统一”（unificazione）来争取普遍主义。

普遍主义与民主同时出现绝非偶然。议会制度为社会主义者展示了新的改革前景，但也强迫他们必须动员绝对多数的选民，然而几乎可以肯定，聚居区策略无法实现这一点。在工人阶级可能继续居于少数地位的地方，多数性的问题更为集中。

1898年，伯恩斯坦在其经典的《进化社会主义》(*Evolutionary Socialism*, 1961)一书中提出了这个问题，选民中的社会主义者在随后几年也认识到这一点。他们要么接受自己少数派反对党的地位，要么进行更广泛的政治联盟。而后一种情况需要跨阶级的普遍主义政治。

启发鲍威尔思想的是联盟的可能性，更确切地说，是斯堪的 68
纳维亚国家的"人民之家"福利政策观念。在两次世界大战之间，农民阶级是广泛大众联盟的核心，而社会主义者在动员农业阶层时取得的成功程度不同。在社会主义聚居区模式较弱的地方，如斯堪的纳维亚，其渗透到农村社会结构里的能力要强得多；而在社会主义集中于城市工人阶级的地方，如"红色柏林"与"红色维也纳"，意识形态和言论更倾向于保留传统的革命性、工人主义的色彩，其向农村的进发自然得不到什么有利的回应。

向人民普遍主义的转变并不只是出于获得最多选票的工具性目的。鉴于当时的社会结构，以及社会主义者对团结的理解，这个转变是符合逻辑的。当时的社会结构由农村和城市的大量"小人物"主导。由于许多其他群体都是无法控制的外力的受害者，也面临着贫困与基本的社会风险，因此团结不一定仅限于工人。普遍主义成为指导性的原则，因为它能够降低地位、福利和公民责任的不平等，也因为它有助于建立政治联盟。

普遍主义偶尔还会和与之竞争的工人运动的目标发生矛盾。在许多情况下，工人运动发现自有资金和受控制的福利基金是资金权力和组织权力的重要来源。为了普遍团结而放弃这种权力的想法不一定总会获得支持。在德国，工会小心守护着对疾病救济金的支配权。即使是在丹麦与瑞典的工人运动中，普遍主义的先锋们也不愿失去对失业保险基金的掌控。

在澳大利亚和新西兰，工人运动虽然相当强大，但从未完全接受普遍主义的理想。在这些国家中，劳动力维持了传统上对有针对性的、经济状况限定性的福利金的广泛偏爱，因为这些福利的再分配效果比较显著。但主要原因似乎在于工会多年以来一直享有杰出的谈判地位。因此如同卡斯尔斯（1986）所论述的，工人所要求的社会保障可以通过工资谈判，得到同等甚至更好的实现。

在社会结构开始经历现代化时，社会主义者对普遍主义的坚持也受到严峻的考验。在发达经济中，原来的“小人物”消失了，取而代之的是新的白领工薪阶层与更富足的工人，他们很难满足于基本的单一费率福利。这样一来，若是社会保障不能跟进，这
69 些人就会大规模转向私人市场方案，这将导致新的不平等。因此，为了维持普遍主义福利国家的团结，社会主义者不得不将社会福利上调到中产阶级的标准。

瑞典的社会民主党第一个为“中产阶级”标准的普遍主义铺平了道路。其方法是将普遍的享受资格与高水平的收入分级福利相结合，这样就把福利国家的救助与服务同中产阶级的期望匹配起来了。作为社会公民的普通工人实现了向上的流动，福利国家则巩固了绝大多数人对它的支持。“中产阶级”普遍主义保护了福利国家不受倒退心理的冲击。

福利国家分层的比较层面

即使所有的福利国家都会参与社会分层的过程，它们的做法也各有不同。保守主义、自由主义与社会主义原则的历史遗留在福利国家的早期建设中就已经制度化了，而且常常延续了一个世纪以上。结果不同的体制以群而分，与我们在分析去商品化时所发现的分类有着惊人的相似之处。

为了分辨出这些福利国家的聚类，我们必须先找到分层的显著方面。法团主义可以通过社会保险对各种职业、地位区分方案的依赖程度得到最好的判断。在这种情况下，我们也会预期在最高、最低水平的福利金之间存在很大的差异。分辨国家本位主义的最简单方式是看公务员是否享有相对特权。与之相对，我们可以从福利国家的补缺性来分辨出自由主义原则，尤其是资格审查的相对显著程度；也可以从受保个人所负担的相对财务责任，或从志愿性私人部门福利的相对比重来看。而要把握社会主义理念，一个相关的测度标准显然应是普遍主义的程度。社会主义体制的福利差异应该是最低的。

能否清晰界定体制类型，需视某些体制特色在多大程度上只会出现在这一种类型中而定。举例而言，我们并不期待一个保守型的体系（具有强大的法团主义和/或公务员特权）也会有自由主义的特点（如大规模的私人市场）或社会主义的特点（如个人主义*）。然而，因为现实世界里的各个福利国家极可能是混合形态的，我们的任务 73

* 从上下文理解，这里似应为“普遍主义”（universalism）。原文如此。——译注

是看是否存在能够显著区分不同体制类型的协变量。

在表 3.1 中，我们列出了各种体制的方案特征数据。如表中所示，代表保守主义分层原则的，首先是地位分隔或法团主义的程度，它以实行中的按职业区分的（主要）养老金方案数来测度；其次，表中也列出了“国家本位主义”的程度，用政府雇员养老金支出占国内生产总值的百分比来测度。

表 3.1 中还展示了用来识别自由主义特征的三个变量：第一，经济状况限定性福利的相对比重，以其占总公共社会支出的百分比（排除政府雇员福利金）来测度；第二，私人部门在养老金方面的重要性，用私人部门占总养老金支出的比重来测度；第三，医疗卫生，用私人部门占总卫生支出的比重来测度。

最后，表 3.1 中包括了两个最明显的与社会主义制度相关的特征，即计划性普遍主义的程度（用 16—64 岁人口中有资格领取疾病、失业和养老救济金的人所占的平均百分比来测度）以及救济金结构的平等程度。就后者而言，我们的测度标准是上述三种方案的基本福利金水平与法定最高救济金额之比的平均值。我们显然可以期望，社会主义取向的制度会强调福利平等，而保守主义制度的不平等应该最大。

让我们从保守主义的特征开始分析。我们发现，在法团主义和国家本位主义国家方面，各国均大体呈双峰分布（bi-modal distribution），而且这两个特征的并存相当明显。有一群国家在这两方面得分都相当高，如奥地利、比利时、法国、德国和意大利，芬兰也可以算在内。值得注意的是，我们早先按去商品化标准找出的、具有保守主义传统的国家，正是这同一群国家。

表 3.1　1980 年 18 个福利国家的法团主义、国家本位主义、收入审查、市场影响、普遍主义和福利平等性 70 

	法团主义[a]	国家本位主义[b]	经济状况限定性贫困救助[c]①（占总公共社会支出的 %）	私人养老金（占养老金总额的 %）	私人医疗支出（占总额的 %）	平均[d]普遍主义	平均[e]福利平等性
澳大利亚	1	0.7	3.3	30	36	33	1.00
奥地利	7	3.8	2.8	3	36	72	0.52
比利时	5	3.0	4.5	8	13	67	0.79
加拿大	2	0.2	15.6	38	26	93	0.48
丹麦	2	1.1	1.0	17	15	87	0.99
芬兰	4	2.5	1.9	3	21	88	0.72
法国	10	3.1	11.2	8	28	70	0.55
德国	6	2.2	4.9	11	20	72	0.56
爱尔兰	1	2.2	5.9	10	6	60	0.77
意大利	12	2.2	9.3	2	12	59	0.52
日本	7	0.9	7.0	23	28	63	0.32
荷兰	3	1.8	6.9	13	22	87	0.57
新西兰	1	0.8	2.3	4	18	33	1.00
挪威	4	0.9	2.1	8	1	95	0.69
瑞典	2	1.0	1.1	6	7	90	0.82

① 原文中缺少 c 项，这里为译者所加。——译者

续表

	法团主义[a]	国家本位主义[b]	经济状况限定性贫困救助[c]（占总公共社会支出的％）	私人养老金（占养老金总额的％）	私人医疗支出（占总额的％）	平均[d]普遍主义	平均[e]福利平等性
瑞士	2	1.0	8.8	20	35	96	0.48
英国	2	2.0	—[f]	12	10	76	0.64
美国	2	1.5	18.2	21	57	54	0.22
平均值	4.1	1.7	5.9	13	22	72	0.65
标准差	3.2	1.0	5.1	10	14	19	0.22

71 a 按以职业区分的公共养老金计划的个数来测度。只包括了主要的计划。

b 按政府雇员的养老金支出占国内生产总值的百分比计算。

c 贫困救济支出扣除了正常的经济状况限定性福利（如斯堪的纳维亚的住房津贴，德国的失业救助，澳大利亚和新西兰的老年、失业和疾病救助）。还应记住，这两种定位的界限比较难以划定。我们这里的估算是基于对各国体系运行状况的个别评估。

d 疾病、失业和养老金的平均水平（经济状况限定性救助计划，如澳大利亚和新西兰的失业和疾病福利金的得分为 0，因为它们都不提供完全公民权的福利）。

e 疾病、失业和养老金的基本和最大社会福利之间的平均差（基于净税后福利金）。福利差异是基本社会福利对体系内法定最高福利金之比。

f 没有数据。

资料来源：G. 埃斯平-安德森（1987b ；表 3）；美国政府出版局，《世界社会保障计划》（United States Government Printing Office, *Social Security Programs Throughout the World*, 1981）；国际劳工组织，《社会保障的成本》，（ILO，*The Cost of Social Security*，日内瓦：1981），基本表格；经合组织，《医疗测算，1960—1983》（OECD，*Measuring Health Care, 1960—1983*，巴黎：1985），第 12 页；SSIB 数据档案。

接着谈自由主义的特征，这里的规律不太清晰。按贫困救济变量的特征，各国大致类聚为三个群体：一群的分数非常高（加拿大、法国和美国），一群是中等水平，还有一群的贫困救济几乎是边缘性的（北欧各国）。相比之下，私人养老金变量清楚地区分出两个群体：一群以私人养老金为主，另一群则几乎没有私人养老金。和贫困救济一样，不同国家围绕着私人部门的卫生变量也类聚成三个群体。有些国家，如奥地利和德国，医疗“私有化” 75
程度很高，反映了其私人福利组织的一定模糊性。在这两个国家中，“私人”医疗主要反映了教会影响的传统（诸如国际明爱组织），而不是放任的私企精神。但总体上看，有一群国家在我们的自由主义特征方面系统地获得高分：美国与加拿大，还有明显度稍低的澳大利亚和瑞士。

最后我们来考虑社会主义制度的测度。我们认为，普遍主义是斯堪的纳维亚社会民主福利国家的统驭原则，而且加拿大和瑞士等几国的自由主义制度也与其有一定的相似性。另一个极端是社会权利异常不发达的自由主义国家（美国、澳大利亚和新西兰）。欧陆国家在其他方面得分往往倾向于保守主义侧，在此方面则居于中间。这样的结果并不惊奇，因为它们强调按职业划分的强制参保，这会导致大部分劳动力被保险覆盖。原则上，福利差异的测度值将有助于明确区分“社会主义”与“保守主义”的国家：社会主义强调平等，福利差异应较小；保守主义的原则包括维护地位和等级，应导致显著的不平等。为正确理解这个变量，我们应暂时撇开澳大利亚与新西兰，因为它们的体系基于单一费率的社会救助，按定义的字面意义，这两国的所有福利都应该是平等的。这样一来，这个趋势就基本上和我们预期的一样：斯堪的纳维亚社会民主国家是最具平均主义的。然而，该表不太能区分出法团主义体系（确实差异性很大）以及与其相对的自由主义体系（也有很大差异）。

如表 3.2 所示，我们用零阶相关矩阵来尝试区分体制的类聚程度。显然，要证明一种制度的存在，用来识别该制度的特征之间必须有很强的相关性；反之，则应是负相关或不相关。而表 3.2 的相关关系指向的正是我们所预期的制度聚类。保守主义的特征（法团主义与国家本位主义）呈现正相关（0.55），而它们与自由主义制度的特征（贫困救济、私有化）和社会主义的普遍主义变量，
76 都呈负相关或不相关。它们与福利差异之间是正相关的，表明保守主义制度倾向于复制福利国家的不平等。

72 **表 3.2　18 个福利国家分层特征的双变量相关矩阵**

	法团主义	国家本位主义	贫困救济	私人养老金	私人医疗	普遍主义
法团主义	1.00					
国家本位主义	0.55					
贫困救济	0.16	−0.11				
私人养老金	−0.40	−0.64	0.49			
私人医疗	−0.02	0.01	0.60	0.45		
普遍主义	−0.02	−0.03	−0.05	0.00	−0.28	
福利差异	0.40	0.14	0.73	0.21	0.51	0.21

自由主义制度的类聚也同样明显。贫困救济与私人养老金和健康二者都强相关（r 值分别为 0.49 和 0.60），而后两者间也呈正相关。较高的福利差异与自由主义制度变量有很强的关联。我们可以因此得出结论，在等级森严的制度与依赖市场的制度中均会出现福利金水平的高度不平等。自由主义的特殊性相当明显，因为它的特征与保守主义和社会主义制度的特征均呈负相关或不相关。

最后，社会主义制度是比较难以确定的，因为它的两个特征变量，普遍主义和平均主义福利，并不密切相关。有些国家（如加拿大和瑞士）虽然在其他方面是非常自由主义的，却也接近普遍主义；而其他自由主义国家（如澳大利亚）的体系本质上是单一费率最低福利，其福利差异性很低。尽管如此，普遍主义特征确实自成一体，与保守主义和自由主义制度变量均不同（不相关）。但令人惊讶的是，我们未能发现平均主义与普遍主义之间有较强的相关性。

和第二章一样，这些数据可以进一步编制成综合指数，以便更清晰、有效地确定重要的国家聚类。同样地，我们根据每个变量分配的平均值和标准差来（粗略）进行这一工作。在表 3.3 中，我们列出了“保守主义”“自由主义”和“社会主义”的累计汇总得分。如附录 1 所述，分数越高，相应的保守主义、自由主义和社会主义的程度就越高。我们在该表中将各国分入强、中、弱三个群体。

从表 3.3 中我们不能不得出结论：国家确实存在聚类。保守主义综合指数得分高的国家（意大利、德国、奥地利、法国和比利时），在自由主义和社会主义指数中的得分都较低，至多达到中等

74

表 3.3　根据保守、自由和社会主义制度特征划分的福利国家群体（括号内为累计得分）

	保守主义		自由主义		社会主义	
强	奥地利	（8）	澳大利亚	（10）	丹麦	（8）
	比利时	（8）	加拿大	（12）	芬兰	（6）
	法国	（8）	日本	（10）	荷兰	（6）
	德国	（8）	瑞士	（12）	挪威	（8）
	意大利	（8）	美国	（12）	瑞典	（8）
中	芬兰	（6）	丹麦	（6）	澳大利亚	（4）
	爱尔兰	（4）	法国	（8）	比利时	（4）
	日本	（4）	德国	（6）	加拿大	（4）
	荷兰	（4）	意大利	（6）	德国	（4）
	挪威	（4）	荷兰	（8）	新西兰	（4）
			英国	（6）	瑞士	（4）
					英国	（4）
弱	澳大利亚	（0）	奥地利	（4）	奥地利	（2）
	加拿大	（2）	比利时	（4）	法国	（2）
	丹麦	（2）	芬兰	（4）	爱尔兰	（2）
	新西兰	（2）	爱尔兰	（2）	意大利	（0）
	瑞典	（0）	新西兰	（2）	日本	（2）
	瑞士	（0）	挪威	（0）	美国	（0）
	英国	（0）	瑞典	（0）		
	美国	（0）				

水平。相应地，具有较强自由主义特征的国家（澳大利亚、加拿大、日本、瑞士和美国）在保守主义与社会主义两方面得分都只达到中低水平。最后，社会主义群体的国家，包括斯堪的纳维亚和荷兰，在其他两种制度聚类特征上的得分都比较低（或只有中等水平）。

换言之，如果我们愿意承认福利国家在塑造社会分层时所扮演的重要角色，并且承认我们已经找出分层的诸多特征，它们与人们真实经历与预见的不平等、地位和阶级差异关系重大，
那么我们就会发现，单凭“更”或“更不”平等来比较福利国 77
家是误导性的。相反，在福利国家的建设中，包含着完全不同的社会分层逻辑。由此，我们可以像谈论去商品化那样来谈论这些制度。

另外，我们还可以发现，去商品化和分层的类聚结果十分相近。我们在第二章曾呈现证据：在斯堪的纳维亚受社会民主影响的福利国家中，高度的去商品化和浓厚的普遍主义明显共同存在。在盎格鲁-撒克逊国家，低度的去商品化与强烈的个人主义自立性也同样明显地共存。最后，欧陆国家均具有明显的法团主义与国家本位主义，而去商品化程度相当有限。

在第四章，我们会分析在养老金这一最重要的国家福利项目中，国家与市场的界限是如何出现的，并据此来总结我们对福利国家制度的分类。公—私混合在塑造去商品化与分层方面都担当着关键性的角色，这点现已清楚明了。下一步，我们希望更加充分地讨论社会政策，或更具体地讲，讨论养老金在政治经济中的整体结构。

附录　分层指数的评分程序

和第二章一样，我们根据各变量的平均值与标准差的国别分布情况制定了指数。保守主义制度特征以法团主义与国家本位主义变量来描述；自由主义制度特征通过社会救助与私人医疗和养老金的相对重要性来描述；社会主义制度属性则主要是以普遍主义的程度来测度。我们期望社会主义制度在最后一个变量，即福利差异方面，得分较低。

为了构造法团主义指数，我们进行了如下赋分：拥有少于或等于两个分立的按职业划分的养老金方案的国家，得 0 分；拥有两到五个（包括五个）这类方案的国家，得 2 分；而拥有五个以上方案的国家，则得 4 分。

国家本位主义变量反映给予公务员福利特权的程度，以公务员养老金支出占国内生产总值的百分比来测量。当这个比例低于（或等于）1% 时，我们为这个指数评 0 分；当这个比例介于 1% 和 2.1% 时，评 2 分；而当这个比例超过 2.2% 时，评 4 分。

78 社会救助相对重要性指数建立在经济状况限定性福利金支出占总社会转移支付的百分比基础上。清楚划分经典经济状况限定性福利金和较为现代的由收入决定的转移支付二者之间的界限，是非常困难的。我们决定将澳大利亚和新西兰的福利国家模式定为基本上是经济状况限定性的，故而这些国家的得分相当低。同样，我们排除了斯堪的纳维亚国家的住房补贴。换言之，这个变量的构造是要包括那些按传统贫困救济逻辑看，属于真正的经济状况限定性社会救助方案的支出，因此包括了美国“抚养未成年儿童家庭援助”（Aid to Families with Dependent Children, AFDC）、日耳曼国家的社会救助（Sozialhilfe）、北欧国家的社会协助（Socialhjaelp）等。英国则有一个特殊问题，因为经济状况审查和收入审查的福利金，都被纳入“补充福利”大项下。出于比较目的，我们将英国的比例（保守地）估计为 1%。这个变量的构造依先前采用的逻辑：如果社会救助对总转移性支付的支出比例低于 3%，评 0 分；在 3% 至 8%，评 2 分；超过 8%，评 4 分。

私人养老金支出占总养老金支出的相对比例指数，按如下方式构建：如果比例低于 10%，该国的得分为 0；如果比例在 10% 至 15%，得分为 2；如果比例超过 16%，我们给该国的评分为 4。

私人健康支出的相对比例小于 10% 的国家，我们给予 0 分；在 10% 至 20%，我们给予 2 分；如果大于 21%，该国会得 4 分。

普遍主义变量测量相关人口（16 至 65 岁的劳动力）受到各种方案覆盖的百分比。低度普遍主义的定义是不到（或等于）60% 的人口受到覆盖，评分为 0；而当覆盖率在 61% 至 85% 时，我们给予 2 分；而当覆盖率大于等于 86% 时，我们给予 4 分。请注意，基于收入审查的方案，如澳大利亚和新西兰的失业与疾病福利金计划，得分为 0。这是因为这些类型的方案并不自动赋予普遍权利。

最后，福利水平差异变量的构建是基于一个正常标准的工人能够取得的标准福利，以及体系规定的最高福利水平。如果标准福利不到最高福利的 55%，我们给该体系评 0 分（反映出差距很大）；如果在 55% 至 80%，体系得分为 2；而如果超过 80%，体系得分为 4。

79 第四章　养老金体制形成中的国家与市场

引　　言

无论国家还是市场都不会注定地提供福利，但几乎每一本社会政策教科书都试图说服你它们会。社会学家一般将福利分配与政府的社会政策等同起来。自由主义思想与当代经济学理论则要我们相信，国家是一种人为的创造，而未受任何约束的市场，才是唯一真正能够满足我们各种福利需要的制度。对汽车而言可能这个论点是对的，但对社会保障而言则肯定不对。

我们发现，所有的发达国家中，私人与公共福利的提供都存在某种程度的混合。正是在这样的关系中，我们将看到福利国家最重要的结构特征。鉴于养老金是到目前为止总的社会转移中最重要的一环，本章将利用它来探讨这一关系。我们会发现，国家创造了市场，市场也创造了国家。至少对养老金而言，它需要运用国家权力来建立与培养一个可行的私人市场；反过来，国家在提供养老金方面的角色又受到市场的特性与限制的决定。国家与市场——或者，如果您愿意的话，也可称之为政治权力与金钱交易——之间，不断互动，从而生成某种能够界定福利国家体制的特殊社会提供混合体。

如果分析养老金显得有些狭窄与平淡的话，那么记住两种情况：第一，在许多当代国家中，养老金占了国内生产总值的 10% 以上；第二，养老金是连接工作与休闲、工资收入与再分配、个 80
人主义与团结、金钱交易与社会权利的核心纽带。因而，对养老金的分析有助于阐明一系列长期以来相互冲突的资本主义原理。

国家与市场关系中的福利国家体制

如同第一章和第二章中所讨论的，福利国家体制的概念指的是社会制度的安排、规则和理解。正是它们指导和塑造了同时期的社会政策决定、制度开发、问题界定，甚至公民与福利消费者的反应和需求结构。政策体制的存在反映出短期政策、改革、辩论和决策都在各国不同性质的历史制度化框架中进行。附着在社会公民权之上的权利与主张之间的界限，就是这种制度参数的一个例子。这些参数在历史上相对稳定。因此，被承认为社会权利的人类需求范围，是在识别和界定福利国家体制时的核心问题。与“边际主义”相比，蒂特马斯方案中的“制度性”福利国家，并不认为社会权利有任何注定的界限。（蒂特马斯，1974；科皮，1980）

相应地，在识别福利国家体制时，一个特别重要的因素将与公共提供的社会权利和个人主动贡献的结合相关。换言之，能够从公共与私人各自负担哪些基本人类需要的角度，来比较不同的体制。

公共与私人社会保障之间的划分，提供了福利国家体制的去商品化、社会权利和分层关系的结构背景。具有讽刺意味的是，必须对私人福利进行分析，才能够识别福利国家；而且如同我们将要发现的，反过来看也是一样正确。但除了与分类工作的相关性之外，由于国家提供与私人提供非常紧密地结合在一起，因此对于福利国家增长理论的任何严肃因果测定，都必不可少地要分析私人提供的角色。（赖因和雷恩沃特，1986）

81 发达资本主义民主国家社会提供的公私混合

任何对公私混合结构的研究都会遇到可怕的障碍：一个是缺乏可信赖的数据，特别是在追溯以前的经历时；另一个是难以准确界定公私的归属。

定义的问题必须根据我们探讨的理论解决。区分体制的第一个原则和法律的存在有关，因为这是在各种契约安排之中区分出社会权利的唯一有意义的方法。这意味着如果 1）养老金由国家来直接立法与管理，或者 2）存在清楚明确的政府命令，要求私人部门提供某种形式的养老金，则我们必须将该养老金纳入“公共”名下。因此，我们把芬兰、英国和荷兰的二级行业养老金都视为公共养老金；而瑞士（直至 1982 年）一直都缺少明确的政府指令，因此其劳动市场养老金被归入私人养老金。相同的论点也适用于荷兰的“公司养老金”。法国是唯一模棱两可的例子：官方的命令确实存在，但却没有正式立法。因为法国养老金的做法实际上和那些真正立法实行的案例别无二致，所以我们将法国职业养老金选定为“公共的”。我们将政府命令出现的那一年，定为从私人转向公共的转折点。

第二个必须单独列出的类别是政府公务员养老金。这些养老金反映出政府作为雇主的角色，因而本质上是职业养老金；虽然是由政府预算出资支付，但它们与法定的社会权利关系不大，而和特殊的地位划分很有关系。它们是国家本位主义与法团主义特权的遗产。

除此以外还有两种“纯粹的”私人养老金：职业养老金计划和个人年金。因为它们所遵循的逻辑不同，所以有必要将这两种私人养老金分开。严格地讲，很难认定职业性方案纯粹是遵循市场的。它们往往反映出雇主的家长作风（如传统的赠礼型养老金［gratuity pension］）；它们有时是集体保险的结果（如团体方案）——从这个角度，它们是私人部门中相当于法团主义社会保险的部分；它们也常是劳动力市场集体谈判的结果，因而构成一种递延工资。现在，
第一种已相当少（除了在日本），我们可以因此将私人职业养老金 82
主要视为一种团体保险或工联主义的形式。最后，个人保险类，如人寿保险方案，则反映出竞争性契约框架内的个人自立传统。

前文中已经谈到，私人计划的统计资料往往覆盖范围有限且统计口径不同，所以实证问题十分棘手。通常，人寿保险计划、指令性职业计划以及有基金支持的或信托式的劳动力市场养老金，都有可靠的信息。主要的缺陷在于无基金支持的“赠礼型”养老金。对某些国家，尤其是日本，我们不可避免地会低估私人提供的范围。而且，历史数据几乎不可能收集到。这就将我们的考察限制在了眼下。奥地利和意大利这两个国家可用的信息很少，但一般都认为这两个国家的私人计划确实很少；因此我们在给样本打分时，对它们的评分最低（1970 年的私人养老金支出数据已知，为意大利提供了一个估算）。

在下面的实证概述中，我们采用了两种不同的指数：第一种是各种方案类型的总支出；第二种则是老年住户的收入来源。对于前者，我们认为支出数据优于覆盖面和财务数据。因为支出数

据反映的是现状，而考虑到长期资金，财务数据反映的是未来的可能局面。覆盖面数据的问题在于，覆盖面大并不必然表示私人养老金的作用也大；例如在瑞典，私人职业养老金近乎覆盖了全民，但所支付的金额却微乎其微。

在老年住户的收入来源方面，我们有一些国家的调查资料，因而能够估计在老年住户的总收入中，公共及私人养老金，以及工作收入与个人储蓄的相对重要性。这为我们验证工作的持续重要性提供了可能性，并让我们能够比较基于支出和基于收入来源的数据，从而考察数据的可靠性。在本章的附录中，我们将会更仔细地说明养老金支出的定义与数据来源。

国家与市场的养老金提供

我们有可能追溯某些国家自 1950 年代以来职业养老金方案的支出变动情况。表 4.1 显示了 12 个国家在 1950 至 1980 年职业养老金支出占国内生产总值百分比的估计值。该表揭示了我们将在后文进一步探讨的两个重要现象。首先，它显示直到最近为止，（有基金支持的）私人职业养老金的作用始终不重要。在 1950 年时，私人养老金（以及公共养老金）只占用了少量的国家资源。其次，该表反映了各国的不同趋势。有些国家的私人养老金已经变得非常庞大，尤其是澳大利亚、瑞士与美国。丹麦、加拿大和荷兰也有明显的增长。但芬兰、瑞典和英国的发展则是反向的。这是政府的立法或命令限制了私人部门的必然结果。在表 4.2 中，我们更仔细地检验了 1980 年前后养老金支出的细节，发现各国私人养老金的双峰分布模式依然存在。

表 4.1　对私人职业养老金范围的估算
（1950 年以后占国内生产总值的百分比）

	1950	1960	1970	1980
澳大利亚	0.1	—	—	1.3
加拿大	0.13	0.5	0.7	0.6
丹麦	—	—	0.34	0.65
芬兰	—	0.2	—	0.1
法国	—	0.7	—	0.3
德国	0.2	0.1	—	0.5
意大利	—	—	0.09	—
荷兰	0.3	—	0.4	0.8
瑞典	0.4	—	—	0.5
瑞士	0.25	—	1.1	1.4
英国	—	1.2	—	1.0
美国	0.14	0.34	0.74	1.4

资料来源：G. 埃斯平–安德森，1988，《社会保障制度形成中的国家与市场》（*State and Market in the Formation of Social Security Regimes*），欧洲大学学院工作论文（European University Institute Working Papers），佛罗伦萨，意大利。

表 4.2 显示了 18 个国家中，社会保障、政府雇员、私人职业与个人保险四类养老金占国内生产总值的比重。所有四个类别的国别差异都相当明显。社会保障养老金的范围从日本的刚刚超过 2% 到最高的瑞典近 10%，政府雇员养老金的范围则从澳大利亚与加拿大的不到 1% 到最高的奥地利近 4%。私人职业方案在奥地利与意大利不很重要，但在瑞士与美国则规模庞大。个人养老金（可能也包括某些团体方案）在加拿大、丹麦和德国占主导地位，但在芬兰、意大利和英国则相当边缘。

如果我们给出这四个类别各自占总养老金支出（含私人与公共）的比例，就能得出一个较清晰的养老金结构状况，如表 4.3 所示。请注意，我们将奥地利与意大利的职业养老金支出设为国内生产总值的 0.1%。

表 4.3 显示各国有明显的类聚倾向。整体上，社会保障水平低的国家，其私人部门所占的比例也较大——但这几乎是同义反复。在公共雇员养老金受重视的程度上，各国呈现出惊人的两极分化。一群国家的公共雇员养老金规模相当庞大，典例如奥地利、比利时、芬兰、法国、爱尔兰、意大利和日本。当然，这正是我们先前归纳出的带有很强的国家本位主义和法团主义特征的聚类。相比之下，自由主义与社会民主式福利国家（如澳大利亚、加拿大、丹麦、新西兰、挪威、瑞典和瑞士）中的公务员养老金支出则较低。而区分这两者的，主要是社会保障与私人部门的相对地位：澳大利亚、加拿大和美国都是有限的社会保障加上强大的私人投入；而挪威和瑞典（可能也包括丹麦）则相反。因此我们可以初步对“养老金体系”进行如下分类：

表 4.2　1980 年公共及私人部门养老金计划支出及个人人寿保险年金占国内生产总值的百分比 84

	社会保障	政府雇员	私人职业	个人保险
澳大利亚	3.8	0.7	1.3	0.6
奥地利	8.65	3.8	—[a]	0.3
比利时	5.6	3.0	0.4	0.3
加拿大	2.9	0.2	0.6	1.3
丹麦	6.1	1.1	0.65	0.8
芬兰	6.2	2.45	0.1	0.2
法国	8.3	3.1	0.3	0.6
德国	8.3	2.2	0.5	0.8
爱尔兰	3.4	2.2	0.1[b]	0.5
意大利	6.15	2.2	—[a]	0.1
日本	2.15	0.9	0.45	0.45
荷兰	6.9	1.8	0.8[c]	0.45
新西兰[d]	8.1	0.75	0.35	0.0
挪威	7.1	0.9	0.1	0.55
瑞典	9.7	1.0	0.5	0.15
瑞士	7.3	0.95	1.4	0.6
英国[e]	6.4	2.0	1.0	0.1
美国	5.0	1.5	1.4	0.3

a 基本上不存在的体系。

b“个人基金”的支出数据未给出。此处按贡献率进行估计。

c 1981 年数据。

d 1977 年数据。

e 1979 年数据。劳动力市场中的养老金被外包时，我们将其归入私人部门，公共雇员福利金的情况除外。

资料来源：G. 埃斯平-安德森，《社会保障制度形成中的国家与市场》。

85 **表 4.3　1980 年公—私养老金的结构状况（占养老金总支出的百分比）**

	社会保障养老金	公共雇员养老金	私人职业养老金	个人年金
澳大利亚	59.4	10.9	20.3	9.4
奥地利	67.8	29.8	0.8	2.3
比利时	60.2	32.3	4.3	3.3
加拿大	58.0	4.0	12.0	26.0
丹麦	70.5	12.7	7.5	9.2
芬兰	69.3	27.4	1.1	2.2
法国	67.5	25.2	2.4	4.9
德国	70.4	18.6	4.2	6.8
爱尔兰	54.8	35.5	1.6	8.1
意大利	71.6	26.0	1.2	1.2
日本	54.4	22.8	11.4	11.4
荷兰	69.4	18.1	8.0	4.5
新西兰	87.9	8.2	3.8	0.1
挪威	82.0	10.4	1.2	6.4
瑞典	85.5	8.8	4.4	1.3
瑞士	71.1	9.3	13.7	5.9
英国	67.3	21.1	10.5	1.1
美国	60.9	18.3	17.1	3.7

资料来源：G. 埃斯平-安德森，《社会保障制度形成中的国家与市场》。

1. 法团主义的国家主导型保险体系。在这个体系中，地位是养老金结构的关键要素。一般而言，私人市场在这个体系中处于边缘地位，而社会保障则倾向于根据职业差别高度分隔。公务员享有明显的特权。采用这一类体系的国家有奥地利、比利时、法国、德国、意大利和日本，还可以包括芬兰。
2. 补缺式体系。在这个体系中，市场通常占据主导地位，取代了社会保障或公务员特权，甚至同时取代了二者。典型的例子为澳大利亚、加拿大、瑞士和美国。
3. 普遍主义的国家主导型体系。这个体系赋予全民社会权利，地位特权与市场均不起作用。该类国家有新西兰、挪威和瑞 87
典，还可能包括丹麦与荷兰。

这样的分类只留下一个真正意义上的混合模式的例子：英国。英国的基本单一费率国家养老金从没有得到公共部门的、与工资挂钩的、第二层次的养老金方案的补充；同时，在养老金受益人可以选择转向市场购买保险的情况下，私人养老金得到了某种程度的增长。但是，哪个方面都没有强有力的发展，都不足以决定英国体系的整体形态。

在老年住户的收入来源数据方面，也有类似的类聚情形出现。因此，在补缺式的体系下，工作、投资与私人养老金收入应在住户总收入中占有相对重要的地位。

表 4.4 证实了这一点，只有少数的例外。可惜的是，这些数据并不能帮助我们把公务员养老金和一般的社会保障区分开。和我们所预想的一样，工作收入占重要地位的国家有加拿大和美国，但丹麦、爱尔兰和英国也是如此。丹麦和英国之所以会出现这种

现象的原因是相当直接的：它们的社会保障体系所提供的只是有限的单一费率的养老金，第二层次的保障或者不存在，或者成立得太晚，以致无法提供足够的养老金收入。至于爱尔兰会这样的原因，则主要与乡村个体经营者的持续重要性有关。需要指出的是，由于该表采用的是住户数据，因而工作收入中有相当大的一部分可能指的是配偶的薪资。

表 4.4 对投资收入与私人养老金作出的区分，对应于个人自力更生与集体谈判之间的关系。从这个意义上说，个人主义在加拿大、新西兰和美国非常明显，而在挪威、瑞典和芬兰则最不突出。在这些国家中，我们掌握了一部分早至 1960 年代初期的住户收入调查数据，这使得我们可以研究丹麦、加拿大、英国和美国等国的主要结构变迁。主要的趋势如下：工作收入的重要性下降，尤其是在丹麦和加拿大；社会保障的重要性提高；投资收入的地位也呈上升趋势，尤其是在丹麦和加拿大。（经合组织，1977；古德曼，1986）

两种指标之间的统计一致性相当强。十个可以获得有效住户收入数据的国家子样本显示，私人养老金占住户收入的比例与职业养老金支出占总支出的百分比之间的零阶相关系数是 +0.602。
88 类似地，社会保障比例的两个指标之间的相关系数达到 +0.683。工作收入与私人养老金占住户收入的比例均与社会保障变量存在较强的负相关关系（零阶相关系数分别是−0.694 与−0.636）。

这些证据指出，我们在研究养老金公私结构过程中所采用的各种指标之间在实证上的一致性很高。这也意味着“体制视角”对福利国家的跨国比较研究可能会非常有价值。即使只看单个指

表 4.4　户主在 65 岁以上的住户收入来源 86

	工作收入[a]	物业资产利息	私人养老金	社会保障转移[b]
	占总住户收入的百分比			
加拿大（1980）	27.0	22.6	11.3	37.0
丹麦（1977）	27.7	11.1	10.4	46.9
芬兰（1980）	15.3	7.1	0.3	77.3
德国（1978）	11.9	11.6	3.9	68.5
爱尔兰（1980）	49.1	3.9	12.3	34.7
新西兰（1980）	13.9	18.9	4.4	59.4
挪威（1982）	20.4	7.2	0.8[c]	71.5
瑞典（1980）	11.1	8.8		78.1[d]
英国（1980）	23.8	9.1	5.5	54.6
美国（1980）	26.8	15.4	5.5	37.3

“其他未注明”收入来源没有在表中列出，因此数据总和不一定为 100%。加拿大、德国、瑞典、英国和美国的数据是指户主年龄为 65—74 岁。注意，挪威和丹麦的退休年龄为 67 岁，数据是指 67 岁以上的户主。丹麦数据是单身男子、单身女子和已婚住户的加权平均，根据数据来源（见下）所提供的数据重新计算而成。

a 工作收入包括个体经营收入。

b 社会保障养老金和其他对老年人的公共部门收入转移，包括公务员养老金。

c 挪威私人养老金数据包括住户收入统计中的公务员养老金。我们从国民账户中了解到，公务员养老金对私人职业养老金的比率为 9∶1，并据此进行调整——把 90% 分配给“社会保障转移支付”。

d 这也包括私人职业养老金，无法单独计算。

资料来源：加拿大、瑞典、英国和美国的数据计算自 LIS 资料中的数据。丹麦的数据计算自 H. 奥尔森和 G. 汉森的《1977 年老年人生活状况》（*De Aeldres Levevilkaar 1977*，哥本哈根：SFI，1981，第 263 页及其后诸页）。芬兰的数据来自芬兰中央统计局的直接通信。爱尔兰的数据来自 J. 布莱克威尔《爱尔兰的老年人收入》（*Incomes of the Elderly in Ireland*，都柏林：NCA，1984，表 12）以及与巴黎经合组织的麦克夸尔博士的直接通信。新西兰的数据来自《新西兰住户调查，1980—1981》（*New Zealand Household Survey 1980—1981*，惠灵顿，国家统计局，1983，表 10）。挪威的数据来自《1982 年收入统计》（*Inntektsstatistik 1982*，奥斯陆：中央统计局，1985，第 58 页）。德国的统计数据计算自《1978 年收入消费随机测试》（*Einkommens und Verbrauch Stickprobe, 1978*，威斯巴登：联邦统计局，1983，第 308 页）。

标，也已经能够清楚看出围绕在我们提出的基本面上的类聚。当我们加入不同的指标时，这个规律仍得到了保持。

接下来，我们将从对当代养老金组合的定量概述转向公私结构差异的历史演变问题。

养老金结构的历史根源

我们不应把今天的养老金和退休的概念强加给 19 世纪。直到第二次世界大战前，退休仍只是少数人才能享受的。（格雷布纳，1980；麦尔斯，1984a）不论是公共政策还是私人选择，都不会假定人将在某一特定年龄后停止工作，安享晚年。当时确实有一些人能够领取规划养老金，但它从来都不可能取代工资和储蓄。直到最近，大部分的老年人才确定能获取一定水平的退休所得，不致仰人鼻息、饔飧不济或被迫工作。

社会保障养老金直至 19 世纪末才出现，并在两次世界大战期间快速普及。但一直到第二次世界大战之后，它仍未成为制度化的退休方式。（佩林，1969）然而，这并不意味着养老金曾一度由私人领域所主宰，后来才逐渐被国家取代。事实上，诞生至今，养老金一直在复杂的公私混合状态中发展；而国家在这两方面都发挥了促进作用。

19 世纪的老年收入保障主要针对工作能力丧失或家庭主要经济支柱死亡等问题。除了工作（这是正常人都要做的）之外，老年收入保障的主要来源是家庭照顾、个人储蓄、私人部门提供的慈善救助，以及公共部门提供的贫民救济。随着实际的养老金方

案出现，国家也开始承担核心角色。作为雇主，国家常常在职业 89
养老金领域进行开拓性的尝试。例如，英国政府早在1834年即引进了公务员养老金。具有讽刺意义是，就在同一年，新济贫法建立起了严格的资格审查原则。纽约市政府自1857年开始为其雇员提供养老金。税收政策在促进私人部门养老金方面扮演了关键性角色；政府对早期友伴性社团的管理，以及有关养老金支付的免税规定，都直接造成了私人养老金的结构变迁。最后，国家的间接刺激自然也是相当重要的；法定养老金的缺乏、不充分的覆盖面、微薄的福利和严格的资格审查条件等几乎都会激起私人替代方案的产生。

任何对养老金历史的讨论都需考虑到这样一个事实，即早期工业资本主义中，结构条件普遍差异悬殊。由于阶级结构与人口条件的变化，客观需求也在不断地改变。

19世纪的人口大部分居住在农村；个体经营仍非常重要。因此，在1870年，农业占全部就业的比例往往会超过50%（例如，奥地利65%、丹麦52%、德国和美国50%，但英国只有23%）。这意味着劳动力的商品化仍不太明显，也意味着老年人对工资和保险收入的依赖程度不是很高。

除了就业结构，当时的人口状况也缓解了对老年养老金的需求。1820年前后，个人出生时的预期寿命通常不过40年；直到1900年，这一数据仍低于50年（现代社会的预期寿命多超过70年）。考虑到这一数据受较高的婴儿死亡率影响，我们进一步观察青年人的数据。在19与20世纪之交，20岁的人只能勉强活过60岁：奥地利的预期寿命为60年，法国为61年，美国为62年，瑞典 66 年。（联合国统计办公室，1949）换言之，65 岁以上的老年人难得一见。这自然直接塑造了人口的年龄结构。在 1870 年前后，65 岁以上的人占总人口的比例在 3%—5%（而 1970 年代中期则是 11%—15%）。（迈迪逊，1982）

因此，在 19 世纪的工业社会中，对养老金的需求是较为有限的，但这不意味着它不存在。随着劳动力商品地位的确立，危机也开始出现：人如果无法工作就会危及生存。寡妇、身心障碍者和老年人都极易陷入极度贫困。冯·鲍卢泽克（1983，第 219 页）报告说，1867 年柏林接受救济的人多为寡妇或者是 60 岁以上的人。
90 但对保障的需求，不论是显性的还是隐性的，都无力得到可持续的满足。

19 世纪时的老年收入保障是通过各式各样的方式来实现的。首先，大部分人必须继续工作。这种状况一直持续到 20 世纪。鲍（1978，第 80 页）报告说，1890 年代，65 岁以上的美国男性几乎有 70% 在工作；基勒马德（1980）指出，法国的比率也差不多。事实上，早期的社会保障方案或雇主计划并不是为了替代工作收入，而是为了补偿日渐消失的工作能力。（麦尔斯，1984）雇主常为年老而生产力较低的人员提供庇护式的工作——顺带一提，这种措施至今仍被广泛采用。

家庭是保障老年生活的第二种主要方式。家庭有两方面的重要性：第一，生产资料在传统上会传给下一代；相应地，老年人会期待能够分得“红利”。第二，家庭也是一般性福利功能的提供者。1929 年纽约的一份调查显示，超过半数的老年人依赖家庭和朋友的支持。（韦弗，1982，第 42 页）

第三种方式是慈善，在许多国家中由教会主导。前面谈到的纽约调查显示，有 3.5% 的老年人完全依靠慈善救助生活。但这不足以反映慈善的真正重要性。到 1927 年，美国私人慈善总支出已高达总公共福利支出的 6 倍。（韦弗，1982，第 20 页）

公共提供的贫民救济是第四种方式。如上所述，至少到 20 世纪之初，这始终是当时唯一的政府收入维持方案。在德国，救济名单里的往往是那些既无工作又无财产的老年劳动力。在英国，即使到了 1954 年，仍有大约一百万老年人依赖社会救助。（布朗和斯莫尔，1985，第 136 页）然而，在政治原则受到僵化自由主义主宰的地方，贫民救济并不是一个可靠的来源。例如，美国仍有许多州拒绝为有需要的人提供现金救助。（韦弗，1982）又如，英国的济贫院的条件之苛刻，使得除了最绝望的人外，其他贫民都宁愿另谋出路。

第五和第六种方式，即国家和私人养老金方案，在当今居主宰地位。但在 19 世纪，它们的地位仍不突出。俾斯麦在 1889 年首开养老金之先河，但直到 20 世纪，多数国家仍然没有为其劳动力建立公共养老金制度。这并不意味着国家完全不作为；事实上，91
国家是职业养老金方面的先行者（但只适用于其自己的公务员），而且也时常通过法令为高风险或高优先级的职业，例如海员或矿工提供保障。但是显然，这些方案并不能覆盖那些潜在需求最大的公民，即不断增长的无产阶级工人。退伍军人养老金有时也比较重要，尤其是在美国。斯考科波尔和伊肯伯里（1983）强调，美国民众对养老金的立法并不施加什么压力这一奇怪现象，部分原因在于该国纷繁复杂的内战养老金支出。

私人部门保险并不能填补家庭、慈善和国家所留出的巨大空白。我们 19 世纪的前辈通常会有两种私人部门养老金可以选择。最重要的是友伴性社团及类似组织。这些社团一般是面向特定职业或工会群体的储蓄互助组织（thrift organization），常常是由更早的行会组织发展而来。在有些国家，它们的范围相当广泛。基尔伯特（1966）估计，在 1880 年的英国，大约 50% 的工人阶级男性是友伴性社团的会员；在 1890 年左右，美国约有 370 万会员——相当于劳动力的 5% 左右。（韦弗，1982，第 46 页）阿什弗得（1986，第 151 页）也指出，法国的互助性社团在 1920 年约有 200 万会员。但在另一方面，友伴性社团涉足老年养老金的程度不大。它们主要提供的是疾病保障、失业、丧葬费和幸存者抚恤等费用。此外，其会员大多为工人阶级中境况较好的技术性部门雇员，特别是那些有能力每周上缴保费的人。因此，友伴性社团在确保养老金所得方面的能力从某种程度上看并不突出。这种情况在 1920 年代的美国很明显：1928 年，虽然会员数已超过 500 万人，但享受养老金福利者总计只有 11 000 人。（韦弗，1982）

私人部门养老金保障的另一个来源是雇主计划。在早期，只有少数行业建立了私人养老金方案。较为引人注目的是铁路业、采矿业，还有航海业。这些行业的早期养老金常是由政府所资助的。此外，少数私人企业在 19 世纪开设了公司养老金。而这些公司几乎都是业内的引领者，如美国的美国运通、美国电话电报、卡内基钢铁和柯达公司，德国的克虏伯钢铁、西门子和赫希斯特
92 公司，以及英国的吉百利、利华和朗特里公司。然而，这些方案主要针对受薪职员，而且都是父权式和赠与式的。福利是酌情决

定的，通常取决于员工的终身忠诚服务，而且并不稳定。也就是说，它们不是基于契约规定的资格，而是视公司收支状况而定。一名职员未来能否得到养老金，是与公司的命运紧密联系的。

公私混合的历史发展

很明显，19 世纪的养老金市场是补缺的、不发达的。因此，国家养老金保险在最初出现时，很难产生任何重要的“挤出”效果。事实上，在 19 世纪的私人市场中，没有太多可供养老金发挥的空间。

看似矛盾的是，公共与私人养老金同时出现，同时增长。逐渐被挤出市场的是前资本主义社会保障的残余，如家庭和慈善机构，以及贫民救济和友伴性社团。

养老金演化的因果结构是社会学变量（人口与就业）与政治转型共同作用的结果。在 19 与 20 世纪之交，人口结构开始发生巨变，特别是在家庭结构与预期寿命方面。在 20 世纪前 30 年间，大多数国家 1 岁男孩的预期寿命几乎增加了 10 年，65 岁以上公民的比例随之上升。（联合国统计局，1949）也正是在这个时期，从个体经营到工资劳动、从农业到工业的转化特别强烈。在德国、美国等国家，农业就业的比例从 1870 年的 50% 下降到 1910 年的大约 33%。因此，在新的社会秩序下，不论家庭或农场都无法为一般工人提供多少老年保障。而与此同时，需求却在不断增长。

这也是工作与就业的意义得到重塑的时代：工匠型店铺和小规模制造变成现代化的大生产，对劳动力强度的强调转变成对扩大生产力的重视。美国的进步年代与欧洲的相似时代，带动了科学管理与最优化运用劳动力的理念；因此，管理层希望摆脱年老劳动力的想法也随之而来了。（麦尔斯，1984a；格雷布纳，1980）

93 对养老金的需求明显增长，公民通过集体力量来要求养老金的能力也随之增强。在 19 世纪，甚至在 18 世纪，不论是公共或私人养老金方案方面，都出现了无数的提议与规划。早在 1697 年，丹尼尔·狄福即提议成立“养老金办公室”；托马斯·佩因也建议将养老金作为人的基本权利之一，并在下议院推动实质性的立法；在革命时代和拿破仑时代的法国，老年保障都得到过讨论。（阿尔贝，1982，第 32—33 页；阿什弗得，1986）但这些规划都没有实现，因为政治意愿缺乏，只有来自民众的微不足道的压力。然而，在 19 与 20 世纪之交，条件发生了变化，政治意愿有了表达的渠道。在劳动力市场中，工会与产业性和全国性的工人协会逐渐出现了。在 19 世纪末，它们普遍得到了法律上的认可，其增长在任何地方都几乎是爆炸性的。在第一次世界大战前后，普选权开始得到扩展，赋予了崛起的工党一定的代表性和谈判力。也就是说，“社会问题”已变成了政治问题。

现代公私混合形态的老年保障在这个历史背景下出现了。私人部门养老金发展为两个基本体系：一个是个人的（人寿）保险，另一个是集体的职业与行业养老金。在公共部门，首先出现的通常是公务员养老金，社会保障养老金要晚得多。

早期的社会立法遵循两条途径：一条基于社会救助的传统，强调基本的，而且往往是单一费率的最低福利（如丹麦和澳大利亚）；另一条是基于个人缴费和可证明的就业记录的精算保险方案。总体上，储蓄的成分从友伴性社团转变成现代保险公司；雇主赠与型养老金逐渐转为由集体谈判而来的契约附加福利；政府的贫民救济则发展成社会保障。

公共和私人养老金在早期的发展，常常是为了弱化工人运动。私人部门雇主所制定的养老金，是分化雇员和美化管理层的工具。（麦尔斯，1984a；格雷布纳，1980；金，1978；杰克逊，1977）雇主将养老金作为在劳动力中维护自身地位和权威的工具。他们要么偏袒白领和年薪阶层，要么设计出明显区别对待的方案。工会一般会反对这种做法，一部分是为了赢得工人的忠诚，另一部分是因为这些措施会助长工人间的分化。不过，特定职业的工会 94
往往偏好排他性的附加福利方案。

同样地，早期国家立法确定的养老金一般是用作抑制工人运动扩大的工具，同时也引导劳动力对现有的秩序表示忠诚。（里姆林格，1971）早期德国、丹麦和奥地利各国改革都显然基于这一背景；这个动机也指导着 1891 年的教宗通谕《新事物》。养老金在早期的发展几乎从来不是由劳动力促成的。

由于工人运动不论在国家还是在市场中都处于劣势，它们自然集中精力于发展属于自己的社会保障体系。在 20 世纪初，工人运动快速成长。如同前面谈到的，在 1890 至 1900 年，美国的工会社团成员从 370 万增加到 530 万；这种增长一直持续到大萧条——当时这些社团遇到严重的财务困难，因而逐渐失去了与私人保险公司、雇主计划以及公共养老金竞争的能力。（韦弗，1982，第 46 页及其后诸页）应该记住的是，大量的工会成员中，可能只有四分之一有资格享受养老金（韦弗，1982，第 48 页），而这四分之一中又只有很少的人能够实际上领到这笔钱。在英国，到 1938 年，工会基金的会员数已增至 550 万人（布朗和斯莫尔，1985），相当于当时英国劳动力的 24%。但同样地，英国也存在着类似的情况。

从工人运动的角度看，友伴性社团的策略并不那么理想。正如我们已经看到的，由于排除了工人阶级中最脆弱的部分，它有瓦解工人阶级的危险。除此之外，因为经常性失业、成本高昂的罢工以及经济周期等，它也容易陷入财政困境。韦弗（1982）强调，美国工会基金之所以衰落，主要是因为它没有经受住大萧条的冲击。

在 20 世纪的最初几十年，私人与公共养老金同时有了制度化的发展。在扶持市场的扩张方面，公共政策起到了决定性的作用。首先，政府开始认真为中央与地方的雇员建立职业养老金方案。到 1898 年，英国所有的地方政府都建立了教师养老金制度；而到了 1937 年，这个制度进一步扩展到所有的地方政府雇员。（布朗和斯莫尔，1985）在美国，不论联邦雇员还是州 / 地方政府养老金的覆盖面都快速扩大。到 1928 年，公共雇员覆盖人数已经达到大约 100 万，相当于全体公务员的 25%。（金，1978，第 200 页；韦弗，1982，第 48 页）同年，退伍军人养老金仍然占养老金的最大
95 份额，受益者高达 50 万人，接近美国全部养老金领取者的 85%。（韦弗，1982，第 48 页）这也是运输、煤气和电力等诸多公共事业国有化的特殊时代，带来了政府雇员方案成员人数的节节攀升。在美国，联邦政府甚至出面挽救铁路公司，致使该行业的养老金方案在 1935 年时国有化。

政府的职业性方案对私人部门养老金的增长产生了两方面的直接影响：它们定下了调子，激励其他类型的雇员团体要求相等的保障；它们扶持了保险公司，使其成为私人部门养老金的核心机构，促进个人、团体和行业方案等形式的养老金保障进一步发展。简言之，政府雇员的养老金方案协助构建了私人市场。

政府还通过财政和法规政策来施加影响。尤其是在两次世界大战之间，政府引进了税收支出的概念，以扶持社会保护领域的私人企业。典型的方法是允许保险缴费支出抵税（例如，英国1921年的《财政法案》，丹麦1922年和1924年的《税收法案》，以及美国1926年的《税收法案》）。反过来，当政府赋予了私人部门税收特权之后，也产生了规范其方案的动机，以便确保它们在财务上稳健负责，并信守契约。借此，政府进一步强化了保险公司的地位；与此同时，政府也协助重塑了雇主养老金的性质，废止了传统的酌情酬金原则，并鼓励了定期的、谈判的和契约式的附加养老金方案。

不论是否蓄意为之，社会保险方案的立法为私人养老金留下了充分的发展空间。在美国这样立法进展较慢的国家，自由度的激励作用显而易见。当社会保险真正成为法律时，私人部门起初常常充满敌意，担心挤出效应。当德国在1911年立法制定工薪雇员养老金时，也曾遭到保险行业的竭力反对。（杨茨，1961，第149页）

然而，养老金立法对私人养老金增长的效果并不是那么明确。第二次世界大战前引进的社会保障改革所提供的福利非常有限，其覆盖面并不完全，而且从采用保险模式的国家提出的缴费要求看，基本上是未来的一代人才有机会获得福利。比如英国 1908 年的法案只对年龄超过 70 岁的老年公民提供基于资格审查的福利；
96 其后 1925 年的缴费养老金中更是要求了长达 40 年的缴费期限，并且不论从任何角度计算，该方案都只能提供最低福利，必须辅以其他收入来源。德国劳动力养老金保险成立时，面向的是无法工作的失能人群，领取福利的劳动力需要超过 70 岁并有 35 年缴费经历。而且，如麦尔斯（1984a）所揭示的，即使是最后确实拿到养老金的德国人，可能也无法以此为生。瑞典也呈现类似的情况：养老金保险在 1931 年就获得了立法通过，但几十年来却几乎没有提供任何福利。在上述三个案例中，社会保障在确保养老金收入中扮演的角色充其量只能称得上是边缘的，而对于这个明显的缺口，私人养老金市场也无力填补太多。

总的来说，第二次世界大战前的政府养老金立法基于的是严格的精算与最低保障的原则，以避免扭曲市场或减少劳动力供给；它也假定，必要的补充养老金应该从私人市场购买。在美国，最低限度原则的意识异常强烈，但相同的基本原则也适用于欧洲的相关实践。“福利资本主义”是个能够贴切地描绘出整个时代政府责任界定的口号。

养老金的混合形态在 20 世纪前期几十年的发展正反映出一种福利资本主义模式。它体现了一系列的发展，将 19 世纪前资本主义的方式以及第二次世界大战后的福利国家主义联系起来。对养老金的客观需求已经显示出来了；工薪阶层要求行动的实力越来越难以回避；新的工业生产方式减少了老年劳动力的价值；国家已采取积极果断的措施来鼓励甚或创造养老金市场；社会保障已经开始运作，但无从居于主导地位。

在20世纪的头几十年里，私人养老金方案的增长速度令人瞩目。但比增长速度更加重要的是它们的转型。它们从酌情而定的酬金变成了契约式的协议；从没有基金支持的方案变成保险式、信托式的方案；从仅迎合少数高层雇员，慢慢地扩展覆盖了体力劳动者。在这个过程中，古老的互助传统也出现了转变，友伴性社团（或家庭存钱罐）让位给现代保险公司的寿险方案。更为缓慢地，体现于家庭农场内的储蓄也让位给城市的住房所有权。

人们期望福利资本主义能让现代资本主义企业替代西方世界
不喜欢的、带有共产主义色彩的社会保险。它涵盖了“进步时代” 97
的新世界的特点，包括新兴的现代股份公司、科学管理，以及对良好劳动关系的高度重视。

在美国，公司和整个产业都开始建立基金支持的和信托式的养老金方案，并逐渐与保险公司合作。至1930年，保险业共持有8 300万张保单（包括个人、团体和公司方案），所支付的福利金额高达20亿美元（高于慈善团体、公务员和各种国家养老金方案所支付金额的总和）。（韦弗，1982，第42页）这个惊人的数额主要覆盖的是养老之外的其他风险，但寿险行业最快速的增长出现在养老金领域。1915年，团体方案（几乎全部由个体制造业工厂签订）占了总量的1%。这个数字到1935年增长为15%。（韦弗，1982，第47页）

1920年代，针对体力劳动者的行业养老金快速增长。至1928年，它们已超越工会的养老金方案，覆盖面高达工会的4倍。行业养老金的总资产在1920至1929年增长了10倍；方案数目从

1900 年的 15 个增加到 1929 年的 400 个。（韦弗，1982，第 47 页及其后诸页）但这种高增长率是在几乎为零的基础上发展起来的，到了大萧条时期，福利资本主义仍然不过是个信念而已。在大萧条前夕，保单总数约为 400 万份（包括铁路行业），相当于覆盖了劳动力的 7.5%。如果将所有的养老金保险方案计算在内，覆盖面约达劳动力的 14%。（韦弗，1982，第 48 页）但覆盖率掩盖了一个问题：养老金最后能被实际领到的概率很低。由于可携带权的缺乏、长期服务的要求以及其他的不确定性因素，在实际上，被覆盖的人中或许只有 10% 最后能享受到福利。（拉蒂默，1932）而且即使他们领到福利，其水平也通常太低，不足以维持生计。以 1927 年的物价计算，每个月的平均养老金只有 45 美元（相当于 1980 年的每个月 200 美元）。

美国的福利资本主义可以说是失败的，而且它不是很能配合市场运作。总体来说，其驱动力来自法团主义，根据私人产业中团体与阶层的不同地位，分别给予不同的优惠措施。长期的服务要求加上它无法跟随雇员迁移，使得劳动力很容易变成公司的奴隶。这种法团主义的色彩并不只是管理策略的结果，还和早期集体谈判的成果有关：在第二次世界大战前，工会运动大多由带有排他性的技术与手工艺工会所主导。

在其他地方多多少少也会有和美国类似的情况，即使是在养老金已经立法的国家也是如此。德国 1889 与 1911 年的法案可能确
98 实妨碍了私人部门养老金的成长，但并非全然如此；不论是传统的没有基金支持的救助基金（Unterstutzungskassen）或公司方案，都依旧是养老金混合形态中稳定的一部分。1933 年，德国寿险支付

金额高达国内生产总值的 0.6%。相比之下，美国 1929 年的该数据为 1.9%。1933 年，德国养老金计划支出相当于国内生产总值的 0.2%，美国 1940 年的数字则为 0.3%。（什科尔尼克，1976；蒙乃尔，1982；联邦统计局，1972，第 217 页）从覆盖面来看，德国私人部门方案呈现稳定的增长，但其福利规模则仍处于边缘地位。

英国虽然有了社会保障立法，但私人职业方案仍然快速增长。参加职业方案的人数从 1908 年的约 100 万上升至 1936 年的 260 万（其中一半的人参加了公务员方案）。英国的劳动力覆盖比率和美国相比，约是 10%：12%。英国模式的一个特点是依靠来自雇主与雇员的共同缴费。而且，对体力劳动者，缴费和享受的福利都是单一费率的。1936 年，英国的周养老金一般为 20 先令左右（约等于工人正常工资的 25% 至 30%），而社会保障养老金则是每周 10 先令。（布朗和斯莫尔，1985）因此，英国的养老金组合比起美国来，福利资本主义的色彩更浓。

1920 年代出现的私人养老金方案出人意料地抵抗住了大萧条的不利影响；受害者多属于工会社团。事实上，在德国与美国这两个受冲击最大的国家中，私人部门方案的增长趋势依旧。第一，它们逐渐发展成再保险的和基金支持的；第二，它们仍有严重的倾向性，偏向于失业风险较低的白领雇员。而且，私人方案受到政府税收政策的支持，偶尔还会得到政府的直接援助。

战后时代的重建

最小化的国家与充满活力的市场能够相互扶助，以调和资本主义与福利——这一希望在被大萧条彻底粉碎之前，其实已经落空了。美国老年人对此都有所经历。1940 年（社会保障刚刚开始时），估计的总养老金保障（包括所有类型的私人与公共养老金支出）约覆盖了 33.5% 的 65 岁以上人口。在这个数字中，私人方案
99 只覆盖了老龄人口的 1.8%；社会保障覆盖了 1.2%。23% 的老年人领取老年救助（Old Age Assistance, OAA），而另外 4% 的老年人则领取退伍军人福利。（估计数字来自人口普查局，1976，第 H 部分。）接近 50% 的 65 岁及以上男性在这期间仍在工作，但不论从哪个角度看，保障的差距都是很大的。大多数人很明显地无法从市场获得福利。我们可以得出的结论是，大约 1/3 的人必须求助于家庭、慈善团体甚或地方的贫困救济。

其他多数国家也是如此：既没有足够的市场提供，国家的覆盖面也不充分。表 4.5 显示了 1939 年 65 岁及以上人口的养老金（包括社会保障养老金与政府雇员养老金）领取率。只有少数国家才能做到让大部分老年人领取养老金。有些国家，如法国，甚至尚未引进社会保障。该表也显示出平均养老金的金额相当低，无法作为老年收入的单一来源。关于这一时期，几乎没有私人养老金覆盖面的资料。以瑞士为例，在其社会保障覆盖面低至与美
100 国水平大约相当的情况下，1940 年时，寿险公司仅支付了大约 2.9 万份养老金。（联邦统计局，1982，第 335 页）而在丹麦——从表 4.4 中可以看出，该国处于平均水平以上——战后初期的私人养老金覆盖面仅为 10 万人。（经合组织，1977）英国只有 20 万人领取职业养老金，其中一半在公共部门。（布朗和斯莫尔，1985，第 13 页）

表 4.5　1939 年一些国家 65 岁及以上享受社会保障养老金者占人口的百分比，以及净（税后）养老金占平均工资的百分比

	65 岁及以上 享受社会保障养老金者	税后养老金替代率
奥地利	54	19
澳大利亚	35	—
比利时	46	14
加拿大	24	17
丹麦	61	22
法国	0	—
德国	66	19
意大利	16	15
荷兰	52	13
挪威	53	8
瑞典	79	10
瑞士	5	—
英国	67	13
美国	5	21
平均	40	15.5

养老金包括社会保障和政府—雇员养老金，但是不包括公共救助。税后替代率指的是平均老年养老金支付额占生产工人平均工资的百分比。

资料来源：SSIB 数据档案。

第二次世界大战是养老金发展的分水岭。战争需要并创造出某种程度的国家凝聚力，将工人运动推到政治决策的核心地位；在过度充分就业的情况下，战时对工资—物价的严格管制，迫使雇主提供有吸引力的附加福利，也迫使工会去要求这些福利。战争不是破坏了旧有的社会保险体系（如德国），就是为战后福利国家的承诺建立起一个框架。战争还需要极高的公共支出与税收水平。即使它在战后规模缩小了，也有助于在接下来的数十年间建立起公众对财政负担所能容忍的新上限。

出于上述原因，也因为社会保障仍不充分，1940 年代是私人养老金增长的时代。在美国，这场运动尤为强烈。那里只有少数人在可见的未来能够靠社会保障金为生。即使是 1939 年（及其后）所引进的“整套”措施，福利水平还是太低（1939 年是平均每月 25 美元）。“新政”的劳动改革终使大规模工会主义的兴起成为可能，而战争则带来了充分就业。工资—物价管制为附加福利的增长创造了条件。（因为附加福利不受什么管制。）（鲍，1978；麦尔斯，1984a；格雷布纳，1980）

私人养老金在许多国家的兴起是令人叹为观止的。以英国为例，加入私人部门方案的人数从 1936 年的 160 万增至 1953 年的 310 万（到了 1960 年则为 550 万）。与战前的立场不同，工会联盟（Trade Union Congress）现在积极鼓励其附属的工会通过谈判争取养老金待遇。而在美国，大战期间私人方案的覆盖面增加了 250 万人（金，1978，第 200 页），而这样的增长速度一直延续到 1950 年代之后。从 1945 到 1950 年，私人养老金福利支出增了 68%；从 1950 到 1960 年，增长了 364%。（蒙乃尔，1982，表 8.4）实际上，在几乎整个战后时期，特别是在 1960 年代后期与 1970 年代初期，私人养老金支出的增长几乎与社会保障的增长一样快。几乎所有的发达资本主义国家都通过谈判建立起了行业养老金（奥地利、德国和意大利是少数的例外）；而法国形成了迷魂阵一样的 101
补充性方案，后被纳入雇员补充养老金协会（ARRCO）和高级管理人员养老金协会（AGIRC）。荷兰则出现了行业方案和公司方案，前者最终受到政府指令的约束；芬兰与瑞典也同样地将二级养老金国有化了。

战争还至少在两个重要的方向上使养老金制度的形式发生了转变。第一是蒙乃尔（1982）所指出的，私人养老金成为工会谈判策略的一个主要目标，是将现在的工资增长递延成未来的承诺。第二，随着工会的加入变得制度化（以美国为例，1948 年全国劳动关系局制定了此规范），传统上酌情而定的养老金逐渐消失了，取而代之的是集体谈判的、契约式的养老金方案。（赖因，1982）从某种意义上看，工会加速了前资本主义体系的衰落，并且代之以集体的市场契约。

战后职业养老金的迅速增加不只是战争与工会权力的副产品；它也受到各种政府创新措施的培育。国家在战后资本主义中的角色，如果说和战前有何不同，那就是其作用比以往任何时候更加突出而且强有力。首先也是最重要的是，国家在社会保障方面的决策已产生深远的效果。出现了两种基本的国家养老金类型。第一是普遍性的单一费率养老金，通常只是从原有的最低养老金升级而来，所提供的福利金额是平等的，但却不高，而且假定私人养老金会有所补充。这种思路在英国 1944 年的白皮书以及丹麦

1956 年的改革中很明显，在澳大利亚、挪威和瑞典的体系中也都有这样的假设。

第二种类型建立在社会保险养老金基础上，强调精算，以缴费为依据来决定福利，而享受资格以就业表现为前提。在这一制度安排之下，许多公民（例如女性和流动性劳动力）会被排除在外，而且对大多数劳动力而言，这个体系达到成熟所需的时间往往太长，以致预期的养老金很难让人满意；因此，这也刺激了私人市场的形成。荷兰与美国是明显如此的。所以，不论在哪种情况下，公共政策都为补充性的私人养老金留下了充分的空间。

政府的税收政策是私人养老金激增的第二个重要先决条件。即使不是大多数，也有不少国家在战后制定的税法中大幅改善了私人养老金缴费的免税地位，而且有时领取私人养老金的人还能享受特别扣除。因此，政府通过税收支出，在很大程度上帮助并
102 资助了私人养老金市场。现在，在澳大利亚、丹麦和美国这些国家中，和私人养老金相关的税收支出占国内生产总值的百分比在 1% 左右，而英国大约是 0.7%。（经合组织，1984a；维斯托-詹森，1984）因此，私人养老金不但可能是一种递延工资，而且更可能是一种递延纳税。战后各国公民所需承受的高边际税率，必然也增加了职业养老金作为附加福利的吸引力。

最重要，但也是最常被忽略的一个税收效果与住房所有权有关。在美国，老年人拥有的住房无疑是一项重要的“收入”来源。今日几乎高达 75% 的老年夫妇拥有自己的房子，其中 80% 已经偿清了贷款。这意味着 60% 的老年住户实际上享有 15% 至 20% 的收入补贴。（鲍，1978，第 92 页；以及作者的计算）

伴随税收减免，政府对养老金市场的规范也逐渐加强。如布朗和斯莫尔（1985）指出的，1947 年的财政法要求养老金计划必须独立筹资并申请经营许可。从此英国的社会政策也开始受到财税官员的决策影响。政府能够决定开放或关闭市场。在许多情况下，国家实际上扮演了开创性的角色，促成了养老金储蓄市场的出现。这样的案例有不少，比如丹麦的“指数合约”（Index Contracts），以及美国的基奥计划（Keogh）和国家税务局（IRS）的退休账户。1972 年，德国和美国立法引入对职业养老金的监管，要求为雇员提供保障。有人认为这会严重损害职业养老金的进一步增长，但在这两个案例中，这种看法都没有变成现实。

当政府下令开设私人养老金时，它们协助了创造市场，如英国、荷兰和（1982 年后的）瑞士；至于法国，我们可以称之为类似官方下令开设的。这一政令的结果，很自然地，是补充型职业养老金措施的明显增加。而在其他国家，政府通过立法制定补充养老金（像挪威、瑞典、芬兰和丹麦）。但我们很难确定，前一种决策是否扩大了市场，而后一种又是否意味着挤出。很明显，官方下令开办的体系会将集体的强制力强加在私人企业之上，而这与通过立法并没有太多的差异。在国有化意味着由政府机构筹措资金并执行的国家，如挪威与瑞典，市场显然被边缘化了；但在出现了国有化，却仍容许私人部门管理的国家，如芬兰，结果则朦胧不清。

从历史发展脉络看，公私混合形态的国别差异如此显著，应
是两种国家干预的作用造成的：第一是政府赋予其公务员与雇员 103
特殊地位的传统；第二则是政府决定通过立法（或强制命令）来

建立二级养老金——而不论在哪里，二级养老金都在私人市场上发展壮大。

结　　论

在我们对养老金结构的探讨中，国家一直是连接投入与产出的主要纽带。我们已经看到，美国这样的偏好市场的体制，是由积极而直接的政府政策促成的；地位特权承接的是法团主义与威权式国家本位主义的衣钵；而普遍式的社会公民权利模式则显然只在国家能够挤出市场与法团的地方才能实现。因此，国家处于我们界定体制类型时的核心。

我们的研究显示，要理解福利国家，不只是看它们做了什么，花了多少钱或制定了哪些法律，更重要的是要考虑它们如何与市场和替代性的私人安排互动。从退休人员的角度看，这通常很明显，因为他们对自己的退休收入组成有清楚的了解。但对政府来说，这种公私混合的情况就不那么清晰了。许多国家对于私人养老金通过税收优惠获得的补贴并没有确切的了解，而这部分其实是国家介入的一个重要领域，有时甚至起到决定性作用。

要清楚地理解任何福利系统的运作逻辑，我们必须考察公共服务和私人服务的相互作用。这种相互作用决定了整体的分配结构，包括社会权利与私人契约之间的关系，不同阶层、性别、身份的不平等，最终这些因素共同定义了福利国家的体制。

当我们同时关注公共和私人提供的服务时，我们对国家“福利努力”的评估会有很大不同。这对于验证理论非常重要。无论我们支持哪种理论——经济增长理论、人口学理论还是工人阶级动员理论，我们的分析都不应仅仅基于公共部门的福利努力。在某些国家，公共部门的养老金输出可能不是很高，但私人部门的投入却可能很大。因此，如果我们的理论认为经济发展或人口结构决定了养老金支出，那么不去考察私人和公共部门的养老金支出就可能是一个错误。

更一般地，如果我们想要解释不同福利国家之间的差异，就 104
必须考虑公私部门之间的相互作用，并把它作为我们分析的一部分。这正是我们在第五章中要探讨的内容。我们将会发现，一旦我们更细致地定义了福利国家的制度属性，并同时考查公共和私人提供的服务，我们就需要对有关福利国家的传统看法进行深入的重新思考。

附录　第四章的解释与资料来源

“养老金”项下包括了老年人的养老金与身心障碍者年金（不包括工伤年金）。对于采用一次性退休金支付的国家（通常只出现在私人职业养老金或个人方案中），也包括了一次性支付。但要注意的是，日本的资料并未包括直接由雇主所支付的一次性支付。

社会保障养老金和公共雇员养老金的数据来源于国际劳工组织，《社会保障的成本，1980》（ILO，*The Cost of Social Security, 1980*，日内瓦：1983）。新西兰的数据来源于国际劳工组织，《社会保障成本，1977》（ILO，*The Cost of Social Security, 1977*，日内瓦：1979）。美国的数据来源于美国政府出版局，《美国统计摘要，1981》(Government Printing Office，*Statistical Abstract of the United States, 1981*，华盛顿特区: 1982)。

私人职业计划和个人人寿保险年金的数据计算自相关国家的政府资料。对其全部来源的具体说明，参见埃斯平-安德森，《社会保障制度形成中的国家与市场》。

第五章　权力结构中的分配体制 105

为什么社会保障在某些国家比在其他国家更为市场化？为什么普遍主义在北欧各国如此显要，而欧洲却是法团主义的天下？为什么有些国家将自己的社会政策责任定义得很窄，而其他国家则视就业权为基本人权，并且正式承担起 19 世纪自由主义者（或社会主义者）难以想象的责任？最后，为什么各个国家会按照鲜明的体制类型聚成集群？

本章的任务是要找出是什么力量推动了福利国家的发展。在针对这个问题的持久争论中，功能主义的现代化理论一般被置于权力理论的对立面。而这个问题在理论上之所以很重要，是因为它凸显了社会科学中的范式差别。以权力为中心的理论基于对政治与社会关系的某种特定观点。首先，他们假定政府既不是中立的仲裁者，也不会自然而然地对新形成的社会需求作出反应；它的行动受权力的左右。因此，社会中的权力平衡对福利国家的形态会产生决定性的影响。与此相对立的观点认为，几乎任何权力条件都有可能产生福利国家。其出发点是再分配只有在经济发展到某个程度时才会出现——这一观点出自马歇尔经济学（马歇尔，1920）。但是，社会政策成长的实际来源在于工业化、城市化和人口变化。这些变化形成了新的紧迫的社会需求，而传统的家庭、社区或市场均难以满足它们。

106 这个争论之所以难以平息，某种程度上是因为我们面对的是两种截然不同的研究风格。历史方式，如里姆林格（1971），阿什弗得（1986），基尔伯特（1966），威尔、奥尔洛夫和斯考科波尔（1988），以及弗洛拉的欧洲各国研究集（1986），优点是细致丰富，但是对国家间的比较很少。量化的，且一般是截面的相关研究是另一种主要的研究方式。这种方式的第一代代表人物是卡特赖特（1967）与威伦斯基（1975）。他们以社会支出为主要变量，以多国截面分析为主要的方法论。在过去十年里，第二代已经形成，不是应用合并时间序列分析等更复杂的技术（希克斯，1988；格里芬、奥康奈尔和麦卡蒙，1989；潘佩尔和威廉姆森，1988），就是对福利国家的显著差异作出更为精密的规范（科皮，1980；麦尔斯，1984a；埃斯平–安德森，1985b），又或者同时运用两种方法（科皮，1987；1988）。

如果所有这些研究都无法作出任何明确的结论，那并不是因为努力不够，主要还是因为方法论之间互不相容。从分析上很难将具体的历史素材与回归系数表拼在一起。前者详细描绘了无数事件如何影响社会政策的形成；而后者则寻求解释的简洁性，将现实提炼为最少的变量。前者难以超越某一个别案例进行概括；而后者中没有历史。

占主要地位的相关分析方式还有一个弱点：其理论意图与研究实践常常无法配合。第一，大部分人仅用支出数据来考察“福利国家度”（welfare stateness）。稍前，我们已经讨论了为什么支出所代表的是一个需要审慎考虑的、可能会产生误导的福利国家状况。如果我们所关心的是社会权利、平等、普遍主义以及市场与政治之间的制度分隔等因素的强度，那么社会支出水平所隐藏的情况比其所能揭示的情况还要多。

第二，标准的相关研究方法有一个值得质疑的线性假设：各个福利国家能够以“更多”或“更少”（的支出、再分配或其他变量）来加以比较。我们并不否认福利国家的某些方面可以进行线性比较，但对我们已经发现的许多很明显的方面来说显然并非如是。因此，从阶层化、公私混合以及社会权利的强度等角度，我们发现了类聚现象和各种体制类型。大部分相关研究的问题是急于验证假设，而没有停下来仔细判定所要解释的现象的本性；对福利国家的研究因此几乎总是理论不足的。

如果我们知道，大多数学者的兴趣并不在于福利国家本身， 107
而是在于他们的权力、现代化或工业化等解释理论的有效性，我们就可以理解为什么关于福利国家的理论发展得很不够了。人们往往把福利国家当做检验理论的另一个工具。但是，理论化不足的问题也存在于各个解释变量层次上。以权力的角色为例，从权力角度解释福利国家的观点一般假定，工人阶级动员是社会改革的驱动力。因此，工人阶级动员强烈且团结一致的国家应该建立更先进的福利国家。然而，除了少数例外（如科皮，1983；威伦斯基，1981；或卡斯尔斯，1981），几乎没有人关注到工会化或政党（以及何种政党）是否起了作用，或者究竟工人运动的力量要花多长时间转化成实质性的效果才能算合理。权力的结构常常被忽略了。

只需粗略的反思就能使前面最后提出的观点明朗起来。以

1930 年代危机前的阶段为例。在可测量的工人阶级权力（工会化程度、左派政党选票）上，不同国家——如英国、德国、奥地利、瑞典与丹麦——之间的差异并不是很大。但是，工人被迫奋起抗争时面对的权力结构的差异，在整个西方文明的进程中具有决定意义。或者以战后时代为例，几乎所有的研究都将奥地利、瑞典和挪威的工人阶级力量评为几乎完全相同的。但在这三个国家中，社会民主派运用“类似的”权力资源的能力则受到不同的限制。斯堪的纳维亚的社会民主派得益于右派的长期分裂；奥地利的社会民主派则不是。（埃斯平-安德森和科皮，1984；卡斯尔斯，1978）可能就是这点导致了福利国家决定性的差异？

那么，对于福利国家各不相同的原因，我们如何能够形成满意的理论命题呢？这项工作必须从重新考虑我们提出这个问题的方式入手。当我们对工人阶级动员的影响作出假定时，我们必须首先找出与工人阶级利益与需求存在某些对应关系的福利国家特征。就此而言，社会支出水平只是个附带现象，因为工人可能从未要求如此高的支出。此外，还须更精准地确定，任一给定水平的工人阶级权力如何能够产生相关的社会政策结果。而这必然要将议会体系、工人运动的内部分化和社会中各种政治势力之间的关系考虑进来。如果我们希望作出好的社会学研究，就必须把权力视为一种关系，而不是一件物品。

108

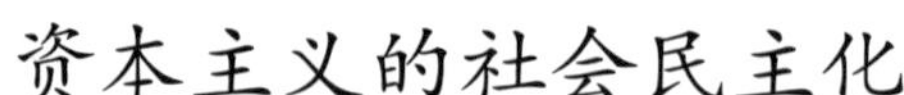

资本主义的社会民主化

因此，工人阶级动员理论必须首先具体明确工人需要的，并且可以动员起来去争取的是什么。而后，它必须提供证据，证明工人阶级权力与福利国家结果之间存在着某种关系，可以与上述诉求相对应。

在这个过程中，我们会马上面临一个难题：迈向福利国家的第一步几乎总是由旧有的统治阶级所作出。无论他们是保守的独裁者还是资产阶级的自由主义者，都应被视为现代福利国家的真正设计者。

大多数的历史学家会告诉我们，保守主义改革者所关心的事情离工人的要求相去甚远。俾斯麦将“社会国家”（Sozialstaat）视为抵御社会主义的处方，以及赢得新无产阶级对威廉时代专制统治的忠诚的工具。（里姆林格，1971）工人阶级通常是早期社会政策的客体而不是主体；在某些例子中，统治阶级的改良主义甚至先于工人运动。瑞典就是如此。

因此，当建立关于工人阶级动员的角色的理论时，我们必须记住，我们的福利国家是建立在对抗工人与社会主义的基础上的。这在早期福利政策的设计中很明显。例如，德国与奥地利的法团主义模式原本是用来粉碎与分化形成中的集体主义威胁。不难看出，不论是在纳粹主义之前或之后，这些国家的福利支出都居世界领先地位，但所提供的条件却与工会和社会民主党的政策大不相同。

所以，福利国家的工人阶级动员理论并不能从福利国家的起点上确立。它也不能假定工人或工人集体对理想的社会政策抱有一个可以跨越历史的坚定模式。这是否使我们无法具体阐释这个理论呢？不然。因为可以从工人作为个体或政治集体两个层面的迫切需求中，明确识别与工人阶级动员理论相关的特征。

从个人的角度看，显然工薪阶层的不安全地位会导致他们要求收入保障、社会救济和更强的免于遭受不可控制的外力伤害的
109 能力。在市场力量的控制之下，如果劳工不去争取一定的“去商品化”，就不是理性的做法。

然而，社会权利可以通过多种方式赋予，而且在此我们也必须考虑集体行动的紧迫性。工人们以各种方式组织起来，并且形成各种社会政策模式。传统的行会或工匠社团最可能产生狭窄的友伴社团和职业福利方案。基督教，尤其是天主教的工人运动，自然会争取家庭模式——这种模式下，法团主义与教会的作用比广泛的阶级团结更加突出。但工人阶级动员理论的根本前提是强调集体行动的劳工主义、社会主义或社会民主模式。而这一模式直到进入 20 世纪后期才占据了主导地位。

有少量的社会政策原则是各种工人运动共享的。第一个原则显然是旨在摆脱市场支配的去商品化。若没有这一原则，集体行动本身几乎是不可能的。为了防止变成破坏罢工的人或者和工友压价竞争，为了有效而且可靠地加入具有凝聚力的社区，工人需要掌握基本的资源。早期的工人运动组织者无需卡尔·考茨基或罗萨·卢森堡来告诉他们流氓无产阶级（lumpenproletariat）是对集体主义最可怕的威胁。

第二个原则是社会政策有助于界定集体认同的界限，因为对工人而言，社会政策是其生计中的重要元素。因此，社会保护方案的组织方法会对社会认同、地位群体和凝聚力产生影响。也正因为如此，新兴的工人阶级大众政党反对狭窄的职业性方案、法

团主义以及按地位区分的特权，而要争取全面的、平等的和普遍的社会保障。

但若因此假定工人或工人运动会自然地，甚至不可避免地创造出一种福利国家模式，则是错误的。如果我们将相关的行为体限制在“工人阶级”（如泰伯恩，1978）或是“工人阶级动员”（这几乎是所有研究者所持的看法），则会落入谬误的世界。

因而，可行的“工人阶级动员”理论必须从一个特别的政治阶级形成的角度来界定其行动者。这样，我们的分析就比较好把握了，因为构成战后时代特征的、由工薪阶层组织的群众运动明 110
显趋同。不论是在社会民主主义、共产主义，还是工人主义的旗帜下，几乎所有议会工人运动的社会政策原则与福利国家改革设计都有这种趋同倾向。

从本质上看，该趋同围绕着最接近社会民主的模式展开。在实践中，任何致力于通过议会多数来赢得权力的左派政党，都难以摆脱成为我们前面确认的社会民主体制模式的命运。或许全国范围内的团结与普遍主义的理想就是最明显的例证。确实，左派政党的权力取决于他们的两种能力：一是根除地位差别与二元主义——这两者是大规模团体将自己与市场供应相联系时产生的；二是最小化团体污名。普遍主义的、充分就业的福利国家，如斯堪的纳维亚各国，实际上已在国际上成为工人政党的参照标准。

我们已经知道，在福利国家的形成过程中，有多种历史力量扮演着决定性的角色；这几乎就是它们存在着一定类聚现象，但彼此之间又各不相同的原因。早期欧洲大陆的资本主义中，教会、贵族与专制国家的非凡权力无疑是解释这种体制类型的关键；相反，在盎格鲁-撒克逊国家，专制主义相对软弱，深受自由放任思潮影响的资产阶级占据了主导地位，这在很大程度上解释了其“自由”体制。在这两个案例中，社会政策从来都不是中立的，而是隶属于一场更为广泛的运动，即为了削弱或吸收社会主义的冲动，确保政治势力所钟爱的社会组织原则得到长久制度化的运动。

记住这一点，我们即有理由从福利国家社会民主化过程的角度来考察工人阶级动员理论。我们所指的是取代自由或保守制度主导特征的能力，是一个全面的、普遍的、“去商品化的”、充分就业的福利国家的建立。

有了这样的公式，就可以进行一定程度的线性分析，但不能过度。显然，福利国家发展的国别差异不能单单归因于不同程度的权力动员，而必须从权力结构的角度来理解。在现代议会制度的背景下，这包含两个特定的条件：政治联盟形成的形态，以及工人运动的结构——尤其是工会与政党之间的关系。我们必须特别注意，基于宗教派系的政治动员如何将工人阶级的要求过滤而
111 形成政策，以及天主教与基督教政党如何影响社会主义与工人政党的立场。在荷兰、意大利、德国和比利时等国，战后基督教民主政党之所以会取得显著地位，部分地是因为它们赢得了工人的选举支持；因为能够长期执政，它们在解释工人的社会政策需求方面也具有决定性。

权力影响的测度

因为权力存在于社会的各个层次中，并具有各种表现形式，

我们必须在多种方式中进行选择。例如，我们可以在家庭和商业企业中，以及在国家中找到父权。或者，我们可以随着“新法团主义”文献的引导，将有组织的利益协调的最高层次视为权力表达的关键方式。然而，当我们的主要关注点是福利国家本位主义时，这两种方式似乎都不是最好的。在社会政策的制定过程中，利益组织与官僚制度都可能有很大的影响；然而，议会和内阁权力才构成了最明显、最直接、最可见的分析焦点。我们就是要集中关注权力表达的这个层次。

我们的研究限于18个主要的工业化资本主义民主国家。我们需要保证我们所研究的政治体系、经济和社会结构是可比的，所以，我们所挑选的国家不是某种样本，而是可供比较的国家的整体。从这群独特的政治经济体所获得的结论不应被推广到其他的国家。

我们所要检验的模型在一定程度上将结构差异纳入其中。首先，我们的工人阶级动员变量是在1918—1933、1918—1949或1949—1980年，左派/工人政党所占有的立法与内阁席位的加权平均份额。这个变量的名称为“加权内阁份额”（Weighted Cabinet Shares，WCS）。如同许多研究所指出的，工会也可能会影响政策，但在此我们基本上将其忽略了：第一是因为工会实力在实证上可由政党实力来替代（相关系数0.816）；第二是因为我们分析的实际焦点在议会制。

许多研究在测度权力时所采用的方式不是很可靠。例如，政党实力常常以得票率来测量。这是值得质疑的，因为根据选举规则席位通常不会以得票数的比例分配。还有许多研究只测度短期

112 内的政党实力，但有可能存在“布卢姆”效应：左派政党掌权，却在几年内被赶下台，只有很小或压根没有什么持续的影响。

我们也利用一些变量来测度天主教和基督教民主动员的作用。对于1950年之前的分析，我们的测量指标只是简单的天主教徒在国家中的百分比。基督教民主大众政党的完全兴起是后来才出现的。但这个界定也基于一个前提假设，即天主教势力强大的国家，其社会正义的主导理想也可能带有教会世界观的色彩——实际上，这个变量试图捕捉到天主教教义在社会政策中的存在。对于当代的分析，我们使用了1946—1980年这段时间天主教政党占有立法席位的比例。但事实上，两种测量方式并没有太多差别：第一种与第二种测量方式之间的零阶相关系数达到0.848。

显然，我们必须区分新专制主义（neo absolutism）与威权国家本位主义（authoritarian etatism）的历史影响。为了将如此复杂的历史经验化简成能够合理测度的变量，我们找出了两个基本的特征：（1）专制统治的强度与持续性；（2）推迟实现完整政治民主的时间。对前者，我们依据罗坎的分类方式（1970，第三章）将其分为三群：（1）专制主义强大而且持久；（2）专制主义相对虚弱；（3）不存在专制。我们根据这种分类对国家赋值，然后再用完整（包括男性与女性）普选权确立的年份来加权。

在每一种模式中，我们都对福利国家发展的两个最有影响力的，而且肯定不是基于权力的理论因素进行了控制。第一个因素是经济发展，它的影响力可以通过以下两种方式来论证：（1）经济增长率能够促成资源再分配；（2）经济进步的程度是整体工业成熟状况与社会现代化水平的概括。对前者，我们的测度是1960—

1980 年（这个阶段是现代福利国家真正增长与成熟的阶段）实际国内生产总值的年均增长率；对后者，我们的测度是人均国内生产总值。第二个因素是老年人口（65 岁及以上）占总人口的百分比，这是与社会政策最为明显相关的人口变量（养老金通常占社会转移的主要部分）。

在“第一代”的福利国家成因研究中，经济发展与人口压力通常被认为是主要的解释因素。（卡特赖特，1965；威伦斯基，1975；1987）此外，威伦斯基（1975；1987）推崇官僚渐增主义理论，即假设一旦一个官僚体系建立起来，它会有意愿，也有力 113
量促进其自身的壮大。确实，社会政策历史中的决定性事件往往可以直接追溯到福利国家官僚体系的行动。（德克，1979；斯考科波尔 1987；威尔、奥尔洛夫和斯考科波尔，1988）像我们这样的计量比较研究，官僚体系的影响力很难以可测度的方式来认定——在学界提出的多数解释中，论点往往与关键历史人物的重要干预联系得太紧。此外，如果我们的解释关注整个的福利国家，则很难建构出一个有意义的官僚体系变量，因为特定的社会方案都是在一段相当长的期间中出现的。在后面的分析中，我们将只探讨官僚体系对养老金的效果，这样，能够更便捷地识别作为一个潜在影响因素的官僚体系的作用。

福利国家体制的测度

至此应当看得出来，本研究仅有限地认同福利国家的研究中累计支出测量方式的有效性。我们更倾向于结构和制度的特征，这些也正是我们分析的中心。下文中对福利国家进步原因的检验涉及四个步骤。第一步，我们对福利国家总量的度量指标进行了有限的分析，包括社会保障支出占国内生产总值的百分比（1933、1950 和 1977 年）以及养老金支出总额（包括私人与公共部门）。在这两个分析中，人口和经济变量因素的因果重要性最可能显现出来。

在第二步，我们的注意力集中在养老金，特别是养老金供给的结构上。我们之所以决定特别关注养老金，部分原因是养老金构成了迄今福利国家活动的最重要元素，部分原因是希望将福利国家的定义从高度抽象与总体的水平，落到能够识别出更具体的制度特征的水平。对于养老金，我们的分析会区分出我们提出的不同体制之间的关键差异。我们因此会考察项目法团主义（program corporatism）的发展程度（以地位界定的不同养老金计划的数量）；国家本位主义的偏度（公务员养老金支出占国内生产总值的百分比）；私人部门养老金的相对重要性（个人和职业养老金支出占全部养老金支出的比重）；以及所谓的社会保障偏度（私人和公务员养老金支出以外的养老金支出比例）。

114 第三步，我们考察了福利国家的一般结构和制度特征，目标还是区分出保守的、自由的与社会主义的福利国家体制的关键特征。在此，我们将着重考虑下列变量：定向与资格审查的相对重要性，即福利国家的补缺性（以经济状况限定性社会救助支出占总社会转移支付的百分比来测度）；救济结构的不平等性；去商品化（与第二章和第三章的测度方式相同）；福利国家在保障充分就业中的作用（经调整的平均失业率，1960—1980 年，以及公共部

门就业的增长，1970—1980 年）。

最后，在第四步，我们解释了第三章提出的福利国家体制；即，福利国家作为一种社会阶层体系的三种主要模式。

方法论设计

多数福利国家理论都提出了动态的、历史的论点，但它们几乎总是通过纯粹的截面数据来验证的。这是阻碍充分实证的主要障碍。利用截面方法来验证动态假说，就必须接受不理想的假定前提。主要的问题是，我们是在用特定时间点的跨国差异来替代时序差异。举例说明这一点：在比较研究中，瑞典几乎在所有的福利国家特征（支出、平等性、慷慨性等等）中总是得分最高。当我们做截面研究时，一个隐含的假设是，如果其他国家也能享有更多的像瑞典那样得天独厚的许多因素（社会民主、工会实力、新法团主义、经济发展或老年人口），则它们也能接近瑞典的水平。

既然瑞典这样的国家在任何一个研究权力影响的文献中都是福利方面的佼佼者，截面研究就特别容易如同沙莱夫（1983）所发现的，产生瑞典中心主义或“社会民主主义”的谬误。一个截面研究会将其注意力集中在任一原因变量（例如，权力）所能解释的方差上。但理论的形成常常是因为相关的程度（回归系数 B 或回归线的斜率）吸引了统计上的兴趣：我们会想知道，例如，左派政党实力的增加对社会平等的改善能够起到多大的作用。

由于数据缺乏，适当的时间序列研究很少，而且间隔很长。115
如果我们选择去研究那些确实存在长期序列的少数变量，就常常会碰到严重的自相关问题，即，对今年支出的最佳解释是去年的支出。尽管如此，根据现有的少数时间序列研究，我们确实知道许多从截面研究而来的假设必须得到修正。例如，格里芬、奥康奈尔和麦卡蒙（1989）的研究显示，用截面数据计算，社会民主派的控制与失业率之间的相关系数是−0.544，但用时间序列来计算，则结果并不显著，是−0.150。

在本研究中，我们只能主要依赖截面分析，因为对于几乎所有的变量，不是不可能构建合适的时间序列，就是资料趋势性太强以致不可能在统计上获得显著的效果。换言之，不可能作出很清晰的动态性结论。

福利国家作为一个总体

社会工资

如同已经谈到的，社会保障支出占国内生产总值的百分比是最常用的测度“福利国家本位主义”程度的指标。它粗略地反映出总社会工资，即根据社会标准而非严格的市场标准来分配的国家资源的份额。基于我们论点的主旨，并没有理由认为支出承诺本身与左派政党的权力有关。高额的社会工资也可能出现在威权体制或天主教之中。事实上，如果说左派权力的动员达到了影响到社会支出的程度，那也是在福利国家的发展过程中的相对后期。一直到战后时期开始以前，左派的内阁参与都是零星的、边缘性的，更遑论掌权了。

当代福利国家的规模并不能从其在第二次世界大战前有多大

来预测。确实，1933 和 1977 年社会支出（占国内生产总值的百分比）的零阶相关系数为负，是-0.120。然而 1950 和 1977 年的相关关系明显较强（0.617）。如果福利国家在过去的规模能够很好地预测其现在的规模的话，显然除了曾经导致其变异的因素之外，没有什么其他需要解释的了。然而，1930 年代到现在这段时间里发生了某些事情，从根本上改变了社会支出维度上的国家分布。

所有国家的社会工资都有所增长这一事实并没有什么值得惊 116
讶的；我们所要解释的是哪些因素造成了当代国家之间的差异。今天，福利国家在规模上的差别大于以前。距平均值的标准差从 1933 年的 2.7（该年社会工资的平均值为国内生产总值的 4.6%）增加到 1950 年的 2.6（平均值为 7.2%），又增加到 1977 年的 6.0（平均值为 18.3%）。

如果将历史的全景拆分开来，我们会更清楚地看到为什么今天的国家排名与早期的情况并没有多大的关系。1933 年，在社会工资方面居于领先地位的国家是德国、英国和奥地利，落后的国家是芬兰、荷兰和意大利——但现在它们居于领先地位。虽然美国当时根本没有引进任何一项社会保障立法，但其排名却在中间。1930 年代的排名所基于的社会方案与今日的几乎完全不同。当年主要的社会方案是资格审查的贫困救济、公务员福利金，以及——特别是在美国——带有保护色彩的退伍军人养老金。但在谈论福利国家的结构差异之前，让我们先考察对社会工资的一些主要解释的有效性。

在表 5.1 中，我们展示了 1933、1950 和 1977 年经济、人口和政治变量对社会工资（社会保障支出［Social Security Expenditure, SSE］占国内生产总值的百分比）影响的双变量回归结果。

117 **表 5.1　1933、1950 和 1977 年社会工资的截面（OLS）分析**

	r	*B*	*R sq.*[a]	*F*
因变量 SSE/GDP（1933）				
人均 GDP（1933）	0.078	N. S.	—	—
老年人口比率（1930）	0.178	N. S.	—	—
WCS（1918—1933）	0.287	N. S.	—	—
天主教政党	0.122	N. S.	—	—
专制主义	0.070	N. S.	—	—
因变量 SSE/GDP（1950）				
人均 GDP（1950）	−0.106	N. S.	—	—
老年人口比率（1950）	0.613	0.892 （3.10）[b]	0.336	9.61
WCS（1918—1949）	0.254	N. S.	—	—
天主教政党	0.262	N. S.	—	—
专制主义	0.289	N. S.	—	—
因变量 SSE/GDP（1977）				
人均 GDP（1977）	0.088	N. S.	—	—
老年人口比率（1977）	0.727	1.823 （4.23）	0.498	17.89
WCS（1950—1976）	0.558	0.236	0.268	7.23
天主教政党（1946—1976）	0.251	N. S.	—	—
专制主义	0.270	N. S.	—	—

a R sq. 经过调整。

b 括号内为 t 统计量。

资料来源：SSIB 数据档案。

或许表 5.1 中最重要的结果是，进入战后时期前，我们的解释变量没有一个是显著的。一般认为会对福利国家发展产生影响的大部分变量在 1933 和 1950 年都没有产生什么重要影响。当时左派权力影响（加权内阁份额 WCS）的缺乏当然是在意料之中的，但在 1933 年（以及在 1950 年）天主教与专制主义也没有什么影响，这与我们的预期相矛盾。如我们先前讨论过的，这两种历史力量应是早期建立福利国家计划的最主要因素。

在解释福利支出分配的变化时，有两个变量很重要。一个是老年人口在总人口中的百分比，这个变量在 1950 和 1977 年都具有显著性；另一个变量是左派权力动员（WCS），它在 1977 年变得重要起来。

换言之，只在战后时期政治力量才影响支出承诺。这也是我们应该预期到的。只有到第二次世界大战后，我们研究的所有国家才建立起充分民主；工人阶级和社会主义政党才有真正的机会拥有或至少是分享政府权力。“经济增长”的解释明显不是很有说服力：不论在哪一年，国内生产总值都无法解释社会支出的表现。但老年人口百分比这个变量的强度则表明人口功能主义理论（demographic-functionalist theory）存在一定的有效性。

在 1950 与 1977 年，老年人口百分比变量的解释力是最强的，分别解释了 34% 和 50% 的社会支出方差。在 1977 年，“加权内阁份额”（WCS）变量解释了大约 27% 的方差。因而，对战后时代，我们面临着以权力为基础的理论与人口功能主义理论的并存。为了估计它们的相对强度，我们把这两个变量同时放进一个简单的多变量普通最小二乘法（OLS）模型：

$$SSE/GDP(1977)=-2.860C+0.058WCS+1.596(\text{老年人口比率})$$
$$(t=0.42)\quad(t=0.58)\quad(t=2.72)\quad(R\ sq.=0.477)$$

118 当我们控制住老年人口时，左派权力就丧失了解释力：如同威伦斯基（1975）以及潘佩尔和威廉姆森（1985）也指出的，人口结构是对社会支出国别差异的最好解释。

这个结果与本书中的论点相当一致：没有一个理论主张能够令人信服地解释为什么社会支出水平本身应该反映工人的渴望和工党的成就。更出人意料的是，“天主教”和“专制主义”都影响不大，尤其在早期。在第二次世界大战后，社会民主党和基督教民主党的力量同步扩大了福利支出——或许社会主义者的力度更大；仅此一点或许就可以解释为什么在1950年以后会缺少独立的“天主教”影响。但在1933及1950年，天主教与专制主义的影响应该是更明显的。虽然这与我们的预期不同，但并没有推翻我们的主张。重要的问题不在于支出总额，而在于福利国家的结构。当我们转到结构差异的分析时，我们关于政治力量的观点才会经受真正的考验。

养老金

我们有许多理由说明为什么应该将社会工资分解成许多组成部分。在整个福利国家中，对工人阶级福利而言，某些内容比其他内容更加重要，而且人口因素（例如老龄化）也不会同样适用于所有的社会方案。把关注点严格限制在养老金上来测度权力与人口经济变量的相对影响力，是一种更优的选择。

麦尔斯（1984a）以及潘佩尔和威廉姆森（1985）代表了这类

研究迄今为止最为成熟的做法。这两项研究测度养老金的方式大不相同。麦尔斯主要集中在养老金方案的质量上，并发现左派权力变量为国别差异提供了决定性的解释；潘佩尔和威廉姆森则专注于养老金支出，并发现人口结构是最有力的解释（老年人口构成了一个有力的选票集团）。但这类方法有隐含的偏差。如潘佩尔和威廉姆森那样只考虑福利国家的养老金支出，意味着他们只是研究了整个养老金领域的一部分——公共部门。这隐含地意味着他们所研究的是养老金的结构。

显然，对人口老龄化影响的适当检验必须包含所有类型的养老
金支出——既包括公共，也包括私人的。这样，我们所关注的就不 119
是结构，而是宏观经济资源配置。借此，我们使经济和人口力量的影响力从多方面决定（overdetermine）政治变量的可能性达到最大。简言之，当我们从私人和公共部门两方面支出来研究养老金支出时，更有可能会获得趋同的结论。相比之下，当我们研究养老金安排的结构差异时，更可能会发现政治变量的显著影响。

表 5.2 总结了我们在养老金总支出方面的发现。因变量包括四种类型方案的支出：个人私人方案、集体的职业养老金、公务员养老金和社会保障养老金。对于最后一个变量，我们只有 1980 年的数据。

如同我们所预见的，人口老龄化是在全部养老金总支出背后的驱动力——如果算不上是同义反复的话，这个结果显得很合乎逻辑。然而，当我们试图解释老年人口比例的显著性时，就会遇到困难。从功能主义理论的角度来分析，需求在产生之后总会得到满足；或者也可以从政治压力的角度来看，是老年选民对政治体系施加了压力。

表 5.2　1980 年私人和公共养老金支出的截面（OLS）分析（占国内生产总值的百分比）

自变量	*r*	*B*	*R sp.*[a]	*F*
人均 GDP（1980）	0.052	N. S.	—	—
GDP 增长，1960—1980	−0.557	−0.23 （−2.69）[b]	0.267	7.21
老年人口比率（1980）	0.791	5.170 （5.17）	0.602	26.69
WCS（1946—1976）	0.423	0.072 （1.87）	0.128	3.49
天主教政党	0.329	N. S.	—	—
专制主义	0.217	N. S.	—	—

a R sq. 经过调整。
b 括号内为 t 统计量。
资料来源：SSIB 数据档案。

功能主义的解释在两个条件下会比较合理：1）政治变量是完全不相关的，以及 2）经济变量具有因果重要性。对于前者，表 5.2 确实显示，我们的政治权力变量中没有一个明显地影响到养老金支出。而对于后者，我们惊异地发现经济水平（人均国内生产总值）完全
120 不够显著。虽然战后的经济增长率相当显著，但与养老金支出的关系却是负相关。这表明在 1980 年经济增长疲软时，养老金总支出反而可能扩大。我们如何最佳地解释这个看似矛盾的结果呢？

我们应该首先记住，养老金支出的计算是以国内生产总值为基础的。因此，当国内生产总值增长缓慢而老年人口百分比快速增加时，养老金的增长几乎必然会快于国内生产总值。换句话说，不论经济条件如何，人口的压力永远存在。我们用以下最小二乘

法（OLS）模型来检验这个假设：

养老金总额 =1.580C＋0.679（老年人口比率）−0.010（GDP 增长）

（t=0.61）（t=4.14）　　　　　　（t=−1.58）

这个模型可以解释 64% 的方差（F 值 =15.84），并且因为国内生产总值增长率丧失了显著性，它确认了人口变量的单一因果重要性。

但是，如同我们前面提出的，在一个总量的福利产出模型中，政治变量的重要影响不太可能显现出来；但是在我们检验结构偏差时，它就出现了。我们现在就来做这项检验。首先，我们将对反映我们的福利国家体制的三种养老金安排进行一系列分析。"自由"体制用私人部门养老金占全部养老金的比例来测度。对于"保守"体制，我们将分析国家本位主义的程度——用公务员养老金支出占国内生产总值的百分比来测度，以及项目法团主义（program corporatism）的程度——由以地位区分的公共养老金方案数来测度（如第三章所述）。最后，"社会民主"体制是以法定社会保障养老金支出占总额的百分比来确定的。

养老金体制

自由市场偏向

出于团结、统一与去商品化等原因，我们会预期左派政党试图以法律化的社会权利来取代私人部门养老金。相应地，我们也预期在整个的养老金组合中，"加权内阁份额"（WCS）会对私人部门养老金产生强大而且是负面的影响。出于类似的去商品化原因，以及其对地位与层级的偏好，我们预期天主教政党以及具有强大专制主义与威权国家传统的国家，也会出现类似的效应。

121 私人养老金包含两种类型：个人养老金契约（通常是各种人寿保险），以及（往往是）通过集体谈判达成的职业方案。这两种类型反映了显而易见的不同逻辑。前者紧密遵循着严格的市场个人主义，而后者在工人组织强大的地方会形成较大规模——特别是在工联主义盛行但工党权力较弱的情况下。换言之，对有组织的工人而言，职业养老金是通往议会之路的一个替代策略。因此，我们会单独检验工会的强度。在表5.3中，因变量是1980年市场养老金百分比，即私人部门（包括个人的与职业的）养老金总支出占该经济体中养老金总支出的百分比。

表5.3　1980年养老金市场偏向的截面（OLS）分析

自变量	*r*	*B*	*R sq.*[a]	*F*
人均GDP	0.508	3.330 （2.36）[b]	0.212	5058
GDP增长	0.262	N. S.	—	—
老年人口比率	−0.530	−2.209 （−2.50）	0.236	6.26
WCS（1946—1980）	−4.12	−0.290 （−1.81）	0.118	3.27
天主教政党	−0.405	−0.229	0.112	3.14
专制主义	−0.348	N. S.	—	—

因变量是1980年私人养老金（个人和职业）占公共和私人养老金支出总额的百分比。

a R sq. 经过调整。

b 括号内为t统计量。

资料来源：SSIB数据档案。

表 5.3 的结果与我们的一般性理论观点相一致。虽然没有一个政治变量在统计上达到了显著标准，但如我们所期待的，符号都是负的。我们只单独分析了工联主义在职业养老金方面（而非养老金整体）的作用。回归系数是负的而且不显著：B=−0.179；t=1.48。虽然值得注意的是工联主义与“加权内阁份额”（WCS）高度相关（因而可以相互替代），但这个结果表明，私人职业性方案并无法替代工人运动。

表 5.3 显示，养老金的市场偏向主要与两个变量有关：它与人均国内生产总值正相关（虽然与国内生产总值增长不相关），并且
与人口年龄结构强负相关。虽然经济水平变量较难解释，但老年 122
人口百分比变量的较强负效应为我们前面的发现提供了有意思的补充。现在看来，人口的“推动”理论并不能同样适用于所有类型的养老金——从某种意义上看，老年人口在对养老金支出施加影响时并不中立。这些系数表明，老年人对私人市场养老金的偏好为负。

这些想法需要两个额外的模型进行检验。首先，我们需要确定，当我们控制人均国内生产总值时，是否仍然存在（负的）老年效应。其次，如果老年人口对私人养老金有负偏好的说法是正确的，这也有可能会影响到左派政党的作用。下面，我们首先检验控制国内生产总值以后，老年人口的解释力：

市场养老金百分比=12.150C+3.615（人均GDP）−2.381（老年人口比率）

（t=0.96）（t=3.30）　　　　（t=3.42）

（调整后的）R sq. 为 0.528（F 值 =10.49）。显然累加回归模型在包括了老年人口百分比与国内生产总值这两个变量之后，比前

面的任何一个双变量模型的效果都好。而且，这两个变量在统计上都具有显著性。然而，我们的第二个模型指出，老年人口的养老金偏好并没有简单地“传导”为左派政党效应：

市场养老金百分比 =38.860C−0.076（WCS）−1.910（老年人口比率）

（t=2.76）（t=−0.37）　（t=−1.58）

这个模型所能解释的方差（20%）事实上比只使用老年人口百分比的双变量模型要少。换言之，它无法正确界定年龄结构与私人养老金偏差之间的关系。

左派政党权力对私人养老金缺乏较强的负面影响，这引发了一个理论性问题。效应的缺乏可能与各国在私人养老金变量的层面上呈现双峰分布有关：在一个国家聚类中，私人养老金比例非常高（美国、加拿大、瑞士和澳大利亚），而另一个聚类的私人养老金比例非常低。因而，这里是一个线性方法效用有限的明显例子。

养老金提供的国家本位主义偏向

我们在前面将国家本位主义偏向定义为给予公务员特权的倾向。在我们的讨论中，国家本位主义与保守主义的福利国家模式是相联系的，我们也相应地期待天主教和专制主义会与高度的国
123 家本位主义强正相关。反过来，根据我们的社会民主化理论，左派政党权力动员（WCS）应会对国家本位主义产生负面影响。很难看出年龄结构或经济发展如何影响国家对公务员的特别待遇。在表 5.4 中，因变量为 1980 年政府雇员养老金支出占国内生产总值的百分比。如我们所预期的，人口和经济变量对国家本位主义

的影响很小或根本无影响。对于左派政党权力（WCS），其关系和我们假设的一样，是负的，但同样完全不显著。鉴于工会和左派政党通常会抨击基于特殊地位的特权，我们对这一回归结果的解释是，政府中的工人政党一般不能（或不愿意）降低公务员所享有的优势。

表 5.4　1980 年国家社会主义特权的截面（OLS）分析

自变量	*r*	*B*	*R sq.*[a]	*F*
老年人口比率	0.458	0.187 （2.06）[b]	0.160	4.24
人均 GDP	−0.385	N. S.	—	—
WCS（1946—1980）	−0.060	N. S.	—	—
天主教政党	0.667	0.037 （3.58）	0.397	12.21
专制主义	0.534	0.198 （2.53）	2.41	6.39

a R sq. 经过调整。
b 括号内为 t 统计量。
资料来源：SSIB 数据档案。

表 5.4 显示，天主教政党的实力或强力专制主义的残留都有很强的影响。这正是我们已经预期到的。下一个问题是，将天主教和专制主义同时输入到这个模型中会出现什么样的结果。理论上的可能性之一是一个变量的影响会压倒另一个；之二则是二者各自的影响独立加总在一起构成了全部的解释。在下面的模型中，我们测试了专制主义和天主教的加法效应：

国家本位主义 =0.599C+0.014（天主教政党）+0.127（专制主义）

（t=1.76）（t=2.84）　　　　（t=1.82）

这个综合的加法模型解释了 54% 的方差（F 值 =8.65），因此优于表 5.4 中的两个双变量模型。然而，当同时考虑这两个变量
124 时，显然天主教政党的影响压倒了专制主义——后者基本上丧失了显著性。

这从大体上证实了我们的估计：保守主义福利国家体制的特征与它们的政治表达方式是相对应的。这种对应关系将在下面关于养老金项目法团主义的一节中得到证实。

社会保障养老金中的法团主义

正如我们反复谈论到的，对地位差别和法团主义的强调在天主教和威权主义国家的政策中都表现得很突出。但是，我们不应该忘记，职业法团主义也渗透进了许多早期的工人运动。

社会民主化的理论会使我们预期工党将积极消除地位差异。相反，天主教政党的力量与专制主义的遗产都会对法团主义产生正面的影响。除了右翼分子和天主教政党的反对之外，制度化了的既得利益群体为了保护其地位隔离与特权，也会反对工党的去法团主义努力。因此，我们应当预见到“加权内阁份额”（WCS）对法团主义会产生负面的，但不很强的影响。

没有一个真正的理论上的原因能够解释为什么年龄结构或经济发展应该会影响到项目法团主义。在表 5.5 中，我们展示了对养老金项目法团主义作出的分析。其定义与测度方法在第三章有所介绍：单独的、以职业界定的公共部门养老金方案的数目。表 5.5

的结果和我们所预测的相同，左派政党（WCS）对法团主义的影响是负面的，但并不显著；而天主教以及专制主义的影响则是巨大的。确实，单单专制主义一项的解释力（84% 的方差）就是惊人的。

表 5.5　1980 年法团主义养老金社会阶层截面（OLS）分析

自变量	*r*	*B*	*R sq.*[a]	*F*
WCS（1946—1980）	−0.178	N. S.	—	—
天主教政党	0.463	0.085 （2.09）[b]	0.166	4.38
专制主义	0.923	1.124	0.843	92.54

a R sq. 经过调整。
b 括号内为 t 统计量。
资料来源：SSIB 数据档案。

和以前一样，我们需要在一个加总的多变量模型中检验专制主 125 163
义与天主教的相对影响：

法团主义 =1.072C + 0.014（天主教政党）+1.054（专制主义）

（t=−1.85）（t=1.66）　　　　（t=8.87）

这个模型确认了专制主义构成了真正的决定性变量。与前面的专制主义双变量模型相比，这个模型所能够解释的方差（86%；F 值 =52.68）只增加了很少的一部分，而且天主教政党变量变得不显著了。

养老金中的社会保障偏向

混合养老金模式中的社会保障偏向，应与福利国家的“社会民主”最为紧密相关。我们以社会保障养老金占养老金总额（包括私人、公共部门和公务员）的百分比测度这一指标。得分较高虽然并不必然说明国家本位主义或法团主义受到排挤，但会明显地揭示出对私人计划的挤出。

就社会保障养老金而言，“官僚体系”理论最为适用。威伦斯基（1975）提出这一论点基于如下假设：官僚体系一旦建立，就会积聚独立权力，并为了自身的延续与发展凝聚利己的组织利益。因此，根据帕金森定律，我们会预期到体系越老（以其正式建立的年代测量），其规模越大。在表 5.6 中，我们检验了政治、
126 经济、人口和官僚体系变量对各国社会保障偏差变异的影响。

表 5.6　1980 年混合养老金社会保障偏差的截面（OLS）分析

自变量	*r*	*B*	*R sq.*[a]	*F*
老年人口比率	0.443	1.812 （1.98）[b]	0.146	3.90
人均 GDP	0.050	N. S.	—	—
官僚体系	−0.078	N. S.	—	—
WCS（1946—1980）	0.706	0.488 （3.99）	0.468	15.94
天主教政党	−0.164	N. S.	—	—
专制主义	−0.150	—	—	N. S.

a R sq. 经过调整。
b 括号内为 t 统计量。
资料来源：SSIB 数据档案。

从表 5.6 可以清楚看出，官僚体系和经济发展都不会影响社会保障偏向。应该记住，威伦斯基关于官僚体系影响的论点，是基

于考察社会保障支出占国内生产总值的百分比而得来的，而不是基于我们的结构偏向变量。然而，即使以我们研究的 18 个国家在 1980 年社会保障养老金占国内生产总值的百分比来检验这个论点，官僚体系的影响仍然为零。

人口老龄化对社会保障偏向有较小影响，但并不显著。当我们回想到它对私人养老金偏向的负面影响时，这个结果确实有些出人意料。在讨论人口老龄化对私人养老金偏向的负面影响时，我们提出了一个设想：作为政治压力群体的老年人，更乐于通过立法，而不是依赖市场获得保障。仅“加权内阁份额”（WCS）变量一项即可解释 47% 的方差。这与我们的观点一致：工党会积极巩固公民权利，减少对私人提供的依赖。

当我们控制了老年人口百分比时，左派权力的重要性得到了进一步的确认。在下面的多变量普通最小二乘法（OLS）模型中，老年人口百分比变量完全失去了显著性。这样就确立了“加权内阁份额”的解释力度。所解释的全部方差为 43%（F 值 =7.50），略低于使用“加权内阁份额”与社会保障偏向的简单双变量模型。

社会保障偏差 =63.750C＋0.508（WCS）−0.185（老年人口百分比）

（t=5.54）（t=3.02）　　（t=−0.185）

在政治变量的影响方面，我们的预测得到了支持：确实，在社会保障偏向背后唯一可以识别的力量是工党的掌权。

福利国家的结构

在检验了福利国家规模背后，以及养老金结构偏向背后的因果机制之后，我们现在从更一般的角度来解释福利国家的结构差异。这一节集中讨论三个特征，它们都是工人运动社会政策历史上的核心议题。我们首先考察资格审查式贫困救济的相对重要性——这尤其是补缺式、自由主义福利国家体制的特征，而且总是受到工人的激烈反对。这样，左派权力应该有助于压低贫困救
127 济的重要性。然后，我们分析去商品化与充分就业表现，因为二者都是“社会民主”福利国家的代表性基石。

资格审查的重要性

老式的贫困救济传统受到工人运动的反对，因为工人运动争取实实在在的公民权利，还因为资格审查有污名效果，并人为制造社会分隔。在我们所研究的 18 个国家中，贫困救济的传统在以社会民主主义为主导的北欧国家中几乎完全消失了；但它在美国与加拿大这样的国家中仍相当重要，在欧陆国家也仍然于一定程度上存在。因为资格审查式的救助金在全部社会保障支出中的比重突显了传统自由主义社会政策的原则，所以它是衡量福利国家结构的适当指标。

在表 5.7 中，我们用 1977 年的数据来分析贫困救济偏向。显然只有两个变量在统计上具有显著性：人均国内生产总值——出人意料的是，它与贫困救济之间的关系是正的，而且很显著；“加权内阁份额”（WCS）——具有很强的负面影响，和我们所预测的一致。天主教政党实力、专制主义，以及老年人口百分比都不显著（虽然符号的方向和我们预期的一致）。

表 5.7 1977 年福利国家收入决定的贫困救济的截面（OLS）分析

自变量	*r*	*B*	*R sq.*[a]	*F*
人均 GDP	0.580	1.860 （2.85）[b]	0.295	8.12
老年人口比率	−0.380	N. S.	—	—
WCS（1946—1980）	−0.652	−0.224 （−3.44）	0.389	11.83
天主教政党	0.118	N. S.	—	—
专制主义	−0.063	N. S.	—	—

a R sq. 经过调整。
b 括号内为 t 统计量。
资料来源：SSIB 数据档案。

考虑到人均国内生产总值的解释力较强，我们应将其作为“加权内阁份额”的控制变量。在下面的模型中，“加权内阁份额”和人均国内生产总值的解释力一如既往；这两个变量共同解释了 128
72% 的方差（F 值 =22.38）。

贫困救济 =−6.922C −0.221（WCS）+1.830（人均国内生产总值）
（t=−1.86）（t=−4.97） （t=4.40）

人均国内生产总值对贫困救济偏向所产生的强大的、加性的线性效应，充其量也是很值得怀疑的，因为人均国内生产总值得分最高的国家（美国和加拿大），正好也是贫困救济分数最高的国家。事实上，这个结论是在对残差作出检查之后得出的。重要的是，这个模型确认了我们关于工党权力对“社会民主化”至关重要的论点。“加权内阁份额”对限制福利国家的资格审查偏向显然有决定性作用。

福利国家的去商品化

我们对去商品化的测度源自第二章提出的综合指数。这个变量试图测量社会方案将工人从现金交易关系的束缚中解放出来的能力。

显然，我们应预期左派政治权力会对去商品化产生很强的正面影响；若非如此，我们整个理论框架的大部分都将崩溃。当控制了经济发展变量时，“加权内阁份额”的效果也会很强。这是很重要的，因为即使在不利的宏观经济条件下，也应该追求去商品化的目标。

我们对保守主义政治的理解使得我们预期它对去商品化的正面影响多于负面影响。显然，最强烈的反对意见应来自自由主义，可惜我们对此还没有准确的测度标准。在表 5.8 中我们使用次优方法，用贫困救济来替代自由主义。

129 **表 5.8　1980 年福利国家去商品化的截面（OLS）分析**

自变量	*r*	*B*	*R sq.*[a]	*F*
人均 GDP	−0.026	N. S.	—	—
老年人口比率	0.672	2.713 （3.63）[b]	0.417	13.18
WCS	0.681	0.371 （3.72）	0.430	13.81
天主教政党	0.161	N. S.	—	—
专制主义	0.284	N. S.	—	—
贫困救济	−0.412	−0.654 （−1.81）	0.118	3.27

a R sq. 经过调整。

b 括号内为 t 统计量。

资料来源：SSIB 数据档案。

表 5.8 表明，在双变量关系中，只有两个解释在统计上是显著的：如我们所期待的，“加权内阁份额”（WCS）和去商品化的关系很强而且很显著——它解释了 43% 的方差；总人口中的老年人口比率也有近乎同等重要的影响。当同时考虑国内生产总值变量与“加权内阁份额”变量时，国内生产总值的影响变得完全不显著，而且不能带来任何变化。

和我们预想的一样，以贫困救济代替自由主义政治权力后，前者与去商品化之间的关系是负相关的，但没有达到显著水平。此后，最适当的检验是，老年人口百分比变量的上佳表现到底是因为它有独立解释力，还是它的效应通过“加权内阁份额”得以发挥。

下面的模型指出，老年人口百分比变量的独立解释力才是实际情况，因为这两个变量各自与去商品化的关系都（在同样程度上）得到了保持；然而，二者都明显丧失了统计显著性。这个模型所能解释的总方差是 49%（F 值 =9.18），即比“加权内阁份额”和老年人口百分比的双变量模型的解释力好不了多少。

去商品化 =7.898C + 0.229（WCS）+1.275（老年人口比率）

（t=0.92）（t =1.81）　（t=1.71）

那么显然，老年人口百分比的效应不是仅仅通过“加权内阁份额”（WCS）来传播的（这两个变量间的零阶相关系数为 0.663，可能有助于解释为何这两个变量在这个模型中的表现都不好），但去商品化也不能由这两个变量的相加效应作出最佳的解释。

无论如何，我们的发现为以下基本理论提供了重要支撑：去商品化即使不是工人阶级权力动员过程背后的核心目标，也应该是个重要目标。而经济变量影响力的缺乏则显示出，“工业化”理论不是很有效。另一方面，因为人口因素确实起作用，我们并不能完全推翻福利国家演化的功能论观点。

充分就业表现

充分就业并不仅有利于工资收入者个人。卡莱茨基（1943）认为，持久的充分就业会明显推进有利于工人阶级的权力平衡。
130 可能所有的工人运动也都赞成他的观点——它们的力量在很大程度上来源于紧缩的劳动力市场。

许多国家在第二次世界大战后都公开承诺充分就业，甚至将其写入宪法。然而，承诺的力度各不相同，实施的程度则更加参差不齐。有的是宪法保证，如挪威；也有的是凯恩斯式的反周期策略，如 1967 和 1974 年间的德国；还有的是实际上消极的政府角色，如 1958 年以前的丹麦、1967 年以前的德国和战后大部分时期的美国。

道格拉斯·希布斯（1977）已经揭示出，左派政治权力对充分就业的喜好超过价格稳定。他的研究在其他方面复杂巧妙，但有一个缺点，即其数据只包括了有限的国家，并且在时间上只包括了经济有所增长的几十年。在 1973 年之后，维持充分就业的任务需要充分得多的权力动员。积极的就业政策必须有资金支持，需要已就业者负担起财务上的连带责任。

许多国家对 1973 年之后失业问题的反应是采用旨在减少劳力供给的方案，包括提前退休，遣送外籍劳工，以及鼓励女性回归家庭。很明显，与使劳力参与率达到最大的情况相比，这是弱得多的履行充分就业承诺的办法。

下面的分析试图控制各国在劳动力供给上的差异。测度方法 131
是把长期平均失业率（根据经合组织的标准定义）以劳动力参与水平来加权。因此，劳动力参与率低的国家会受到“处罚”，而那些已经扩大了劳动力参与率的国家则受到了“奖赏”。所以，这个指数不仅捕捉到了失业率因素，而且也顾及了各国在创造工作机会方面的表现。

显然，在分析充分就业表现时，相关的经济变量是实际国内生产总值的平均增长率。因为我们认为补缺式的福利国家承诺充分就业的可能性较小，所以在这个模型中引进了贫困救济变量，参见表 5.9。

表 5.9　1959—1983 年充分就业表现的截面（OLS）分析

自变量	*r*	*B*	*R sq.*[a]	*F*
GDP 增长	−0.160	N. S.	—	—
WCS	0.557	5.880 （2.68）[b]	0.267	7.18
天主教政党	−0.448	−3.806 （−2.00）	0.150	4.01
专制主义	0.014	N. S.	—	—
贫困救济	−0.492	−15.137 （−2.26）	0.195	5.11

充分就业指数等于 1959—1978 年平均失业水平，加上 1978—1983 年平均失业水平，乘以人口中 15—64 岁闲置人员比率。注意，这个指数是经过反转的，正值代表表现很好。

a R sq. 经过调整。

b 括号内为 t 统计量。

资料来源：SSIB 数据档案。

表5.9显示，左派权力是充分就业的重要先决条件。“加权内阁份额”（WCS）解释了大约27%的方差。如果我们对失业率（1978—1983年）与“加权内阁份额”做相关分析，则结果是类似的，但并不很显著：零阶相关系数是−0.384。该表也揭示了经济增长率对充分就业表现没有任何影响。这为我们证明充分就业表现大致上是一个政治意愿的问题提供了额外的证据。

贫困救济和天主教政党实力对充分就业表现的显著负效应进一步支持了我们的“政治”假设。在前一种情况中，由于自由放任意识形态的特点就是要避免干预（劳动力）市场，因此可以预期贫困救济的作用（不论是代表自由主义，还是代表福利国家的补缺主义）应是负面的。在后一种情况中，负面效应可以说是反映了天主教独特的社会政策形态：愿意补贴家庭福利，但不愿保证就业。

为了找出“加权内阁份额”相对于竞争性政治力量的解释力，我们计算了两个模型：第一个对贫困救济进行了控制；第二个则控制了天主教政党实力。

充分就业＝−293.015C＋4.337（WCS）−6.909（贫困救济）

（t=−3.35）（t=1.48）　　（t=−0.81）

这个模型只解释了25%的方差（F值=3.84）。尽管它降低了“加权内阁份额”的显著性（并消除了贫困救济的影响），但是其影响可以忽略。这个模型的结果比仅采用“加权内阁份额”的双变量回归更差。在第二个模型中（见下），天主教和“加权内阁份额”的混合影响，展现了更强的解释能力。所解释的方差增到40%（F值=6.64），而且天主教政党对充分就业的负效应显然超过了“加权内阁份额”的正效应。

充分就业 =−253.100C+3.681（WCS）−1.860（天主教政党） 132

（t=−4.14）（t=1.64）　　（t=−2.13）

我们能将这个结果解释为，总体上，当与强大的天主教 / 基督教民主党竞争时，左派权力动员在维持充分就业方面的有效性较低。

充分就业的承诺

充分就业的维持，正如我们前面较低的方差解释百分比所示，显然取决于许多因素。这些因素可能受左派政党控制，也可能落在其控制范围之外。一个国家在国际上的脆弱性可能会很大，以致于一次重大的冲击（如 1970 年代）就会产生大规模失业，即使竭尽全力也无法解救。即使如此，左派政党仍可以尽力而为，而这正是我们要讨论的。

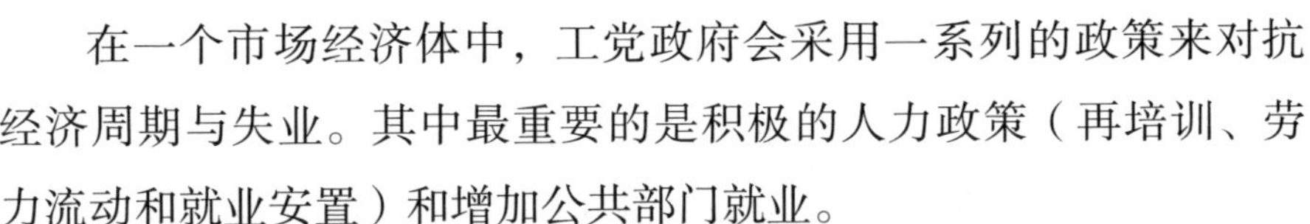

在一个市场经济体中，工党政府会采用一系列的政策来对抗经济周期与失业。其中最重要的是积极的人力政策（再培训、劳力流动和就业安置）和增加公共部门就业。

要评价左派权力动员如何影响积极人力项目的发展，并非一件易事。用花费在这类项目上的支出（当然，要减去失业救济金支出）来计算，则必须将我们的分析限制在 15 个国家。我们用积极人力项目支出占国内生产总值的百分比（1975 年资料）对“加权内阁份额”进行回归，其结果显示了很强而显著的影响：零阶相关系数是 0.695，“加权内阁份额”解释了 44% 的方差。

将公共就业作为替代策略，我们计算了这 18 个国家在 1970— 133
1980 年的平均公共就业增长率。表 5.10 的分析结果表明，国家增加公共就业的能力既不是富裕程度（人均国内生产总值）的函数，也不是实际国内生产总值增长率的函数。它几乎只是左派权力动员（WCS）的函数。

表 5.10　1970—1980 年公共就业增长的截面（OLS）分析（年度平均）

自变量	*r*	*B*	*R sq.*[a]	*F*
人均 GDP	−0.152	N. S.	—	—
GDP 增长	−0.259	N. S.	—	—
WCS	0.748	0.109 （4.51）[b]	0.532	20.33
天主教政党	−0.018	N. S.	—	—
专制主义	−0.009	N. S.	—	—

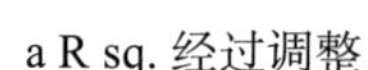

a R sq. 经过调整。
b 括号内为 t 统计量。
资料来源：SSIB 数据档案。

总而言之，我们似乎面临这样一种情况：左派权力在指定的促进工作机会增加和防止失业的政策方面发挥了作用，但它实际确保长期充分就业的能力却差得多。这就引出一个问题，即充分就业表现的差异是否能够用左派政党的劳动力市场政策来解释。为了验证这个问题，我们在下面提出“加权内阁份额”和 1970—1980 年公共就业增长率的加法回归模型。

充分就业 =−330.011C + 8.360（WCS）+22.618（公共就业增长）

（t=−6.76）（t=2.53）　　（t=1.00）

这个模型能够解释 27% 的方差（F 值 =4.09），但它显示增加公共就业的政策对就业表现并没有独立的影响。

解释福利国家体制

我们现在可以开始验证第三章确定的，政治变量在分层方面对福利国家体制的影响。

保守主义福利国家体制

在第三章，保守主义体制被界定为法团主义组织与国家本位主义特别突出的体制。我们认为主要的驱动力是天主教政党实力，以及强大的专制威权国家的历史，而左派权力则会产生负面效应。在研究福利国家分层的问题时，似乎没有理由说明经济和人口变量为何能起到作用，所以我们在分析中省略了它。表 5.11 的因变量是第三章提出的保守主义的分层特征指数。

表 5.11　1980 年保守福利国家体制分层的截面（OLS）分析 134

自变量	*r*	*B*	*R sq.*[a]	*F*
WCS	−0.149	N. S.	—	—
天主教政党	0.608	0.111 （3.07）[b]	0.331	9.40
专制主义	0.705	0.859 （3.98）[b]	0.456	15.81

a R sq. 经过调整。
b 括号内为 t 统计量。
资料来源：SSIB 数据档案。

因为我们所要检验的保守主义体制特征在早期就基本上制度化了（通常是为了削弱工人），它们也会成为社会结构中不可分割的元素，有很强的动机来维护自身。因此，无怪乎“加权内阁份额”的负面影响虽然和我们预计的相同，但却是很小的，而且并不显著。我们对这种情况的解释是，当（或者如果）左派政党掌权时，它们不能从根本上改变所接手的法团主义与国家本位主义。这一点至少与之前的分析（埃斯平–安德森和科皮，1984）是一致的。

然而，保守主义的分层属性与天主教政党实力和专制主义之间有很强的相关关系。这和我们的理论总体上所预测的别无二致。尽管如此，没有理由认为这两者是可以互换的政治力量。确实，强大的天主教政党往往集中在威权主义和/或专制主义的残余长久存在的国家里；但也不是完全如此。专制主义在爱尔兰和荷兰就非常弱。

因为社会政策原则在一定程度上有所分化，所以有必要更仔细地检查这两个变量的相对影响。虽然“专制主义—威权主义”社会政策强调国家的集中性，但是天主教的辅助性原则总是坚持私人组织（主要是教会）应该在社会服务中起到重要作用。为了把这两个变量的相对重要性分离开，我们提出了两个模型，一个同时计算天主教政党实力与专制主义，另一个测算了这两个变量之间的交互效应。

保守主义体制 =−0.069C+0.071（天主教政党）+0.670（专制主义）

（t=−0.07）（t=2.26）　　　　（t=3.19）

135 这个加法模型解释了 57% 的方差（F 值 =12.47），因而优于表 5.11 中任何一个双变量模型。天主教和专制主义的影响仍然显著，并且二者的影响是相互独立的。而把交互项（专制主义 × 天主教政党实力）纳入模型则削弱了变量的显著性，对模型的解释力没有任何改善，并且无论如何都没有理由证明这两个变量的交互有任何影响。显著性的大幅下降可部分地归因于模型的“过载”。只用18个样本来检测有三个自变量的回归模型，其误差项将变得很大。

保守主义体制 =0.426C+0.035（天主教政党）+0.475（专制主义）+0.005（天主教政党 × 专制主义）

（t=0.40）（t=0.77）（t=1.74）（t=1.11）

总之，我们可以作出结论，我们对保守主义“体制性”的唯一最佳估计是天主教与专制主义相结合的加法效应。

自由主义体制

从分层角度看，我们认为自由主义的特征是对救助对象资格审查的强调和对私人市场的依赖。如前面谈到的，我们无法直接测度放任自由主义的政治力量；而且和以前的分析一样，以贫困救济变量作为替代显然是不可行的，因为它是因变量的一部分。

正因如此，我们对自由主义福利国家体制的检验几乎等同于直接检验“社会民主化”假定，即左派权力动员使自由主义福利国家的属性减弱的程度。

表5.12指出，只有两个变量在解释自由主义分层程度方面起到了重要作用：“加权内阁份额”（WCS）与人均国内生产总值（1980年）。虽然“加权内阁份额”和我们预测的一样对自由主义有很强的负面影响，但是人均国内生产总值的正面影响可能是值得怀疑的：正如我们已经指出的，自由主义体制更有可能出现在最富裕的国家（例如，美国、加拿大和澳大利亚）。

136 **表 5.12　1980 年自由福利国家体制阶层的截面（OLS）分析**

自变量	*r*	*B*	*R sq.*[a]	*F*
人均 GDP	0.524	1.326 （2.46）[b]	0.230	6.07
WCS	−0.738	−0.200 （−4.38）	0.517	19.16
天主教政党	0.100	N. S.	—	—
专制主义	0.000	N. S.	—	—

a R sq. 经过调整。
b 括号内为 t 统计量。
资料来源：SSIB 数据档案。

左派动员（WCS）对自由主义分层的负效应比我们分析过的，对保守主义的要强得多。对自由主义，“加权内阁份额”可以解释高达 52% 的方差，表明左派权力动员消除自由主义分层因素的潜力要大于消除保守主义分层因素的潜力。这又是我们所预料到的。一般地，“专制主义”国家会比自由主义国家更早引进社会政策。结果就是，保守主义原则更加有力地得到制度化，并且不受变革的影响。相比之下，“自由主义”国家的社会改革较晚而且较弱，往往在工党力量强大起来时仍留有很大的社会立法真空。在后一种情况下，左派根据其特定原则来影响福利国家演进的余地要大得多。

在下面的模型中，当我们控制国内生产总值时，“加权内阁份额”的负效应仍然是决定性的。这个模型能够解释的方差是 78%（F 值 =31.41），因而优于表 5.12 中的任何一个双变量检验。

自由主义体制 =−2.304C−0.198（WCS）+1.295（人均国内生产总值）　　（t=0.90）（t=−6.44）　　（t=4.52）

相应地，我们能得出两个结论：对自由主义“体制性”最强有力的唯一解释是“加权内阁占有率”的负面影响；“加权内阁占有率”与人均国内生产总值的结合是最佳模型，但鉴于人均国内生产总值在理论上的模糊性，我们难以对其进行解释。

社会主义体制

对社会主义体制而言，普遍主义和平等是福利国家凝聚力的主要原则。显然，我们的假定是，“社会主义”的程度取决于左派政党动员（WCS）的力度，而专制主义与天主教是其“天敌”。

表 5.13　1980 年社会主义福利国家体制阶层的截面（OLS）分析

自变量	*r*	*B*	*R sq.*[a]	*F*
人均 GDP	0.036	N. S.	—	—
WCS	0.698	0.115（3.90）[b]	0.455	15.22
天主教政党	−0.384	N. S.	—	—
专制主义	−0.359	N. S.	—	—

a R sq. 经过调整。
b 括号内为 t 统计量。
资料来源：SSIB 数据档案。

这也正是表 5.13 所显示的，“加权内阁占有率”（WCS）是唯一最重要的变量，解释了超过 45% 的方差。专制主义与天主教政党权力则不显著，但符号仍然和我们想象的一样，是负的。因此，可以作出简单的结论，左派政党权力是社会主义体制发展的前提条件。

结　　论

在上述几个步骤的分析过程中，我们试图确定政治变量对福利国家特征的影响。结果在很大程度上和我们的理论观点相一致。在此，可以对这些结果作出如下小结：

第一，当我们考察社会政策的非结构特征时，政治和权力的影响很小，而经济变量，尤其是人口变量则起主要作用。这与社会（和 / 或私人）提供会与经济增长和人口老龄化同时出现的说法相一致。这也显示，社会支出本身几乎从未成为主要政治冲突的核心。

第二，直到我们开始区别福利国家的结构差异时，政治力量关系的解释力才凸显出来。在养老金体系和一些更一般性的福利国家特征，如去商品化程度、充分就业承诺和补缺性等方面，都是如此。也正是在这些问题上，工人阶级力量动员、天主教和国家传统的相互作用发挥了影响。这些分析结果无疑证明，左派政党实力对去商品化、充分就业的努力和一般意义上的社会民主化
138 具有决定作用。同样明了的是，天主教政党和威权国家的历史遗产会影响到法团主义和国家本位主义的偏向。

第三，我们能够在福利国家体制和政治力量之间找到相当明晰的对应关系。保守主义的分层原则能够由天主教政党实力与专制主义历史的存在解释；社会主义分层则取决于强大的社会民主。

最后，强有力的工人运动似乎是防止自由主义福利国家分层的良好保障。

尽管如此，数据的缺乏与方法论的约束，使我们的分析不能完全遵循我们提出的理论。我们从关系角度对实力的相关影响的分析，限于对左派和天主教实力的共同影响，以及对作为国家建设历史反映的“专制主义”的分析。

最后，这样的线性模型所不能实现的内容最终要有个交代，即，政治力量究竟是一个决定性的，还是一个值得怀疑的历史变量？例如，当我们把工人阶级动员（WCS）认定为去商品化或普遍主义的唯一重要影响因素时，社会主义政党究竟在多大程度上发挥了协调力量？是否会有其他的历史因素预先决定了特定的福利国家结果？对这类问题的解答必须等待对福利国家发展的统计分析中出现新的突破。

第二部分

就业结构中的福利国家

在本书的第一部分，我们关注的是福利国家的关键差别，141
并检验这些差别固化为三种不同的福利体制类型这一主要假设。从某种意义上讲，我们设法解决的是社会科学领域长期存在的一些问题。比较研究现在面临的挑战是研究福利国家作为独立的原因变量所起的作用：不同类型的福利国家如何系统地影响发达资本主义的社会和经济行为？我们在第二部分要讨论的正是这个问题。

熟悉家庭、社会分层或社会组织等社会学文献的人，或者研究过劳动力市场的人，会很容易认识到对福利国家研究的缺失。然而，无论是在当代斯堪的纳维亚、西欧，甚或是北美，福利国家正深深地扎根在几乎每个公民的日常生活中。我们的个人生活由福利国家所构建，整个政治经济也是如此。鉴于福利国家的规模和中心地位，如果不使其成为我们模型的一部分，我们就不大可能理解当代社会的绝大多数方面。

在有可能由福利国家所直接塑造和规范的许多社会制度中，工作生活、就业和劳动力市场可能是最重要的。一方面，社会政策的核心思想始终是在人们面临生命周期中的紧急情况和风险时为其提供保护，特别是在他们失去工作能力的时候。传统的、简约主义的（minimalism）福利国家的哲学就是要为那些明显不适于或没有能力工作的人建立起一张安全网，一个最后的避风港。

另一方面，现代发达的福利国家故意放弃了简约主义哲学，并采用了一整套关于福利国家在个人生命周期中所充当的适当角色的新原则。它们现在常常致力于优化人们的工作能力和寻找工作的能力，甚至让他们期望获得报酬高、环境好的工作，目的是允许个人协调工作和家庭生活，不必在生育和工作间二择其一，并能将生产活动和有意义、有收获的休闲结合起来。至少在某些国家，这个哲学支撑了近几十年的社会政策发展；事实上，这常常是许多当代福利国家的合法性和共同认识所在。

142 这不是说这些原则得到了无可争议的认同。一些保守党派、许多雇主和多数经济学家都抱有经典的恐惧：福利权利扭曲了工作积极性，政府在塑造就业结果方面的积极参与只会使经济失衡。

我们在本书第二部分所要探讨的不是福利计划对工作积极性的影响。我们的目的是要探索福利国家这样一种中央化的机构如何影响其传统领域以外的事务。

在接下来的三章里，我们把福利国家体制方面的发现用于研究就业领域中正在进行的重大转变。很少有人会质疑这样一个事实，即当代资本主义经济正在经历着一系列的根本性结构变化。其中的很多——即使不是大多数——彻底转变了我们对工作生活的传统观念：女性的自然归属不是在家中，而是在劳动力市场；福利国家向成千上万，甚至上百万的有能力工作而不工作的人支付生活费用；多数人不再身处工厂，而是在办公室或快餐网点工作。现如今，一个典型的工人或许会把生命中最大的一部分时间花在工作以外，即教育和休闲上。充斥着战后时期乐观主义的充分就业承诺，已经成为笼罩在多数发达国家上空的一块巨大黑云。但是作为一种政治保障的充分就业自身也发生了革命：贝弗里奇爵士和与他一起从事战后改革的同人们假定充分就业的概念只适用于国家中的男性，而当代政治家们则必须致力于不分性别的充分就业。

我们将从三个方面考察不同类型的福利国家影响就业的方式。首先，我们将在第六章探索福利国家制度类型和一般劳动力市场行为的系统联系。我们的主要假定是福利国家的特性反映在劳动力市场的组织方式中。我们提出，三种福利国家体制各自和一种特定的“劳动力市场体制”相配套。

其次，在第七章中，我们研究国家在战后时期维持充分就业的能力如何受到福利国家的决定性影响。最后，在第八章中，我们转向更广泛也更为艰巨的研究：追寻福利国家对当代新兴“后工业”社会中就业变迁和社会分层的影响。

在本书的第二部分，我们会改变研究方法，不再像以前那样 143
进行 18 个国家的比较。我们的新策略基于对三个国家的比较，它们各选自第一部分中确定的三种体制：美国代表自由体制，瑞典代表社会民主体制，德国则是保守体制的一种方便的（如果不说是完美的）例证。

144 第六章　福利国家与劳动力市场体制

本章的目的是对福利国家 / 劳动力市场的相互作用进行初步的概念化。我们的任务围绕着劳动力市场的三大基石展开：1）人们从劳动力市场退出并成为福利国家服务对象的条件（我们在此尤其关注退休）；2）人们在工作中申请带薪假期的条件；以及 3）人们被分配到工作，即就业的条件。

如果能够论证劳动力市场由（福利）国家系统、直接地塑造，我们就可以期望劳动力市场行为的国别差异是由福利国家体制的性质所决定的。这一观点与标准新古典经济学中最普遍的劳动力市场模型相矛盾。新古典经济学一般把劳动力市场作为封闭的、自治的系统来处理：其中的行为体是离散和独立的，主要对价格信号作出反应。标准的假设是，劳动力市场将自动向均衡方向移动，实现出清。

当主流经济学家确实考虑现代福利国家的影响时，他们通常从两方面分析：1）其对需求的整体“凯恩斯式”刺激，和 2）其通过影响工资、劳动供给或劳动成本来扭曲自动出清机制的可能性。新古典模型几乎没有考虑过福利国家本身。

在很多当代的“制度主义”经济学模型中，这个问题可能还不那么明显。但是，把国家作为一个内生变量来研究的依然不多

见。无论是在二元或分割的劳动力市场理论，在内部人—外部人 145
模型，还是在有效工资契约理论中，主要的注意力都集中于产业组织和工业关系安排。关于福利国家在劳动力的流动行为、就业时限和更一般意义上的劳动力市场刚性和分层中所起的作用，还没有相应的理论出现。

近年来，一些制度经济学家开始更多地注意“社会工资”在工人行为和解雇成本中的重要性（肖尔和鲍尔斯，1984；鲍尔斯和钦蒂斯，1986）。这可能是向着更为系统性的分析迈进的第一步。

经济学显然没有完全忽略劳动力市场行为和社会政策之间的关系。例如，有大量的文献研究了社会福利对微观层面上的劳动力供给和流动的负向激励，还有一些尝试论证了其宏观影响（丹齐格等，1981；林德贝克，1981）。另有一些新出现的文献将就业行为，特别是女性的就业行为与政府的项目，如税收法、社会服务提供等联系起来（布伦德尔和沃克，1988；古斯塔夫森，1988）。但一般来说，这些研究把福利国家看成是理所应当的，或者视其为自动出清过程中的一个干扰项。多数研究都仅限于一个国家，通常也仅限于政策领域的一个方面。它们的目的是估计社会福利将在多大程度上影响某一特定工人的劳动供给。

出于类似的原因，我们的方式也不同于现行的社会学劳动力市场模型。社会学在研究获取职业和工作的制度机制方面传统悠久。一方面，它一直强调劳动力市场机会的社会继承性和/或教养和教育的调整作用。对经济学家的观点的批评是，社会力量排除了劳动力市场中的行为体 1）独立行动的可能性，和 2）在工作和报酬的竞争中平等起步的可能性。与之相对，这类文献指出了劳动力市场中的社会学分化因素，如父亲的阶级地位有可能影响儿子的流动机会（这种方式有代表性的例子参见布劳和邓肯，1967；费瑟曼和豪泽，1978；詹克斯等，1982；科尔比约恩森，1986）。

另一方面，社会学侧重于劳动力市场中的结构性分化因素，特别是产业和厂商之内和之间的组织特征（伯格，1981；巴伦，1984；巴伦和比尔碧，1980）。这种方法基本上是经济学二元或分
146 割劳动力市场理论在社会学中的对应。职业社会学还发现，社会机构会影响劳动力市场的结果。例如，在某些情况下，职业岗位的准入以及在岗位上的行为，均由公司的垄断性运作决定。但是，除了流动性研究对教育的作用的考察，在社会学中，工作的取得很少（如果有过的话）与福利国家联系在一起。

近年来，社会科学开始更加注意政府在劳动力市场中的作用。这可能最明显地表现在时下对不同国家充分就业差异的决定因素的研究中。例如曼弗雷德·施密特（1982；1983）和泰伯恩（1986b）展示了国家维持充分就业的能力是如何与积极的劳动力市场政策、凯恩斯式的需求管理、工会结构以及新法团主义的利益协调能力相呼应的。近来对服务部门就业相对增长的研究表明，福利国家在服务部门就业的国别差异方面发挥着核心作用（赖因，1985）。沙普夫（1985）指出，税收水平有助于解释福利国家在扩大社会服务就业中的能力。丘萨克、诺特曼斯和赖因（1987）把这一点与福利国家的预算结构联系起来。

从马克思主义的角度，也已经出现了几个打算重新概念化阶级理论的尝试。例如凡·帕里斯（1987）指出，日益增长的享受国家福利的失业大军应当作为一个独立的社会阶层来分析。

劳动力市场自立于政治之外的说法不过是个神话，它受意识形态支撑，由过时理论捍卫。但是作为一个神话，它在历史实践中被赋予了实际的生命。因此，传统的规范是社会政策不应扭曲劳动力市场机制。早期的福利政策设计者坚定认为，社会保护只应限于那些不能在劳动力市场上发挥作用的人：老年人、体弱者、病患和失业的人。禁止福利政策影响劳动力市场决策的原则显然应用到了19世纪的贫困救济中，尤其是“较低享受资格”的理念；早期的社会保险法坚持严格的保险精算主义以及长期的就业或缴费要求；早期的社会救助计划也是如此，其中资格审查和低福利标准保证了工作的边际效用明显高于依赖福利的边际效用。

当我们审查战后的社会政策时，我们发现它并没有立即切断与不干预哲学的关系。英国的贝弗里奇模式或斯堪的纳维亚国家的“人民之家”模式，其目的都并非鼓励人们退出劳动力市场； 147
相反，它们就是被设计来促进劳动力市场依赖最大化的。此外，社会改革的基本原则是维系福利国家和劳动力市场的分立，这反映出社会行政传统的思想影响。因此，当政府在第二次世界大战后致力于推行“凯恩斯加贝弗里奇”公式时，他们系统地保持了社会保护的官僚行政机构和劳动力市场的严格分离。

将劳动力市场严格地和国家、社会机构相分离，这个多少不切实际的思想基于经典的自由主义理论，特别是它关于平等—效率消长关系的假设。无论是自由资本主义的鼓吹者，还是较为温和理性的自由政治经济学家，如穆勒或后来的艾尔弗雷德·马歇尔，这些理论家都一致同意政府增加平等的意图会破坏经济表现。

话虽如此，但我们的许多理论先行者都认识到，制度是在这一消长关系中实现正结果所必需的，而且往往是可取的方式。因此，正如我们所见，保守主义政治经济学坚决地反对将工人当作商品的思想。它对有效分配和提高生产效率的要求所作的解答是“以工为兵”：忠诚、整合与等级。纳粹德国不愿信任自由劳动力市场，而是宁愿分派或征召人们从事工作，并利用强制性的工作记录簿来控制他们的流动。改革派社会主义的传统认为效率和最优生产率需要的不仅仅是受过教育的、健康的、衣食无忧的工人。在工人有足够的收入保障之后，现代化和快速的技术变革都更易推进。

这样，在我们的许多理论和政治遗产中，社会政策都被视为劳动力市场行为的组成部分。令人吃惊的是，当代学者们却忽视了它。在过去几十年中，三场悄然无声的“革命”从根本上改变了工作和福利的关系，福利国家被直接植入劳动力市场中。

三场悄然的革命

战后建成的福利国家基于的是某些关于经济增长和充分就业的越来越过时的假设。在高度工业化时期，经济增长曾一度提供
148 了大量的新工作。然而现今，我们目睹了无就业的经济增长。这不仅意味着在既定的投资水平上管理充分就业将面临更大的难度，而且给福利国家的财政带来了一系列问题。

在这一背景下，我们的充分就业概念已经发生了一场静悄悄但意义重大的革命。当贝弗里奇（和同时代的其他国家的人）提出充分就业的承诺时，他们所指的只是身体健全的男性。战后资

本主义最令人惊叹的事件之一就是充分就业基础的扩大，所有女性——实际上，任何想要工作的人——都被纳入了其中。这意味着充分就业保障所覆盖的人口大幅增长，政治上的管理责任也显著增加了。

在这个新的困境中，传统的福利国家项目越来越需要服务于新的目标。例如，教育和退休计划有助于协助减少经济上活跃的工作人口。福利国家的社会服务可以用来吸纳新人，特别是女性加入劳动力队伍。

正如我们已经谈过的，现代福利国家的设计就是要保持劳动力市场和福利国家之间的清晰界限。这样，福利国家只应关照那些绝对没有能力工作的人；它不应诱导任何人离开工作，依靠福利。在这一点上也出现了悄然的革命。一方面，退休计划不仅得到了更新，而且还被大大地拓展了。结果是近年来，西欧的提前退休吸引了数百万计尚有能力的人离开劳动力市场，仰仗福利国家。

在很多情况下，提前退休是对失业增加的一种反应。但是当福利国家大规模地帮助人们退出工作生活而进入退休状态时，其财政必然受到额外的压力。提前退休还被用来服务于公司合理化和重组。从这个意义上，我们所看到的是社会集体协助组织并筹资来改善企业的竞争力。结果是企业的微观理性和集体利益之间的冲突日益加剧。福利国家改善了微观层次上的效率，但是同时创造了宏观经济的非效用：人力得不到充分使用，公共预算也出现赤字。在另一个方面，如果福利国家坚持不干预劳动力市场机制的经典教条，国家就有可能难以维持产业竞争力。 149

我们能够识别出第三种悄然的革命。现代福利国家不再仅仅作为社会提供的体系。实质上它们在很多国家都已成为就业机器，往往是就业增长的唯一重要来源。现在，丹麦和瑞典的福利国家雇用了大约 30% 的劳动力。同样，这里又明显脱离了劳动力市场作为自我管理的有机体这一理论。因此，福利国家吸收了劳动力供给，不仅是为了维持充分就业的承诺，而且因为福利国家自身的经济逻辑需要工作机会越多越好。对于福利国家来说，雇用过剩的劳动力比补贴他们不去工作更省钱。

总体上看，新兴的福利国家劳动力市场关系的一个特点就是它承受了很大的压力。不论是出于就业还是更为一般性的经济目标，福利国家的传统责任已经得到扩展和变化。其结果是，社会政策和劳动力市场变成了相互交织、相互依赖的制度。从一定程度上看，福利国家变成了劳动力市场出清的主要媒介。它通过家庭计划便利了女性退出；通过提前退休便利了老年人。它通过在医疗、教育和福利领域雇用更多的人，维持了劳动力需求。通过提供必要的社会服务，促进了女性劳动力供给。通过为工人提供付薪假期和允许暂时请假，帮助了人们协调作为经济生产者、社会公民和家庭成员所承担的责任。

下面，我们会更仔细地考察工作、生活与社会政策最为明显地相互交织的三个例子（“窗口”）。它们根据工作合同选出。首先，我们集中考察劳动力供给的条件：是什么因素决定了人们留在或退出劳动力队伍？我们的实证案例主要是老年工人的退休行为。

第二个窗口考察合同中决定劳动力行动的条件。原则上，工作合同规定了以劳动时间换取报酬。换出的时间原则上是由雇主所“拥有”的，工人对时间如何分配几乎没有什么决定权。一个相关的问题是，在合同范围内，工人能在多大程度上以及什么条件下行使他们的选择权？他们的地位在多大程度上去商品化了？这里的一个适当的实证例子是带薪缺勤。

第三个相关的窗口关注的是劳动力需求，即劳动力进入就业 150
的条件。除了个别例外，现有的主流理论一般都假设劳动力需求是边际生产率和价格的函数。当然，大部分凯恩斯宏观经济理论假定，福利国家的总需求效应将影响劳动力需求。经济学家还承认了工资补贴的效应。但是福利国家作为主要雇主的作用在很大程度上被忽略了。

退出及劳动力供给

认识到社会政策能够影响劳动力供给并不是什么创举。格雷布纳（1980）论述说，退休是一种管理失业问题的工具，也是一种允许雇主摆脱低生产效率的工人的机制。

经济学家把退休作为休闲—工作权衡的函数来研究（阿伦和伯特里斯，1984；丹齐格等，1981；博斯金和赫德，1978）。这类研究一般都局限在微观层面，因此不能看出微观层面的选择和宏观层面的结果如何相互关联。经济理论中的无效率（人们在退休福利的激励下选择休闲而不是工作）可能对企业来说是有效率的（较高的生产率和利润，由纳税人提供资金支持）。在宏观层面，提前退休可能会同时减少劳动力供给，提高总生产率，并把资源引向产出为零的活动（退休）。

现有的学者很少注意到福利国家的变体通过何种方式对劳动

力供给结构产生不同的影响。很难相信老年男子退休的国别差异只是取决于养老金福利水平或获得的难易程度。提前退休的需求依赖于可选的替代方案（兼职工作、庇护性就业、再培训、失业保险）、劳资关系体系的性质（工作保障），以及经济的状况；替代方案的存在也在很大程度上归因于福利国家的活动。

提前退休的国别差异大得惊人，并在过去的几十年中进一步增加。适宜的关注对象是55—64岁的男性工人。多数国家的退休年龄一般是65岁左右。女性的传统角色是家庭主妇，所以很难对其退休情况进行比较。表6.1表明在我们之前确定的体制类型和劳动力退出率之间存在着系统的关系：北欧国家的退出率低；欧陆国家的退出率很高；盎格鲁-撒克逊国家，除了英国以外，退出率都比较低。这仅仅是由养老金计划的质量和是否拥有提前退休计划所决定的吗？从一定程度上看，应该是如此。自1970年来，德国、荷兰和法国一直是发展灵活的提前退休计划的先锋，而在美国、英国和加拿大，享受提前退休仍然是很没有吸引力的。我们还应当注意到，挪威仍然只提供基于身心障碍的提前退休计划。

基于养老金方案的解释与其他认为有吸引力的福利会引诱人们退休的研究（博斯金和赫德，1978；费尔德斯坦，1974；帕森斯，1980；赫德和博斯金，1981）观点一致。但另一些研究则得出了相反的结论。比较研究尤其如此。哈夫门等（1984）、戴蒙德和豪斯曼（1984）以及潘佩尔和维斯（1983）都作出结论说，养老金的国别差异并不能解释退休行为的不同。潘佩尔和维斯谈道，退休主要是经济现代化的一个功能，一个界定和测度有些含糊的现象；戴蒙德和豪斯曼则强调失业对老年工人的意义。以美国为例，他们发现33%的失业老年工人之所以选择提前退休，是因为他们别无选择。

表 6.1　年龄较大的男子（55—64 岁）退出劳动力市场的趋势：男性的劳动力市场参与率（百分比） 151

	1960/1962	1970	1984/1985	变化
挪威	92	87	80	−12
瑞典	90	85	76	−14
法国	80	75	50	−30
德国	83	82	58	−25
荷兰	85	81	54	−31
加拿大	86[a]	84	71	−15
英国	94	91	69	−25
美国	83	81	69	−14

a 加拿大的数据是 1965 年而非 1960 年的。

资料来源：国际劳工组织，《国际劳动统计年鉴》（ILO, *Yearbook of Labor Statistics*），各期；《国家统计年鉴》（*National Statistical Yearbooks*）。

为了找到退休规律的体制特征，我们需要更深入的研究。有两个因素似乎会特别相关：老年工人长期失业的风险，以及获得 152
退休收入的可能性。

老年工人长期失业的概率（即长期失业者占总失业老年工人的百分比）在德国、法国、荷兰和英国等国非常高（35%—50%），而在斯堪的纳维亚、加拿大和美国则相当低（10%—12%）。这当然证实了“失业管理”的假定。从福利角度看，加拿大和美国的养老金很少；但瑞典和挪威的养老金立法，不论在慷慨程度还是在获得资格的难易程度上，均比欧陆国家优越。因此，我们似乎碰到了一个互动效应。当老年人在劳动力市场中的机会较少时，提前退休可能大规模发生，但是只有在福利很有诱惑力时才会如此：这是欧洲大陆的情况。当劳动力市场条件很好时，即使福利不错也不会引致退休：这是斯堪的纳维亚国家的情况。最后，当劳动力市场条件很差，福利即使并不很好却仍会吸引退休，英国即是如此。

如果退出劳动力市场的差异取决于失业的风险和退休福利的设定，我们就必须考虑福利国家在更大范围中的角色。首先，老年工人的退出趋势，部分原因可能只是当提前退休条款得到批准时（通常在1970年代早期），一些潜在的部分失能的工人正等待着退休的机会。这虽然能够解释共同的趋势，但很难说明不同国家之间的差异。

工作权利是影响失业—退休关系的第二个特征。在工作权较强的地方，年纪较大的工人很难被解雇。但工作权的差异几乎不能解释退休行为的不同，因为工作权的强弱在斯堪的纳维亚和欧洲大陆是大致相同的，而在美国则相当弱。可能关系更为明显的是，在老年工人面临失业威胁时，福利国家所能提供的其他选择。斯堪的纳维亚与欧洲大陆之间的不同正是在这里得到了最好的解释。在瑞典，老年工人可在积极的劳动力市场政策体系内获得一系列的劳动力市场选择，而在欧陆国家却并非如此。在瑞典，一名年纪较大的（冗余的）工人能够选择部分退休，同时补充以兼职工作、带薪再培训和庇护性就业。但在德国则没有这样的选择。

但是，退休政策的发展也与20世纪七八十年代，国家为应对

失业和大规模行业重组制定的战略密切相关。虽然提前退休福利 153
最初几乎都并非为应对经济危机而设计，但它们后来常被用作危机管理的工具。特别是在工会影响力强大、年长员工占主导地位的国家，雇主若想精减劳动力，淘汰效率低下的老年员工，提前退休就成了一个理想的解决方案。在这种情况下，提前退休计划的质量是工业合理化的重要前提。

然而，提前退休政策（及其他减少劳动力供给的方法，如遣送外籍劳工、鼓励女性留在家中）也有助于实现全面就业的更广泛目标，尤其是在德国、荷兰、法国和比利时等国家。这些国家采取限制性的财政和货币政策，并不太重视积极的人力资源政策。在这些国家，福利国家的政策强烈反对扩大政府的社会服务范围，因而也反对将福利就业作为促进就业的替代策略。相比之下，在瑞典和挪威等国家，减少劳动力供给的政策被认为是不合适的。事实上，鉴于这些国家对充分就业的承诺、对抗经济周期的积极政策，以及 1970 年代社会服务就业的大规模扩张，减少劳动力供给的政策并没有那么必要。

带薪缺勤

与养老金相似，疾病相关福利最初旨在援助真正无力自助的人群。然而，带薪缺勤政策在质量和覆盖范围上经历了根本性的转变。在多数欧洲国家，现在的病假津贴与正常工资持平。一些国家，特别是斯堪的纳维亚国家，立法扩大了为各种情况提供的高额福利，包括病假、产假、育儿假（涵盖母亲和父亲）、教育假、参与工会活动假及其他相关假期，目的是在某种程度上解放个人，使其不再被工作所束缚。现在，许多控制和限制措施已被撤销或放宽；例如，取消了等待期，生病超过一周才需出示医生证明，无需先前的工作经历即可领取福利，且福利金可领取一段相对较长的时间。

显然，员工自由享受带薪缺勤的权利，从根本上改变了雇主对其的控制方式。毫不奇怪，相关的转移性福利成为研究“削弱工作积极性”问题的文献中的一个热点话题。在许多情况下，缺
154 勤反映的只是客观的工作能力丧失，削弱工作积极性的问题并不严重。然而，如果这些政策足以让员工在工作和其他个人偏好活动之间行使一定的自由裁量权，那么社会政策将改变就业合同的整体逻辑。

大部分提出打消工作积极性问题的研究都预测，由于放松了规定和扩大了享受资格，总体上的缺勤率会上升。（萨洛斯基，1980；1983）但任何对缺勤的充分理解都必须考虑到众多其他的解释。在需要医生证明时，医务人员的自由裁量权就变得很重要；当工人害怕失业或雇主态度强硬，人们可能就尽量不行使带薪缺勤的权利；恶劣的工作条件会导致频繁的生病，但是也可能会诱使工人把缺勤作为一种“应付策略”。似非而是的是，在产品需求不济的情况下，特别是如果福利金由纳税人支付时，雇主会“鼓励”工人缺勤，作为储备劳动力的一种策略。最后，缺勤也可以反映出人们为平衡工人和家庭或社群成员两重身份所作的努力。

很明显，缺勤是个非常复杂的现象。这就是为什么几乎所有

的实证研究，特别是那些关于“打消积极性”的研究，都会引起争议且基本上无法作出定论。

人们常常认为病休率在稳定增加。但事实并非如此。总量数字表明，病休率从 1960 年代到 1970 年代大幅上升。这可能支持一种从福利方案角度出发的解释，因为这个时期的典型特征是和疾病有关的计划得到了自由化和改善。病休率在美国的不变也可从这个角度解释，因为它是唯一没有立法的国家。但在德国，尽管 1960 年代方案得到了调整，病休却并没有增加。

病休的跨国差异是惊人的。经合组织最近的一项研究将国家分成三组。第一组（瑞典和英国）有很高的病休率，每个工人每年平均请病假 20 天。第二组（美国与加拿大）的病休率极低，平均每个工人每年损失 5 个工作日。第三组，即德国、法国和荷兰则居中，大约会损失 10—13 个工作日。（经合组织，1985）这项研究还表明，病休率不是一直上升的。确实，在 1970 年代中期，6 个国家中 5 个的病休率在下降。

多数研究只着重于病休，但是，要了解福利国家对劳动力市 155
场行为的影响，这个指标就太狭窄了。如果我们扩大视野，包括进所有类型的带薪缺勤，各项比率可能会加倍。表 6.2 中，我们提供了病休和全部缺勤（不包括节假和休假）的数据，用缺勤小时数占总工作小时数的百分比来代表。

表 6.2 表明，斯堪的纳维亚国家的带薪缺勤已经大大超出了传统的生病范畴；福利国家已经从某种意义上承担起允许雇员在工作合同范围内从事与工作无关的活动这一责任。在带薪休假之外，最大的非病休项目是产假和育儿假——这项计划实质上给予了女

性兼顾生育与工作的能力。这样，总量数据掩盖了一个事实：在任何一天，瑞典都有超过20%的就业女性带薪缺勤。在瑞典，最大限度地提高女性的劳动力参与率是社会政策的一项原则。它也确实取得了全球最高的女性参与率：80%以上。但是，相关的成本很明显：缺勤率很高。

表6.2　1980年带薪缺勤情况：每年的缺勤小时数占总工作小时数的百分比

	病休缺勤	总缺勤	病休占总缺勤的%
丹麦	3.9	8.8	44
挪威	3.2	7.0	46
瑞典	4.3	11.2	38
法国	5.1	6.6	77
德国[a]	6.1	7.7	79
美国	1.3	—	—

a 德国的数据基于缺勤人数占总雇员人数的百分比。

资料来源：WEEP数据档案，基于国家劳动力样本调查数据（National Labor Force sample surveys）。

在瑞典，有婴儿（0—2岁）的母亲，其劳动力参与率和全体女性的平均参与率几乎一样高。这一比例从1970年的43%上升到1985年的82.4%。但同是在这些母亲中，任何一天都有接近半数（47.5%）的人不在工作。这是女性平均缺勤率的两倍，是全国平均值的四倍。

在另一项研究中（埃斯平-安德森和科尔贝格，1989），我们研究了斯堪的纳维亚国家男性与女性缺勤行为的时间序列和行业截面数据。我们的发现证实了这里所提出的现象。不仅女性缺勤的可能性比男性高出两三倍，而且这一倾向在公共部门最强：在任何一天，公共部门都有超过 30% 的女性雇员缺勤。这表明了我们不能以传统的方式来看待缺勤和工作问题。在北欧国家，工作和“休闲”的关系是由福利国家活动的复杂网络所决定的，其范围从最大化女性就业（公共部门就业与广泛的促进劳力供给的服务）一直到提供便于缺勤的福利。 156

斯堪的纳维亚的模式可与德国的形成鲜明对比。后者的缺勤率低得多，但这与女性参与水平低得多和年龄较大的工人提前退休率高得多有关。不过德国或荷兰这样的国家都比美国更好理解。美国的女性劳动力增长几乎同斯堪的纳维亚国家一样呈爆炸性。没有福利立法，通过集体谈判争取来的权益覆盖率高度不均，病产假和育儿方面的福利常常很低——即使如此，美国所有年龄段的女性的劳动力参与率都很高。

当出现瑞典的情况，即在任何一天都有大约 15% 的工人缺勤却仍可获得收入时，劳动力市场只受纯粹的交换原则所支配的逻辑就很难维系下去了。我们一般认为的劳动时间有很大一部分是“福利时间”。瑞典人所能够享受的广大选择范围说明他们的去商品化水平比较高：他们虽然把时间交给了雇主，但是雇主对所购得的劳动力商品的支配权受到严格限制。

社会政策的诸般特征中，能决定去商品化程度的有很多。社会立法的存在是第一个先决条件。美国极低的缺勤率可能只是因为没有任何立法的方案。显然，等待期（从挪威与瑞典的零天到加拿大的 14 天）与强制要求的医生证明也都很重要。在瑞典，缺勤超过七天才需要医生证明；在挪威则是四天。其他国家从第一天开始就需要提供证明。补偿水平能起到明显的决定作用：自由裁量的程度取决于工人能否维持自己的生活水平。此外，福利成本由雇主担负还是社会化也有决定性的影响。在德国和美国，福
157 利是由雇主支付的；在瑞典，则由国家负责。这自然会影响缺勤在微观和宏观效用矩阵中的定位。对瑞典的厂商而言，缺勤的成本较低，而且有很多好处。在时机不好的时候，它能够作为一种代价较小的劳动力储备措施。但从宏观经济上看，缺勤成为瑞典使充分就业最大化所必需付出的一项高昂成本。而在德国与美国这样的国家，其效用组合会有所不同。对于雇主，这个体系诱使他们尽可能避免员工缺勤。这也意味着德国公司不会那么积极地雇用女性工人，并更乐于甩掉年纪较大的工人。对于德国来说，宏观经济上节省下来的缺勤费用是以低人力利用率和沉重的养老金负担为代价的。

福利国家作为雇主

国家作为雇主本身并非什么新鲜之举。但是它的扩张要求我们对其影响力作出重新检验。公共部门可以像其他雇主那样支付工资和提供劳动合同，但这并不是真正的市场关系，传统的市场原则只能发挥边际作用。终身就业，缺少赢利（您也可以称之为剩余价值）动机，薪金固定，以及传统生产力逻辑的失效，都

说明正统的劳动力市场经济模型很难适用。

除了长期作为直接雇主，政府传统上还通过一系列的工具影响就业的进入。这些工具的范围从临时就业计划、工资补贴和总需求管理，到工业补贴和全方位的积极人力政策。尽管如此，国家最直接影响劳动力需求和就业分配的方式还是它作为雇主的角色。也正是在这个角色中，国家从最根本上改变了我们理解劳动力市场的方式。

那么，福利国家在塑造就业市场进入和劳动力需求结构方面的作用是什么呢？我们在这里关心的不是公共部门本身。如果我们感兴趣的是福利国家 / 劳动力市场的相互关系，则公营工业企业、交通或通信事业就没有多大关系了；传统的公共行政、法律和秩序也是如此。我们所关注的是，从就业分配的角度，集体社会福利标准在多大程度上主宰了市场。

为了初步了解国家间的不同，让我们考察以下两个指标：福利国家雇佣占全部社会服务就业（医疗、教育和福利服务）的比重，以及福利国家社会服务就业占总就业的比重。第一个指标测度公私部门的混合情况；第二个指标测度国家总体上倾向于福利国家就业的程度。结果见表 6.3。

再一次地，国家出现了类聚情况。北欧国家自成一群，有相当大的福利国家就业，约占全部就业的 20% 到 25%。第二群国家彼此也很相近。这些国家的社会福利就业本身发展的程度很低，公共部门的福利国家角色在总就业分配中只占边缘地位，最明显的例子包括奥地利、德国和意大利。第三群国家福利服务就业发展得很好，但由私人部门主导。这包括澳大利亚、加拿大和美国。

158 **表 6.3　1985 年福利国家在就业结构中的角色：医疗、教育和福利服务就业总量和在公共部门所占的比例**

	医疗、教育和福利服务就业占总就业的比例	公共部门占医疗、教育和福利服务总就业的比例	公共部门医疗、教育和福利服务占总就业的比例
丹麦	28	90	25
挪威	22	92	20
瑞典	26	93	25
奥地利	10	61	6
法国	15	75	11
德国	11	58	7
意大利	12	85	11
加拿大	15	44	7
英国	16	77	12
美国	17	45	8

资料来源：WEEP 数据档案。

在第八章中我们会更详细地考察福利国家在就业变化中的作用，但是即使是现在，这三个群体也明显和我们确认的三种福利体制类型几乎完全对应。

159

体制聚类的固化

当把我们对退出、缺勤和进入的讨论中的证据结合起来时，福利国家结构与劳动力市场结果有系统联系的观点就得到了相当大的支持。首先，一些福利国家强烈偏重于劳动力供给最大化；这些国家老龄男性的退出比率较低，女性的参与率很高。主要的例子是挪威和瑞典。相比之下，有些福利国家非常支持退出劳动力市场和降低劳动力供给。这些国家包括德国、荷兰、意大利和法国。还有一个群体以美国和加拿大为代表，福利国家不论在退出还是在女性参与方面都做得不多。两种现象都存在，但很难说是社会政策使然。福利国家政策可能解释不了所有的方面，但是儿童保育和相关服务的提供会影响女性的劳动供给，缺勤方面的方案和税收政策也是一样。在斯堪的纳维亚国家，并没有打消双职工积极性的税收；但在德国，这种负面的影响则相当强。（古斯塔夫森，1988）

但是，福利国家对社会服务提供的承诺也会以另一种方式影响就业。就像在斯堪的纳维亚，福利国家已经积极而且有意地参与了社会服务的扩张，对女性就业造成显著的乘数效应：社会服务既让女性得以参加工作，同时也创造出一个她们可以找到就业机会的巨大劳动力市场。在这些方面，斯堪的纳维亚的福利国家代表了一个极端；而欧陆国家在另一个极端。

盎格鲁-撒克逊国家全体的劳动力参与率以及女性的劳动力参与率都很高，但福利国家的直接影响则不很重要。当我们把不同国家在每个“窗口”内的行为特征联系起来，就会发现很强的国家类聚。这表明，福利国家体制和就业体制往往一致。

因此，有一定的理由坚持我们最初的假定，并把福利国家作为现代经济的组织和分层的根本性力量。如果这一点能在接下来的实证分析中得到证实，我们就需要完成一个十分艰巨的理论任

务，即重铸现有的劳动力市场和社会分层理论。这样一个任务现在还不能完成，但是我们可以开始为这个研究课题找出一些必要
160 的参数。首先，以前在福利国家和劳动力市场之间划定并严格保持的分界线，现在已经不起作用了。福利国家“悄然无声的革命”不但有效地破坏了自主市场机制的意识形态，也破坏了这一机制的现实。社会方案不单单是越来越多地影响人们与厂商在劳动力供给、劳动力需求以及劳动合同范围内工作—休闲权衡等方面的选择。真正关键的一点是，社会政策已经进行了系统的转变，以有意地重新塑造劳动力市场的出清机制。

随着无声革命而来的这个转变十分重要。如果我们简要回顾一下我们的“窗口”，这种情况就会变得清晰起来。先从“退出”就业开始。根据经济学理论和历史实践，价格信号是引导厂商与工人行为的关键机制。今天，如果没有福利国家的提前退休、失业，或积极的人力政策，厂商——至少在许多国家——无法实现合理化和裁员。类似地，对于工人来说，辞职、退休或更换工作的决定也受到社会政策选项的引导。女性（如今在某些国家中已开始接近全部劳动力的一半）是否加入劳动力队伍的决定更是受到福利国家的影响，包括服务的提供（托幼）、转移体系（请假的能力）、税收体系和劳动力需求（社会福利就业）。

就业的“进入”则是“退出”的镜像。在有些案例中，超过三分之一的“劳动力市场”并不是一般意义上的市场，而是一种政治上组织起来的集体产品生产体系。福利国家就业当然也是围绕劳动合同而组织起来的，以劳动时间来换得工资，但是其逻辑却有质的不同。生产力的概念很难适用；工资在一定程度上是

政治决定的；工作一般是终身制的；雇员在如何分配时间，如何完成工作，以及如何在工作—福利间作出选择等方面享受着较大的自主、自由和权威。福利国家不是整个经济劳动力市场（也许略显奇怪的）合作方，而是构成了一个孤立的和独特的工作“市场”，甚至是“贫民窟”。它的增长可能标志着一种新型二元经济的形成。如果真是如此的话，我们就会碰到一个奇怪的悖论：现代福利国家带来的传统国家—经济边界的开创性解体，最终由新 161
的分割线替代。可能这些分割线会取代经过时间考验的工业阶级冲突——我们的社会是围绕着这些冲突组织起来的，我们的政治是围绕着它们动员起来的，我们的理论也是围绕着它们建立起来的。这确实是我们在第八章所发现的情况。

162 # 第七章　对充分就业的制度适应性调整

充分就业的制度性问题

战前改革派预言道，充分就业和福利国家将建立起一种更为人道、更富生产效率的资本主义。自由派（如贝弗里奇）和社会民主派（如威格福什和迈尔达尔）基本同意这个观点。他们对推行凯恩斯式的福利政策抱有信心。

米哈尔·卡莱茨基对“充分就业的政治视角”的分析（卡莱茨基，1943）已经成为经典。他的理论讨论的正是这些问题。在他看来，主要的问题是资本主义怎样才能适应新的阶级力量均衡。卡莱茨基找到了两个对策。一种是以“政治周期论”构建首选稳定政策的制度。在这个模式中，工资的压力和工人纪律的恶化由政府引导的萧条控制。相应地，充分就业只能在经济周期的波峰间歇性实现。可惜卡莱茨基对另一种制度的解释模糊不清，只是说充分就业的资本主义必须发展出一种新的社会和政治制度，以反映工人阶级日益增长的力量。

一个经济中如果存在私人企业而且公共部门保证实现充分就业和社会正义，制度的适应性调整问题就体现在如何不使对工人

的再分配威胁到平衡的经济增长。核心的问题是，如何把可能的
零和冲突转化为与价格稳定和充分就业相一致的正和权衡。那么，163
哪种制度框架能允许私人企业和强有力的工人阶级共存？

在战后，这个问题是所有发达工业资本主义民主国家都要面对的。在多数国家，和平的迅速实现伴随着在意识形态上对持续充分就业的强承诺——当然，各国承诺的性质不同，从事实上的宪法性承诺（如挪威）到一般性的美好愿望（如美国和西德）都有。

尽管都是承诺，各个国家所面临的实际责任却大不相同。在某些国家，像英国、美国和瑞典，充分就业在分配上的困境在战后很快就浮出了水面，而在其他的国家，这个问题直到很多年以后才出现。

在现实中，真正持久的充分就业在时间层面以及国家层面都是不常见的。只有很少的国家（挪威、瑞典和瑞士）能够把整个战后时期的失业率持续地控制在低于2%—3%的水平。在多数国家，充分就业都只是短暂地出现在1960和1974年间。

波尔多尼亚（1981）明确区分了若干实现了充分就业的国家（如挪威和瑞典）和那些实行应变经济政策（stop-go policy），利用失业来控制工资压力的国家。这样的区分遵循了卡莱茨基原来的制度理论，但是在战后发展的过程中，波尔多尼亚的理论引出了新的问题。首先，一个国家在这两种不同的制度之间作出的选择，取决于哪些条件？其次，采用哪种制度安排，以及同样重要地，采取哪种政策工具来遏制充分就业的工人阶级可能施加的工资压力？如卡莱茨基所预见到的，新的制度结构可能是必要的。但是除非新的制度结构能产出政策工具，并据以克服零和冲突，

否则仅有新制度结构是不够的。再次，至少有两个重要的条件从根本上改变了如何实现充分就业的最初构想。一个是全球经济一体化的出现。在分析上，有必要区分国际经济扩张阶段（1950年代末到1973年）的和1973年以后时期的充分就业问题。从这个角度看，应该对1973年以后挪威和瑞典的极好表现给予特别注意。这些国家是否通过制度建设和政策决策一刀破开了菲利普斯曲线
164 的死结？另外一个条件是第六章谈到的，女性成为劳动力市场的正常参与者后，充分就业的含义得到了彻底的改变。从统计上看，这可能使充分就业承诺的服务对象发生革命性的变化。[①]

在这一章中，我们的分析会得出悲观的结论。尽管在制度调整和政策选择方面存在根本性的差异（特别是1970年代后期以来），发达的资本主义民主国家似乎在一个方面呈现趋同性：它们都没有能力同时确保充分的就业和平衡的经济增长。这一点对“政治性经济周期”制度类型和引人注目的瑞典、挪威都适用。主要的原因在于（到目前所尝试过的、任何资本主义的制度性框架内）能够把零和冲突转化成有效的协商机制的手段很有限。在这一系列有限的手段中，福利国家起到了主导作用（但是存在不少问题）。

归根结底，实现充分就业政策目标时需要的谈判或协议，其前提是保障私人企业的自主权。这样，能够用来实现工资限制或作出其他牺牲的工具将会在很大程度上限制在公共范畴内。无可

① 在1950和1980年，瑞典和美国的女性劳动力供给增加了1倍（分别从23%增加到47%，从22%增加到40%）。在德国，女性参与的比例从31%上升到34%。（国际劳工组织，《国际劳动统计年鉴》，1960和1983年）

非议地，社会政策就成了寻求分配上的解决方法的主要领域。然而，这对福利国家造成了双重羁绊：它又要负责充分就业，又要负责分配上的协调。我们下面会论述，这两个功能是互不相容的。

战后时期的制度模式和政策制度类型

在多数国家，1930 年代至 1950 年代是社会政治全面重组的历史大变动时期。各国建立了新的制度安排，以管理分配上的矛盾。我们可以看到几种不同的模式。第一种模式建立在强有力的、无所不包的、集中性的工会组织之上。这些工会通常与执政的（或有执政能力的）工党保有联系，愿意在中央政府层次或行业范围内与雇主谈判。这个模式最著名的例子就是瑞典。这个制度组合基于工人对私人工厂所有者的权利和特权的认同。它意味着工会和工党政府都不会对私人企业的决策进行干预。因此，矛盾就被 165
限定在社会产品的分配问题上。简言之，人们已经认同，工人的力量不会，也不可能被调动起来用于改变公私之间的界限。在这个模式中，工人的力量强烈地推进了充分就业和社会权利的承诺：强大、富有凝聚力、包括各阶级的利益组织的存在，确保了稳定的“社会协调”的制度安排，其中只有极少的搭便车行为和囚徒困境问题。分配冲突在很大程度上可以通过复杂且长期的政治交换模式来解决。

战后的另一种制度性安排也许以美国为最好的例子，其基本模式特征是市场和政治中的阶级组织构成非完全或相对零散。由于缺少就分配问题进行全面协商的制度性手段，搭便车问题和囚

徒困境问题无所不在，关于分配的斗争表现得就事论事并缺乏远见。在这样的条件下，工人在谈判中更倾向于采取最大化战略，从而增加了对偶尔的强硬反通货膨胀手段的需要。此外，鉴于缺少雇主方的制度认同，工人运动的实力本身就成了冲突的爆发点之一。在这种体系中，组织的力量将确实地被视为实现经济平衡增长的主要障碍。

上述两极化的例子很像奥尔森（1982）提出的分配联盟和施密特（1987）提出的两个充分就业模式，它们各代表了我们福利国家劳动力市场类型中的一种。当然，它们模糊了战后多种多样的制度性表述之间的差别。多数国家都是这两种模式的复杂混合体，每个国家在战后都走过了独特的道路。然而此处的任务并不是要详尽无遗地罗列各种制度模式，而是要追溯不同的“对比案例”是如何解决充分就业问题的。

下面将集中考察以下三种制度类型：美国、斯堪的纳维亚国家和德国。其中德国尤其引人注目，因为它在1950年代末和1960年代初工人崛起之后向北欧模式靠拢，而在1970年代又转回了反通货膨胀优先的政策下。

166 战后时期制度安排的确立

第二次世界大战后，许多国家纷纷作出社会民主化的承诺。社会民主化的意思是保证社会公民权以及消除失业。在美国，随着新政改革社会保障、农业补贴，并积极促进就业，社会民主化得到了确立。富兰克林·D. 罗斯福领导下的民主党把自己定位为斯堪的纳维亚农工红绿联盟的美国版，并使用了大致类似的纲领。但是美国缺乏全国性的、强大且富有凝聚力的“红”“绿”阶级组织；相反，这一联盟以政治制度为中介。因为南方坚决反对可能提高劳动力成本并解放黑人的福利和就业政策，所以联盟始终很脆弱。罗斯福在1936—1937年决定恢复到正统的平衡预算，这在技术上或许是一个错误，但在政治上却被认为是必要的。这是第一个旨在平抑工资和价格上涨的“政治性经济周期”的例子，并因保守派在战后不久对社会保障改革，以及对包含在《瓦格纳法案》和《塔夫特—哈特利法案》中的充分就业承诺（前者较多，后者较少）的攻击得到了加强。新政所包含的向着现代发达福利国家制度迈进的开拓性尝试在1945—1950年被有效地终止了。（斯考科波尔，1987）平抑物价被制度化为历届政府的首要任务；要实现这一目标，主要的政策组合为限制性的预算政策加上反通货膨胀的“政治性经济周期”，特别是针对朝鲜战争带来的通货膨胀威胁。直到1960年代中期，美国在福利国家方面都没有什么进展，失业仍保持在较高水平。美联储相对的政治独立性提供了一个重要的制度手段，用它可以确保价格稳定在长期内的优先地位。

和美国一样，其他国家在战后初期也面临着类似的困境。英国工党政府在战后沿着贝弗里奇计划所指引的方向大力推进福利国家的制度化，对充分就业也持有同样的强硬态度。这二者的成功执行助长了强大的通货膨胀压力。工党的反应是实行收入政策，对工资和价格进行控制，结果很快就与工会疏远了。工会中缺乏 167
内部凝聚力首先意味着不可能在工资和未来收益之间达成可行的政治交易或谈判；其次，这意味着工会运动从制度上就无法提出

用以替代无法接受的收入政策或者无休止的应变经济政策的战略方案。正如希金斯和阿普尔（1981）在比较英国和瑞典时所论述的，由瑞典工会联合会在同一时期类似条件下推出的“正和”解决方案在英国不可能出现——不是因为后者缺乏政策创造性，而是它受到制度上的约束。

北欧的社会民主国家往往被视为平衡的充分就业福利国家增长的典范。[①] 和英国及美国一样，北欧国家也面临着分配及充分就业的承诺与通货膨胀螺旋上升的现实之间的两难境地。在北欧的小型开放经济中，过多的需求会直接而急速地导致国际收支失衡危机。因此，问题在于过多的工资上推危及竞争力。所以，处于大致相同地位的北欧社会民主国家却走上了与其他国家不同的道路。

丹麦的工人运动在战后制度建设的关键时期从政治上被引向歧途了。使丹麦度过大萧条时期的工农联盟依靠的是充分就业的福利国家制度。但由于强有力的（自由主义）农民为了保证农业出口，坚持要求预算紧缩和价格稳定，福利国家制度因此遭到了削弱。这样一来，丹麦的福利国家改革和充分就业直到1950年代晚期才被提上政治日程。与美国和英国一样，在丹麦，间歇的工资和价格压力（如朝鲜战争时期）是通过应变经济政策创造的“政治性经济周期”得到控制的。

因此，在斯堪的纳维亚，以及所有资本主义民主国家中，只

---

① 战后荷兰政治经济发展的模式和斯堪的纳维亚模式很接近。荷兰采用了相似的福利国家政策和很强的充分就业承诺。此外，荷兰还在收入政策方面取得了高度一致的认同，力求实现平衡的非通货膨胀的增长。（于尔曼和弗拉纳根，1971；布劳恩和科曼，1986）

有挪威和瑞典有能力把充分就业的承诺变为现实。这两个国家和丹麦一样实现了社会民主上的突破，在1930年代开始了积极的福利和就业政策。其基础是相似的：强有力的普遍主义工会，以及能够主导工农政治联盟——这种联盟是使社会民主崛起的首要条件——的工党。

与丹麦形成决定性制度对比的是，挪威和瑞典的工会运动更为团结，更有能力实现集中协作谈判，而农民在政治上和经济上都更为边缘化。与丹麦不同，挪威和瑞典的工党都有能力主宰政坛，因为不存在可取而代之的统一中产阶级联盟。因此，他们对 168
充分就业和福利国家改革都有很大的发言权。和英国一样，这两方面任务在战争刚结束就得以实行，迫使工人运动寻求更持久和稳定的解决工资—价格压力的解决方案。

在瑞典，这个问题于1940年代后期国际收支恶化时浮出水面。和英国一样，社会民主党政府除了要求工会默许冻结工资的收入政策以外，找不到其他的解决办法。工资控制在地位比较弱的工人那里是最有效的，而在最强的工人那里则效果最差。这就给工会带来了两个问题：第一，将来不断出现的收入政策可能会破坏工人运动的团结；第二，收入政策意味着工资限制会对利润实现不平等的补偿。工会支持由戈斯塔·雷恩和鲁道夫·迈德纳设计的积极的劳动市场政策，以其作为收入政策的替代方案。这一政策被用来实现对充分就业的适应性调整。该工具简单易行：施加全面的工资压力，配之以慷慨的和积极的劳动力市场计划，以便吸收并再培训结构性失业人员，把他们从日渐衰落的行业转向利润丰厚、富有活力的行业，为它们提供受过良好培训的人力资源，促进其进一步发展。最后，这个政策假定不可避免的工资压力将通过（反周期的）预算限制得到控制。

使用这个政策工具需要两个重要的制度性条件：集中而团结的工会组织，与政府政策在政治上相协同；雇主有信心和意愿保持很高的投资水平。[①] 这些制度性前提条件在 1970 年代之前大致都有保障，使充分就业的工资压力问题能够得到“正和”的解决。

挪威的反应和瑞典类似，但也有自身的制度特征。第一点，也是最重要的一点，战后的挪威工党政府享有绝对的议会多数，可以依靠非同寻常的全面政治共识。事实上，中产阶级的政党在承诺建立福利国家和保持充分就业的战后文件上也签了字。从一开始，制度上的安排就是为了协调“新法团主义者”的利益。政
169 府委员会和工会合作，结合经济增长目标指导工资。用来保证工资指导得到遵守的最为重要的工具是政府对工业信贷和投资的强力控制。这样，工会有理由相信工资限制将会伴随着投资增加。从这个意义上，挪威的信贷政策就相当于瑞典的积极劳动力市场政策。二者的目的都是将工人的充分就业谈判力量转化为正和的结果；二者都只适用于劳资双方在组织内部达成一致，能够进行相对有远见的政治交流，并且能与政府合作，把小圈子的利益转化成全国性利益的制度环境。

德国代表了战后发展的第三种变体。在著名的“社会市场”模式中，自由放任的市场条件和限制性的财政和货币政策相结合，促

① 事实上，这个模式还假定雇主带有高度的组织性，并且非常团结。“处于弱势地位”和败落的资本家仅有微不足道的影响力。若要使工资谈判集中而团结，二者必须同时存在。

成了价格稳定的快速经济增长；公共预算的增速被明令禁止超过国内生产总值的增速。然而，除非得到适宜制度条件的支持，这些政策在运用过程中也会失败。除了战后西德独特的国情（外国占领、废墟连片、领土分割）之外，其他的重要条件有三。第一，德国中央银行拥有自主权，这使得限制性货币政策一直可被用作控制工资和公共支出增长的基本制度手段之一。第二，社会民主党和工会实际上都处于边缘地位，意味着对再分配的压力一直很小。第三，源源不断的和大量的（受过良好教育、来自东部领土的）人力供应在很长时期内阻止了工人运动大幅推进工资上涨。从这个角度看，德国的模式相当于意大利（可以从南部汲取劳动力）的模式，在一定程度上也和美国（可以使用西班牙裔劳动力）相同。

只要劳动力供给超过行业就业的扩张，德国的“经济奇迹”就可以继续推进，而不必担心通胀性工资压力或实行重大社会改革的有效政治诉求。但是当劳动力供给在 1960 年代耗竭之时，对制度性重组的需要也就显现出来了。

对工人正在取得的再分配权力的适应性制度调整，始于 1966 年基督教民主党人和社会民主党人之间结成的“大联盟”（Grand Coalition）。路德威格·埃哈德的新自由主义经济正统论被搁置一边，而施耐德的凯恩斯主义全球指导论（Globalsteuerung）则受到 170
青睐。他们坚信“协调行动”（Konzertierte Aktion）有能力应对充分就业必然导致的工资压力。“协调行动”的目的就是要为工会、雇主和政府提供一个制度性的框架。在这一框架内，分配性的目标可以得到协调。随着 1969 年社会民主—自由联盟形成，德国的政治重组迈出了关键的第二步。这个联盟进一步发展了用以适应新型权力结构的主要政策工具。其中重要的有瑞典式的积极人力项目，以及对社会福利方案的重要完善。

充分就业的国际趋同

1960 年代，国际上出现了充分就业的趋同趋势。随之而来的是监管工具选择上的惊人相似，即使是存在根本性不同的制度体系间也是如此。主要来说，福利国家成为化解分配僵局和威胁性工资压力的首选。有了充分就业，劳动者要求对战后初期的“社会契约”进行重新谈判。

1950 年代到 1960 年代，失业水平急剧下降。1950—1960 年，美国的平均失业水平为 4.5%，德国的为 4.6%，丹麦的为 4.3%，挪威和瑞典的分别为 2.0% 和 1.8%。除了美国以外，其他国家在 1960 年代的失业率大约在 1.5%—2.0%。[①]

很难构造出一个追溯到第二次世界大战的工资压力的稳健时间序列。一个相对具有可比性的方法是计算制造业工人小时报酬对每小时产出年变化率的弹性。然而，仅仅一年的高弹性不一定意味着工资压力，也可能只是经谈判的工资上涨的初期影响反映到了第二年中。因此，一个解决方案就是确定两年或更长时间里是否存在显著的高弹性。表 7.1 对某些国家出现这种工资压力的时期做了小结。出现显著工资压力的例子仅有 1950 年代的瑞典（实现了充分就业）和 1951—1952 年的美国（失业水平达到历史最低水平：

① 1960—1967 年经合组织的平均值为 3.1%，1968—1973 年为 3.4%。在美国，失业率从 1964 年开始迅速下降。（经合组织，《历史统计 1960—1983》[*Hitistorical Statistics, 1960—83*]，巴黎；迈迪逊，1982）

3.2% 和 2.9%）。此外，这些国家和多数其他国家一样，在 1960 年代出现了显著的工资压力，并在 1969—1973 年达到最高水平。（弗拉纳根等，1983；于尔曼和弗拉纳根，1971；克劳奇和皮佐尔诺，1978；萨克思，1979）

表 7.1　1950—1983 年瑞典、美国和德国显著工资压力的发生状况 171

	显著工资压力出现年份	工资出现显著调整的年份
瑞典	1951—1952	1955—1957
	1957—1958	1959
	1971—1972	1963—1965
	1975 1977	1967—1968
		1973—1974
		1978—1980
		1982—1983
德国	1962—1963	1953—1954
	1970—1971	1959
		1967—1968
		1976
美国	1951—1952	1962
	1965—1967	1968
	1969—1970	1971
	1972—1974	1976—1977
	1978—1979	1981—1983

注：工资压力的定义是制造业小时报酬年变化率除以每工时人均产出年变化率。“显著”工资压力（或调整）根据与走势图的偏离度确定。因为各国均有自己独特的走势，决定方法也因国而异。

资料来源：经合组织，《国民账户》（*National Accounts*），各具体表格；现行各卷。

1960年代，随着工资压力不断上涨，利润率下降、通货膨胀和国际收支困难也一并到来。新的情况引发了四种主要的反应。第一种是利用通货紧缩的政策对付经济过热。意大利、法国、丹麦在1963年，西德在1965年，英国、瑞典在1966年使用了这种政策。如果我们把货币贬值的因素也考虑进来的话，1967年的英国、丹麦和挪威也可以算在内。通货紧缩措施主要是为了应对突发的国际收支困难。而且除了德国是个例外，其他国家的措施都相对温和。无论如何，这些措施都不能被视为是回到了卡莱茨基所谓的“政治性经济周期”逻辑。它们是一次性的危机应对方法。

第二种反应是收入政策，从明显、全面的交易到含糊、间接的说服工会自制的做法都有。前者的杰出先驱是丹麦1963年的“成套解决方案”（Helhedsloesningen），其中政府——经所有重要的利益组织同意——为所有人拼凑了一整套的社会福利，以换取

172 私人部门对收入和消费的约束。这是一个充分就业压力如何导致福利国家扩张的较早的例子。

阶级组织的团结性和政治交易能力不同，达成可行收入协议的能力也不同。法国1964年的尝试只包括公共部门的工人，但期望他们的工资约束能够影响到别人（事实上没有）。这个政策实行了几年，并引发了1968年的灾难性罢工和工资暴涨。（于尔曼和弗拉纳根，1971；克劳齐和皮佐尔诺，1978）英国在1966年实行了法定工资政策（包括6个月的工资冻结），但是和法国一样，导致了大罢工，并加剧了工会联盟和工党间关系的恶化。（克劳齐，1977；1978）在德国，新的大联盟于1966年实行了“协调行动”，试图在确定工资指导时让工会也参与进来。这些措施在随后的两

年里都得到了实施，但是由于缺少“社会对称性”（即当时工资限制和利润上涨并存），结果是自发罢工蔓延，并于其后的1969年出现了工资的爆炸性增长。（米勒-延奇和施佩林，1978）

对充分就业秩序的第三种反应是利用制度性的重组来适应劳动者的新权力：出现了利益协调的“新法团主义”结构。研究“新法团主义”现象的文献很多。①

正如我们所知，这在英国、法国和意大利都失败了，在德国也不过是做了一个弱不禁风的尝试。在条件更灵活的国家，如斯堪的纳维亚国家和奥地利，利益协调的结构得到了加强，特别是取得了在分配上进行谈判的一整套工具。这样，在瑞典，谈判的机会由于养老基金（ATP）、积极的劳动力市场政策机制和投资储备体系的发展得到了显著的改善。（马丁，1981；埃斯平-安德森，1985a）它们都吸纳工会作为关键的决策者。与此类似，在挪威，公共信用和投资机构这类机构网络得到了扩展，允许采用新的政策，如实行有利于穷人和发展较缓慢地区的再分配。新制度的主要目标是把劳工运动纳入关于分配优先性的谈判中来，它在能够取得成功的国家一跃而起，在有些国家则保留了结构上的不完全。

同等重要的是，制度重组的这种尝试常常伴随着急急忙忙寻找分配渠道的做法。一个做法是通过投资促进政策。设计它的目的是保证工资约束形成新的就业机会。另一个做法是，福利国家 173
越来越多地推行“递延工资”，即承诺改善将来的社会福利以换取

① 施密特（1981）、施密特和莱姆布拉什（1979）、兰格（1984）、莱姆布拉什（1984）、潘尼驰（1980）、卡梅伦（1984）和雷吉尼（1984）提出了一些重要的和有代表性的处理方法。

现在的工资限制。二者都导致了公共预算的极度扩张。

最后，第四种反应是动员新的人力储备。一种途径是让外籍劳工来填补空缺的职位；另一种是鼓励更多的女性劳动力参与。前者在德国、瑞士和奥地利起到了主要作用；后者在斯堪的纳维亚国家占主要地位。[①]

持续充分就业的不相容性

在1960年代接近尾声时，多数国家都经历了长期的充分就业；然而，尽管实施了重大的制度性重组和各种政策回应，新的稳定均衡仍没有得到实现。阶级和组织力量的平衡反映在更高的通货膨胀压力（赫希和戈尔德索普，1978）、工会组织内部以及工会与工党之间的紧张关系（克劳奇和皮佐尔诺，1978）、泛滥的罢工活动以及日益下降的企业赢利能力中。[②] 此外，如表7.1所示，工资压力在1969—1973年加剧了。

政府和利益组织在1960年代针对充分就业压力所设计的解决方案至多只是提供了临时的喘息机会，总体而言无法提供长期内的调和。首先，政府引致的衰退或吸纳新的人力储备都无法有效改变

① 这一数字很大。在高峰时期，德国（1973）的外籍劳工占了劳动力总量的9%；奥地利（1973）的超过了7%；若将芬兰工人计算在内，瑞典的数据大约为5%，不计算芬兰工人则为3%。

② 多数国家的利润率（制造业净利润占净附加值的百分比）在1960—1967和1968—1973年急剧下降，其中包括美国、德国、英国、瑞典和丹麦。（经合组织，《历史统计，1960—1983》，巴黎）；弗拉纳根等，1983；格林和萨克利夫，1972；埃德格伦等，1973；马丁，1985；诺迪豪斯，1974）

持久的充分就业状况。其次，1960 年代收入政策谈判中对工资限制的权衡一般不足以平抑工人的要求，特别是当工资限制产生了利润大涨，或当实际收入受到通货膨胀影响时就更加困难。再次，在收入政策、再分配性的工资谈判和通货膨胀的共同刺激下，劳动力市场中发生了激烈的为争取公平性的斗争。工资差异被打乱了。最有实力的人通常能够以浮动工资的方式得到额外补偿。

结果是，新的分配性谈判纷纷开始。多数国家面临的基本问题是，如何抑制价格和劳动力成本，改善国际收支，并在赢利能力下降的时候保证持续投资。在分配方面，问题是如何形成一种替代增加工资的方案。1960 和 1970 年代的政治和经济条件使通货 174
紧缩性的政策无法实施。

此外，工会内部日益紧张的关系和越来越少的共识意味着，新的交换条件必须要对多数人更有吸引力，并且必须有助于恢复团结。福利国家成了工资限制的基础性工具。但是，与 1960 年代相比，蕴含在福利改善和新社会方案中的“递延工资”，其成本要高得多了。

递延社会工资战略在多数国家已经有很明显的量化体现了。例如，韦斯科普夫（1985）证明了社会工资对私人工资的（趋势）比率在不同经济周期间发生了飞跃。最急剧的增长发生在 1960 年代末的经济周期（大约是 1963—1968/1969 年）和后面 1970 年代初的经济周期（1968—1971 年和 1971—1974/1975 年）之间。表 7.2 展示了社会工资从 1962 到 1982 年在 7 个国家上涨的情况。递延社会工资策略的具体表现因每个国家的不同制度特征而异。在美国，它有两种主要的形式：公司内部经谈判的雇员福利改进（如医疗和职业养老金）[①]，以及一般与选举相结合的社会福利改善。由于缺少强有力的阶级或选举基础，美国对应于欧洲社会民主主义的典型政治交易模式的，是争取最多选民这一制度框架。

表 7.2　1962—1982 年“递延社会工资”的增长：平均年度社会转移支付对平均年度薪金增长的比例

	1962—1965	1965—1969	1969—1973	1973—1978	1978—1982
丹麦	1.02	1.07	1.04	1.04	1.07[a]
挪威	1.04	1.06	1.07	1.01	1.05
瑞典	1.07	1.07	1.04	1.16	1.05
德国	1.00	1.02	0.98	1.08	1.02
荷兰	1.13	1.13	0.91	1.08	1.06
英国	1.03	1.06	1.00	1.11	1.10
美国	0.99	1.05	1.10	1.06	1.06

a 1978—1981 年。

资料来源：经合组织，《国民账户》，各具体表格；现行各卷。

因此，只有一位在任的总统（吉米·卡特，1979—1980）在通货紧缩的政策条件下参与了大选。在美国，几乎所有社会福利
175 方面的重大改进都发生在国会或者总统选举年。蒂夫特（1978）说，13 项立法的社会保障改进中，有 9 项发生在选举年。然而，蒂夫特的分析中没有证明的是争取最多选民政策对工资推进也有抗衡作用。在整个 1950 年代直到 1960 年代中期，社会工资比例在美国一直没有发生变动。这是一个工资普遍落后于生产力上涨

① 雇主对私人养老金计划的缴费占总工资的比重从 1970 年的 5% 上涨至 1975 年的 7.3%。（经合组织，《国民账户，1962—1979 年》，第 2 卷，1981）

的时期，失业水平也较高。这种情况在1965年以后得到急速反转。从1962—1965年到1965—1969年，小时报酬对生产力的年度平均弹性增加了两倍。（萨克思，1979）也正是在这些年，美国发生了第二次福利国家扩张。（麦尔斯，1984b）

除了反贫困战役（其主要目的是联合穷人和黑人选民以支持摇摇欲坠的民主党），约翰逊政府还启动了凯恩斯式的刺激经济政策（1964年减税），立法通过了医疗补助/医疗保障方案，放宽了对享受权的要求，并两次提高了主要的社会保障福利（1965和1967年）。

然而，看似矛盾的是，尼克松政府也全面肯定了社会工资战略的重要性。1969—1972年，联邦政府立法大幅增加了社会保障福利金，引入了指数化，大大扩展了覆盖面，并且通过了保障性养老金（社会安全生活补助，SSI）。养老金在工资中的比重大幅上升。这些改善与1971年后半年实行的收入政策（工资/价格控制）同时发生，但毫无疑问，后者也是用来赢得1972年总统竞选的。然而，在美国制度的逻辑中，选举策略并不排斥社会保障策略。

重大的社会工资谈判是1960年代后期和1970年代早期的家常便饭。瑞典在1973年举行了明确的谈判，工会同意，只要立法废止雇员养老金缴费，则他们将放宽工资要求。在丹麦，社会工资从1960年代早期开始就是工资压力的唯一发泄渠道。因此，几乎在每个正式的收入政策、协商的工资限制或货币贬值中，工人的收入限制都会由福利改善和社会改革来加以弥补。与多数其他国家一样，这种现象在1970年代早期达到了高潮，当时养老金得到了升级，失业和疾病现金救济项目也通过立法取得了主要的突破。其结果是世界上最为慷慨的现金救济项目就此发展起来了。

在德国，社会民主党政府劝说工会遵守“协调行动”中工资指导方针的能力与其为德国福利国家制度升级的计划紧密相连。
176 在《就业促进法》之后，1969 年政府通过了在员工生病期间继续向其付薪的法律——这是在此前十年间工会的首要要求。但是在社会复苏初期，工会的工资限制却带来了新一轮的斗争和工资上涨（工资占国民收入的比重从 1968 年的 61.3% 跃至 1974—1975 年的 66.3%）。第二阶段的重要福利国家改革始于 1972 年，包括大幅提高养老金，确保最低养老金和放宽提前退休条件。和 1971 年的美国一样，这是社会工资谈判和争取最多选民的结果。基督教民主党要通过比社会民主党计划更优渥的改革来赢取选票。

递延社会工资假定工人愿意推迟消费的增加，毕竟他们的议价能力允许他们即时消费。然而，这是一项很复杂的谈判。广泛的默许需要团结，不仅仅是工薪阶层之间的团结，而且还需要工薪阶层和最直接的受益者（主要是老人）之间的团结。递延社会工资策略夹在两个动机之间：一是缓和工资诉求，二是降低通货膨胀率。然而，福利国家支出的大幅增长一定会引起高税收，而且充分就业条件下的快速公共支出增长可能会加剧现有的通货膨胀压力。因此，需要寻找其他成本更低的缓和工具。

1960 年代后期和 1970 年代早期出现的主要替代策略包括各种使工作生活民主化和提高工人对企业决策的影响力的计划。这些从福利国家财政的角度来看很有吸引力，并且有助于解决工会内部合法性的问题。工人权利的扩展成为工会的一个优先目标。这在挪威、瑞典的“工业民主”立法中表现得很明显。丹麦在 1970 年代早期也通过了类似的法律，但是程度较低。另外一个类似的例子是西德在 1970 年代中期围绕扩展共同决策权（Mittbestimmung）的冲突。在瑞典，二者之间的权衡很明显而且程度很高。通过一系列的法律，工人在公司董事会中有了席位，获得了终身就业的权利，对安全和健康条件有了很大程度的控制，甚至在技术决策方面也取得了一定的控制权。

如果社会工资扩张只是使政府预算紧张，工业民主化就会导致更严重的压力，并且实质上引起了赤裸裸的斗争，因为它威胁到了雇主一贯享有的主权。它的引入意味着实质上脱离了“阶级共识”，而这正是战后福利国家和充分就业模式的前提。而且，它 177
在抑制工人的工资欲望方面几乎没有起到什么作用。

这两种方法的不相容性很快就会显现出来。扩大的工人控制立法不可能提供一个雇主可以接受的正和解决方案。自从在瑞典通过以来，它一直受到雇主组织和保守党派系统且强有力的攻击。毫无疑问，它加剧了过去十几年里集体谈判的紧张环境。而且，因为明显违背了原来的“社会契约”，这种立法破坏了在战后时期斯堪的纳维亚国家的阶级共识。

社会工资谈判的矛盾要复杂得多。其弱点并不一定像列宁主义分析家所预言的那样，在于激起了基层工人对劳动领袖的反抗。不如说，问题出在其财政效果。在就业和产出增长的条件下，扩张社会工资所连带的税收要求可以在不大幅增税的情况下就得到实现。然而，1970 年代早期和中期是一个经济增长缓慢、通货膨胀蔓延的时代，结果普通工人家庭的税负大大上涨。[①] 表 7.3 清楚

① 在雇主一方，结果是差不多的。非工资劳动成本（主要是社会缴费）飞涨。1965—1975 年，其占总成本的比例在美国从 17% 上涨到 23%，在瑞典从 19% 上涨到 32%，在德国从 30% 上涨到 34%。

178 地指出了这个问题：工人最后不得不承担起递延（社会）工资的大部分成本。

表 7.3 1965—1980 年瑞典、德国和美国工人家庭的平均税收负担

	1965	1970	1975	1980
瑞典				
平均个人纳税	22	30[a]	33	33
边际税率	26	45	59	59[b]
德国				
平均个人纳税	17	21	26	26
边际税率	20	28	33	34[c]
美国				
平均个人纳税	13	15	16	19
边际税率	13	20	31	24

注：平均个人纳税包括社会性缴费。边际税率是工人收入的百分比，其假定一个家庭有一个挣收入的工人，还有两个孩子。

a 估计值。

b 1982 年数据。

c 1982 年数据。

资料来源：经合组织，《一个典型工人的税收 / 福利地位》（OECD, *The Tax / Benefit Position of a Typical Worker*，巴黎：1981）；SSIB 数据档案。

通货膨胀和税收增加的共同出现，迫使工会采取往往有害于经济稳定和持续充分就业的工资谈判策略。在某些条件下，名义工资的增加必须达到 20%—30%，才能实现 2%—3% 的实际工资增长。因此，对于工会来说，减税变成了首要任务，是工资限制谈判中的主要内容。在瑞典，1973 年立法通过的对社会缴付的再融资成了一个短暂的缓解，但真正的问题在于边际税收。未能把税收或通胀压下来导致了工资在 1975 年的暴涨。直到 1981 年，一项重要的改革才帮助降低了边际税率，因此，即使在国际经济危机和充分就业压力不断增加的情况下，工会也不得不继续他们的工资最大化谈判。工资在 1975—1977 年的增长超过了生产率的提高，1981 年这一情况又再度上演。

丹麦的情况更有戏剧性。部分原因是福利国家几乎完全依赖于直接所得税，部分原因是通货膨胀更强以及边际税率上涨更为迅速。到 1970 年代早期，许多家庭发现增加劳动时间反而会对可支配收入产生直接的负面影响。结果就是 1973 年的著名“税收反抗”，由摩根斯·格里斯特拉普的进步党所领导。从那时起，不断变换且议会实力羸弱的内阁没有一个能够通过提高所得税来弥补快速增加的公共支出。

在英国，克莱恩（1985）观察到了一个类似的逻辑。工党政府在一段时期内增加了公共支出，以换取工资限制。但此后（1978 年）他们不得不满足工会联盟提出的减税要求。

在美国，不难想象，补偿性减税的压力并不是来自根深蒂固的利益群体，而是来自地方（开始时）和全国性（后来）的税收反抗。这些反抗在 1981 年实际上给里根政府下了一道不可抗拒的减税令，尽管专家们普遍认为减税会给经济造成破坏性影响。

就业再次成为工资限制的交换条件

典型的发达经合组织国家，如丹麦、美国或西德，对 1973 年
179 的欧佩克石油震荡、布雷顿森林体系崩溃、工业利润下降和国际贸易滞胀作出了不同的反应。一方面，递延工资的策略和社会公民权方面的主要改善使得大规模的公共支出变得必不可少；而与此同时，政府增税的能力得到了有效的抑制。二者共同的特点是，财政面临危机。在以后的十年里，传统的经济增长红利和支出削减都未能解决这一问题。

1973 年后的新条件也使得充分就业承诺更难兑现。福利国家发现自己要承担起保持充分就业，或者至少是回避大规模失业的新任务。如果各国在 1973 年以前对充分就业工资问题采取了一致的反应，即递延社会工资策略及由其保障的税收限制，那么 1973 年以后的时期，它们产生了根本性的分歧。

不同制度对价格稳定和持续充分就业的政治重视有所不同，在维持充分就业的手段方面也有重要的差别。一项对 1973 年以后，特别是 1979 年以来的情况所进行的跨国比较研究表明，新兴的制度模式中没有一个能够促成充分就业和持久的、平衡的增长[①]。基于限制性的货币和财政政策的反通货膨胀政策造成了失业；基于一系列手段——从反周期性财政或货币政策到积极就业创造和大规模生产补贴——的就业促进政策已经被证实不能实现平衡的增

① 我们这里所说的持久的、平衡的增长是指，中期内的经济增长不是以巨量的国际收支赤字或公共部门赤字、投资减少或通货膨胀为代价的。

长。唯一明显的选择，即以就业促进换取有效和实质性的工资限制，至此在制度上受到了阻碍。

工会组织是在持久的经济滞胀过程中维持充分就业一个的重要障碍。就业扩张无论是通过对私人部门的大规模新增投资，还是通过公共部门社会服务的增长来实现，都必须依赖降低可支配工资的支持。然而，由于工会所代表的群体一般限于就业的工人，因此面对服务于非就业群体的就业促进计划，很难调动起谈判社会工资或税收时的团结性——特别是就业促进计划确实会刺激实际工资而不仅是实际工资增长率的下降。此外，由于就业保障法的存在，加入工会的普通工人不太可能共情失业群体的命运。

第二个主要的障碍和福利国家的财政不平衡有关。征税能力 180
日益下降的同时，社会工资的承付额进一步上升，失业的增加进一步恶化了局面。在这样的条件下，政府预算赤字是福利国家同时满足社会福利和充分就业双重需求的少数手段之一。

第三个重要的障碍蕴含在发达的工业化和加剧的国际竞争所形成的经济复兴逻辑中；新工业投资的边际就业收效甚微；若想恢复国际竞争力，要么降低劳动力成本，要么进行大量合理化裁员。但是，降低劳动力成本和裁员与福利国家的表现直接相联。劳动力成本的削减意味着雇主社会性缴费的下降；裁员则假定存在福利国家计划，比如提前退休，以吸纳被裁掉的工人。总之，不管如何看待这些障碍，福利国家都是各种矛盾的主要焦点。

我们提出的，由美国、瑞典和西德所代表的三种福利国家制度，对战后的充分就业问题作出了各自不同的反应。在从政治上适应 1973 年以后的条件方面，它们之间也形成了不同的模式。第一种模式（美国）的主要特点是政治性经济周期管理和市场监管相结合；第二种模式（斯堪的纳维亚）中，福利国家成了维持充分就业的主导力量，一边作为直接雇主，一边提供补贴；第三种模式（德国）则是保守的紧缩政策和福利国家倡导的老年工人退出就业政策的混合体。在前两个模式中，就业持续增长；在后一种模式中，就业有所收缩。总之，福利国家被迫承担超出其财政能力的成本。在任何一种模式中，稳定的、基于充分就业的增长都不可能立即恢复。

不妨回顾一下 1973 年后的美国。当时它在社会支出方面有了大幅度的增长，但税收和社会缴费却没有相应增加。这个制度上自负盈亏的社会保障体系濒临破产，特别是失业造成税收减少，人口老龄化造成支出增加，更是加剧了局面的恶化。政府税收增加的一个主要来源是，通货膨胀使收入加速进阶到更高税级。正是这一点引发了对减税的广泛支持。[①]

181 由于财政能力和政策手段都十分有限，卡特政府应对通货膨胀和失业的能力受到严重制约。一种解决方法是扩张公共部门的就业，可是在财政上（和政治上）行不通。另一种方法是允许在 63 岁提前退休，帮助企业裁掉一些生产能力较差的劳动力，但是这个方法进一步加大了社会保障的财政压力。出台积极人力政策的想法因企业界的一致反对而搁浅了。《综合教育和培训法案》（Comprehensive Education and Training Act, CETA）确实吸收了大量的劳动储备，但不过是起到了“停车场”的作用。

① 然而需要注意的是，第一轮的税收反抗集中于在通货膨胀开始增加时螺旋上升的财产税。

政策上需要优先考虑的问题显然是反通货膨胀的商业周期管制，因为它造成了高失业率。1978 和 1979 年的就业增加和经济增长伴随着新一轮的工资上推（1978—1979 年工资增长对生产率增长的弹性大约为 1.30）。卡特的反应（直接导致了选举失败）是在 1979 年采取通货紧缩的手段。

这项政策引起的严重衰退造成了自大萧条以来最高的失业率（1982 和 1983 年的平均失业率为 9.5%）。而且，与以前的衰退相比，核心的工会劳动力受到了严重的影响。这促使工会，特别是较大的行业联合会纷纷支持在集体谈判层次和政治领域达成交易。其思路是通过牺牲工资来保证就业，并支持增加岗位的政策。以就业为基础的利益权衡确实间或在私营部门的谈判中发生（例如在汽车行业），但是没有和新的里根政府步调一致。里根政府优先考虑的问题集中于迅速废除 CETA、减税、削减福利、放松管制和反通货膨胀政策。

尽管反对政府促进就业的思路，里根政府还是采用了刺激性的计划。第一，公共预算赤字的飞涨和大规模的国防采购刺激了需求。政府净贷款占国内生产总值的比重从 1980 年的 1.4% 上升到 1983 年的 5%。[①] 第二，1981 年的减税实质上是对企业的补贴。公司所得税占公司收入的比重从 1980 年的 20% 下降到了 1983 年的 11.4%。[②]

① 忽略社会保障基金并包括经常和资本账户，1983 年的赤字等于国内生产总值的 8.3%。

② 然而，需要注意的是，1981 年为企业减税之前，政府已经长期利用税收支出隐含地为公司提供了大量补贴。布里克（1980）表明，在 1970—1980 年，有利于公司的税收支出，其增速几乎相当于联邦政府所得税收入增速的三倍。

尽管政府雇佣的比重出现了实际的下降，且失业率很高（直到 1984 年），美国的就业增长率依旧很强。这一表现虽然看起来还不错，但是不能用里根的膨胀性政策来解释，因为该趋势在整
182 个 1970 年代都很强劲。然而，1980 年代初期的就业表现基于的政策制度造成了严重的经济失衡，包括在公共预算和对外贸易方面的巨额赤字。1983 年，偿债支出占联邦政府经常性支出的比重超过了 11%。

挪威和瑞典是 1973 年以来能够保持充分就业的为数不多的国家之二。两个国家都设法使失业率维持在 3% 以下，直到 1980 年代的萧条发生。这一表现证明了具有约束力的充分就业承诺的力量，并表明这两个国家可能已经形成了一种能够解决资本主义基本经济困境的政策制度。然而做进一步的考察就会发现，事实并非如此。

得益于石油经济的影响，挪威在政策选择时拥有得天独厚的条件。石油收入让挪威有资金同时促进收入和就业的增长，而其他国家很少能够做到这一点。石油收入是凯恩斯主义在 1973 年以后的膨胀性政策的基础。通过透支将来的收入，政府设计的 1974 年收入协定把政府支出提高了 10 亿克朗，并为雇员提供了大幅减税。这一扩张性的收入政策在以后的几年里得到了重复，在 1977 年达到最高潮，支出增加了 20 亿克朗。（埃斯平-安德森，1985a，第 244 页）在充分就业条件下，激增的收入把劳动力成本推到比经合组织国家平均水平高 25% 的水平，进而破坏了经济的竞争力。

如果不是政府对生产和工资进行补贴，这就是严重失业的现成基础。据估计，在 1970 年代后期，每五个挪威工人中就有一个人的工作是靠公共补贴维持的。（哈尔，1982）此外，仅生产补贴

一项的规模就达到了惊人的水平，在国内生产总值中所占的百分比从 1972 年的 5.3% 增加到 1978 年的 7.7%。到 1983 年，该比重下降到了 6.1%。这是美国补贴率的 15 倍，西德的 3 倍，丹麦（高水平）的 2 倍。

当然，结果是出现巨大的预算赤字（利用石油收入来充抵）；更为严重的是，出现了对工业竞争力的长期损害。鉴于石油收入在未来几年里大概率会下降，保持充分就业的成本将变得难以承受。挪威也使用了只有斯堪的纳维亚国家才使用的应对失业增加
的手段，尽管程度不及丹麦和瑞典。这包括福利国家就业的扩张 183
（在 1970 年代的年增长率达到 3.5% 左右）和积极的人力项目，比如再培训和庇护性就业。

瑞典的充分就业表现更令人印象深刻，因为瑞典没有天上掉下来的馅饼——也没有可以从海里捞到的便宜。此外，1970 年代早期精心策划的糟糕财政政策把瑞典经济摆到了一个很不利的位置。首先，为了对付严重的工资上推和经济过热，社会民主党政府在 1971—1973 年制造了一次相对严重的衰退。紧缩性的措施抑制了收入和消费的增长，但却使瑞典在当时繁荣的国际市场上败下阵来，被迫利用积极的劳动力市场机制消化大量的失业。随后，长期的收入抑制在 1975—1977 年促进了工资暴涨，和在挪威一样，破坏了瑞典在海外的经济竞争力。1976 年，当社会民主党被击败时，很明显，长期以来的“中间路线”药方已经无力继续实现充分就业和平衡增长。除了工资上推和竞争力疲弱，投资率也变得过分低迷，通货膨胀居高不下，实际国内生产总值增长很低。在不稳定的资产阶级内阁执政的 1976—1982 年，社会民主

党的充分就业霸权得到了维护。然而，瑞典的政治依然被囚禁在一个无法继续发挥作用的制度中：工资难以控制；税收无法提高；公共开支不可能削减；紧缩性的政策不可能出台。

剩下的选择就是积累大量的政府赤字，从而为就业提供资金。面临危机的行业得到了大量的补贴；日益增长的库存获得了全面的补助（在 1977 年达到国内生产总值的 2%）；一波又一波的剩余劳动力被吸收到积极的劳动力市场计划中。唯一可用的选择是加速扩张福利国家就业。在 1970 年代，公共部门就业的平均年增长率达到 5%。和美国一样，瑞典实际在滞胀的经济条件下使总就业增长了——但依靠的是福利国家的支援。但是，保持充分就业的努力代价高昂。到 1980 年，政府赤字达到了国内生产总值的 10.4%；到 1983 年，达到了近 12%。这个赤字的规模一定要和政府税收联系起来理解：到 1980 年代，税收已经达到国内生产总值的 50%。

瑞典的税收能力很独特，并且和支持福利国家和充分就业的
184 一致性密切相关。然而，进一步的增税似乎不可能了。社会民主党政府在 1982 年重新掌权，但是不仅面临着巨额的赤字，而且需要为重大新投资出资。自 1982 年以来，政府一直能够依赖工会，通过牺牲工资要求来保证共同利益，但是由此带来的实际工资下降也引起了工人运动中越来越多的不满。1982 年，强有力的金属业工会与雇主翻了脸。私营和公共部门的工会联合会之间出现了严重的紧张局面。

在 1970 年代，瑞典的分配斗争变成了一种零和争斗，只能通过福利国家的赤字性干预作出些许弥补。这种局面十分危险：劳资之间长期的一致性消失殆尽了，代之而起的是显著的两极分化。

社会民主走出困境的途径建立在1982—1983年引入的工薪阶层基金（“经济民主”）之上。该基金结合了货币贬值和经济危机计划，原则上要使有效的工资约束得以接受。作为回报，工人作为一个集体可以享受由此产生的部分收益。这些收益部分会被注入状况不佳的养老金，部分将用于为未来的工作和工资追加集体投资资本。从卡莱茨基学派的角度看，工薪阶层基金是从制度上适应充分就业的新尝试；它们的功能是引导劳动者的力量转变成“正和”的权衡。基金的这种能力以企业的乐于参与为前提；但是从企业的角度看，和社会民主主义以前的制度创新相比，工薪阶层基金无异于对产权权利的又一侵犯，是完全不能接受的。这样，如果认为任何形式的充分就业制度安排都必须基于一个潜在的社会契约，则我们不得不预言工薪阶层基金策略很有可能搁浅。[①]

社会民主党掌权的几年之后，西德大胆的、社会民主新时期的幽灵就消失了。西德并没有以某种特别适当的形式来应对1973年的石油危机。过去几年，私人和社会工资得到了快速的增长，利润下降了，通货膨胀压力很强，德国的出口竞争力受到了削弱。1973年后，失业上升，社会民主党自然而然地选择了扩张性的措施。然而，它的反周期预算与中央银行为稳定货币与物价而坚持实施的限制性货币政策发生了冲突。中央银行获胜，政府被迫限
制福利支出并容忍失业增加。为控制通货膨胀，政策一直是紧缩 185

① 近来的一次调查描绘出了经济复兴的美好图景（经合组织，1985），它与这里所勾勒出的黯淡前景倒不一定不相称。但我们的观点是，只要制度框架处于严重的争议中，可持续的复兴就不大可能发生。

性的，直到短暂的通货膨胀于 1978—1979 年再度出现。

因此，凯恩斯主义的突破与积极的劳动力市场政策一起被放弃了。在这一背景下，工会没有什么理由继续坚持“协调行动”所连带的新法团主义安排。然而，因为紧缩的货币政策和不断提高的失业水平，他们没有能力施加工资压力。因此，工资限制在 1970 年代就成了政治性经济周期的一个函数，并不由谈判所决定。事实上，工会发现可供谈判的内容实在是少得很。

和斯堪的纳维亚形成鲜明对比的是，德国福利国家无力同时完成社会平等和就业促进的双重任务。为了支付不断上涨的失业和养老金成本，政府被迫在 1977、1981 和 1982 年几度削减对社会和人力计划的实际支出，并同时提高税收缴付。最为重要的是，社会民主主义在积极的人力计划中吸收失业的能力被有效地否定了，它扩张福利国家就业的自由度也面临了同样的命运。尽管总体上缩紧了财政，政府还是出现了预算赤字。虽然与斯堪的纳维亚或美国相比，这些赤字显得很少（1975 年占国内生产总值的 5.7%；1980 年占 0.3%；1981 年占大约 1%），在政治上却是不可接受的。

德国采用了两项主要的失业应对政策。一项是遣返外籍劳工；另一项是鼓励老年工人提前退休，以期促进生产效率并为年轻人提供就业机会。这种方式在多数欧陆国家都很典型，会引起总体就业的显著下降。在德国，60—65 岁的男性劳动力参与率从 1970 年的 75% 下降到 1981 年的 44%。[①] 然而，尽管劳动力收缩了，失

① 在德国，总就业在 1973—1983 年平均每年下降了 0.7%；比利时同期的数据为 1.1%；奥地利为 0.5%；但是经合组织国家的总体就业率在 1973—1979 年增加了 1.1%，在 1979—1983 年增加了 0.2%。

业水平却继续上升（在 1983 年超过了 8%）。紧缩的货币供给政策既限制了消费又限制了投资。

德国特有的就业退出策略可能提高了工业生产率，但它却使福利国家面临着和斯堪的纳维亚国家类似的财政失衡。这里的主要因素是就业退出策略加速了转移支付并减少了社会缴付。因此，要使公共预算得到重新平衡，就一定要大幅削减福利或增加税收。

德国政策调整的范围较窄，特别是通过谈判增加就业的可能性受阻，这两点有助于解释工会为何会要求重新分配稀缺的工作。
这样，减少工作时间就成了一种主要的需求。1976 年，工会首次 186
要求全面减少一个小时的工作时长——这个提议被独立的工会联合会拒绝了。取而代之的是金属业工会要求的每周 35 小时工作制，外加 5% 的工资补偿。1978 年为此举行了罢工，但是这个要求还是失败了。1984 年的又一次运动得到了同样的结果。

德国的稳定政策产生了三项很大的成本：1）对福利国家的财政压力；2）对人力的次优利用；以及 3）疲弱的投资行为。

结　　论

这一章试图对旧数据作出新解释。这里所谈论的问题在以前已经得到了广泛的研究。已经有大量的文献研究战后宏观经济政策、收入政策、充分就业的经验、福利国家、工会和新法团主义的协调、治理能力的下降，以及自 1970 年代早期以来困扰发达资本主义国家的经济危机。

尽管已有这么多的知识和智慧的积累，似乎仍有必要作出一些新的解释。首先，除了少数（重要的）例外，很少有人研究过去 40 多年里发生的诸多强有力的结构性变化之间的相互关系。[①]在我看来，充分就业、经济稳定政策和福利国家之间的关系尤其如此。前辈的学者把它们看作是更为民主的新型资本主义制度中内在联系错综复杂的现象。当代的学者则走上了自己的专业化道路。正如麦尔斯（1984b）提出的，递延工资的概念为我们提供了一个分析手段，利用这个手段，福利国家重新成为战后政治经济学研究中的一个内生变量。

同样，1970 年代早期不仅带来了战后社会、政治和经济变迁逻辑的断裂，而且为社会科学提出了新的值得分析的问题：研究处于危机中的资本主义。让我感到惊讶的是，新的、对后 1973 时期的“危机分析”大体上与以前的学术研究和现象没有什么联系。这里提出的分析就是要探索充分就业增长时期和新“危机”时期政治之间的直接联系。

战后几十年里一个最为核心的问题，是如何实现对平等、充分就业和效率的承诺。卡莱茨基提供的答案——通过新的政治和社会制度——本身很难造成任何争议。但另一方面，如果卡莱茨
187 基考虑的是通过制度性的重组来大幅削弱私人企业家的权利，问题就大不一样了。

战后资本主义的成功在于其协调民主与私有产权之间关系的能力。这两种制度能实现组合，要归功于 1930 年代和 1940 年代的“社会契约”，其中工人承诺尊重企业特殊地位的神圣性，从而

① 戈尔德索普（1984b）作出了最为全面的综述。

换取了不受干扰地进行分配斗争的自由。

战后数十年的稳定程度与阶级和利益组织是否有能力找到使这一根本性交换关系得到发挥的制度性安排有很大关系。但是，尽管社会契约是不变的，各国的制度性安排却各不相同。这不仅在充分就业经验的强度和持久性方面起到了重要作用，而且极大影响了稳定可行地协调政策目标和分配优先级的能力。

无论最终是什么样的制度性结构居于主导地位，战后各国的一个共同特点是，它们越来越无力管理由充分就业带来的权力关系变化。基本的困难在于为迫在眉睫的零和矛盾找到可接受的发泄渠道。正如我们注意到的，产权的神圣不可侵犯意味着国家才是唯一可能的调停人。因此，政治上的交换有两个意义：递延权力报酬的能力，以及在对分配的权力进行管理时对政治的依赖。

然而，我们粗略的综述表明，国家可能面临很多需要权衡的关系。政治上的交换包括了政府信用、投资、国有化和补贴、税收、就业，以及福利政策。福利国家成为充分就业压力的主要发泄口，具体表现为递延社会工资。

但是，无论采取什么样的形式，递延工资策略的生存能力最终要取决于一个人在将来提取它们的能力。已经有证据表明，这是递延工资的致命弱点。出于谈判的考虑，工人必须坚持反对增税；出于竞争力的考虑，公司必须同样地加以拒绝。结果，福利国家发现自己要么被迫放弃最初的承诺，要么利用赤字来支撑递延工资的地位。因此，它能起到的只是推迟零和冲突的作用而已。

国家在充分就业条件下平衡分配需求的能力在世界贸易和增
长停滞时受到显著削弱。但是其受削弱的原因显然还是在于现存 188

的分配渠道接近耗竭。然而，实证证据表明，递延工资策略的限制不一定仅来自财政方面。也就是说，政府增加税收以适应提高的支出的能力似乎和工人阶级动员和社会法团主义的能力正相关。（施密特，1981）这样，一个国家的“团结”能力与经济政策的选择是紧密相关的。这也是它是否有能力超越传统政策工具的重要因素。最好的例子是瑞典。在这个国家，递延工资策略因为一系列力量的存在而日渐失效：1）工会凝聚性和合法性的内在问题；2）没有能力就名义工资进行谈判来弥补税收和通货膨胀的影响；3）人们越来越不相信工资限制能得到持久的企业投资的补偿。这些因素使工会质疑其传统上坚持的产权神圣不可侵犯的立场。工会重拾了其1930年代的口号“民主不能止步于工厂大门”，要求就原来的合同重新谈判。它们先是启动了工人控制的立法，继而利用集体工薪阶层基金引入了经济民主。这些变成了1970年代和1980年代早期权衡政策的核心。与1950年代和1960年代的权衡政策不太一样，在企业看来，现在的政策是不可谈判更不可接受的。因此，它们是权力在立法上的胜利，而不是社会法团主义和利益协调的胜利。这样，产权的民主化既变成了一种新型的稳定政策（社会民主政府设法获得了有效的工资限制，从而反对工薪阶层基金），同时又变成了非稳定性的一个来源。尽管由工人控制的政治有朝一日可能会为企业所接受，但至少现在看，它肯定不会。这样，在瑞典，唯一可能将平等、充分就业和效率结合起来的社会民主模式，就只能由议会的微弱多数勉力维持。跳舞仍需两个人配合，在资本自由流动的世界，你想起舞，可是你的舞伴不一定愿意。

第八章　三条后工业化就业轨迹 191

引　　言

后工业化社会的概念出现于1960年代，由当时的技术、管理、消费和就业等一系列革命所促成。它代表了一个由技术人员、职业人员和经理人员所主宰的新世界；老式的手工劳动消失了；消费者的欲望被推向服务。

这些“事实”得到了大为不同的解释。社会文化理论家认为，一个带有后物质主义价值观、注重生活质量的多数群体正在形成。传统工业社会的问题，如贫困、稀缺和社会阶级，已成为历史回忆。(图莱尼，1971；英格哈特，1977)

然而，对于多数人来说，亟待回答的问题是后工业变化对就业的影响。对于经济学家来说，问题在于服务业的就业增长是否足以保持充分的就业。社会学家则更关心工作的质量，以及就业的分层和分隔。

这一章研究后工业时代的就业。这个术语本身理所当然地受到了一些怀疑，因为它轻率地暗示了一个超越了物质生产需要的社会已然形成。后工业化理论也经常因为频繁诉诸技术决定论而受到批评。

我们在此使用“后工业”一词，并不是因为我们拥护采用这一概念的理论，而是因为这一概念有助于确定我们希望研究的问
192 题。首先，在“后工业”名下，隐藏着一个根本性就业变迁的实际过程：新的职业正在出现；以前稀缺的工作现在变得多了起来；体力和手工劳动正在走向消亡，不同复杂度和层次的脑力劳动正在成为常态。其次，我们希望利用比较数据对抗理论决定论的潜流。本章的主要论点是，国家的“后工业”轨迹各不相同；事实上，我们面临着千式百样的未来就业前景。

多数理论强调了技术、现代化和经济富裕的重要性。根据前面的讨论，当代就业的趋势也需要从政治上得到解释。但是，除了一般的就业表现以外，本章更具体地考察其结构和对社会分层的影响。

对德国、瑞典和美国的比较研究较好地满足了我们的目标，因为它们是我们的不同福利国家 / 劳动力市场体制的明确代表。我们将会揭示，后工业发展产生了这三种性质不同的就业结构。现有的理论对这些差异中的一部分作出了有用的解释，但是不能解释总体。在就业增长、结构和分层方面，我们将尝试证明，福利国家是后工业就业发展的助产士。不同的福利国家 / 劳动力市场的互动产生了不同的后工业轨迹。它们不仅影响了服务业的增长率，而且影响了社会福利活动相对于个人服务的重要性；它们影响了劳动力的技术和职业构成；它们也影响了工作的性别和人种 / 民族背景分配。

服务就业增长的理论

战后第一个十年中对大规模失业的普遍担忧不仅是大萧条的结果，而且产生于技术的变化。库特·冯尼格特的小说《自动钢琴》（*Player Piano*）就是那个时期的表征。他描述了一个想象的未来社会，其中物质极大丰富，而工作却变得异常稀缺，因为只需要机器人和不多的几个管理人员就够了。人们担忧，高科技经济可以满足我们的物质需要，却无法填补我们的工作需求。这种担忧可能会达到夸张的程度，而大多数辩论都是围绕着这个主题展开。

没有人质疑传统制造业岗位正在消失的事实；问题是它们是 193
否为新型的就业所替代。原则上，新的工作可以在传统工业经济中产生，但也可能诞生于“新型”服务部门。在前一种情况下，高科技和复杂的生产组织可能需要更多的经理、行政人员、技术人员、职业人员和文员；而在后一种情况下，需求可能会转向服务，并在非工业部门形成增长。

经济学家经常把他们的分析建立在恩格尔法则之上。当国家变得更为富有，消费会从基本的必需品转向“奢侈品”，如休闲和服务。（费雪，1935；克拉克，1940）

但是恩格尔法则是否能带来补偿性就业增长却并不清楚。有些研究质疑了收入弹性假设（库兹涅茨，1957；富克斯，1968），但是经济学家一般而言都不愿意对这个问题冒险作出重大的理论调整。在这个一般理论的真空中，鲍莫尔（1967）的模型成为多数假说的关注点。

他的理论在很大程度上是恩格尔法则的一个悲观变体。从制造业的高生产率会解放人力出发，服务部门对就业增长的补偿可能会因其较低的生产率而受到限制。由于服务业的工资会比照高生产率的制造业，结果就是“成本病”：服务业的劳动力往往会定价过高。

随着高技术制造业的产生，经济增长而工作机会消亡的前景似乎真的有可能实现。（泽伊特和弗里曼，1985）布鲁斯通和哈里森（1986）引用了对美国 1982—1990 年情况的预测，其中程序员的就业机会只能增加不超过 12 万个。因此，服务业就业仍然是唯一的希望所在。

一个可以保持乐观的理由是鲍莫尔模型在实证上很虚弱。例如，在跨国数据的基础上，波梅伦克和施奈德（1980）作出结论说，该模型对欧洲国家的拟合较差。更为重要的是，鲍莫尔的假设可以放松。一种可能性是，消费者非常富有，愿意购买“定价过高”的服务。这一点可以称为雅皮效应（Yappie effect），或者用弗雷德·赫希（1976）的术语来说，倾向于需求彰显地位的产品。

此外，正如鲍莫尔自己所言，政府可以通过补贴或者直接提供服务来抵消生产力—工资差距。从这个角度上，成本病可以通过政治手段解决。当然，第三种可能性是，工资并不按照鲍莫尔
194 的预测变化。例如，我们不能排除服务业的工人愿意接受比制造业工人更低的工资涨幅这一可能性。

工资问题已在关于就业增长的政治辩论中占据了很明显的地位。在欧洲，评论人员、政治家，甚至是一些经济学家都认为，美国在过去十年里优异的就业表现，得益于其工资的灵活性更大；

在欧洲，工会和劳动力市场刚性形成了服务业劳动力的极高成本。弗里茨·沙普夫（1985）试图通过结合鲍莫尔模型的工资和政治层面来解释欧洲的萎靡。他认为，工资较高的时候，政府用公共就业进行补偿的能力取决于它所面临的财政约束。具体到德国，沙普夫认为，高昂的劳动力成本和早已不堪重负的国家转移支付共同阻碍了公共和私人部门的服务就业增长。

鲍莫尔模型存在的根本问题可能并不在于其限定性假设，而是在于它所依赖的生产率定义尚且存疑。在国民经济核算体系内，服务性工作的生产率以其界定之困难而闻名；对于公共服务来说，这更是根本就不可能。弗雷德·布罗克（1985）指出，现在服务业所处的地位相当于重农主义时代工业的地位：我们可以理解金属工人锻打时的生产率，但是我们本能地认为保育员就是在依赖别人的产出而活。

另一个关于服务就业不太可能增长的观点是，物质产品允许住户进行自我服务。（格尔沙尼，1978；1983）人们会因为存在价格合理的替代性物品，如录像机、食物处理机和微波炉，而不去购买休闲或个人服务。

就业的前景在格尔沙尼后期的研究（格尔沙尼，1986；1988）中并不是很悲观。根据鲍莫尔模型，自我服务会继续阻碍个人服务领域的就业增长，但是商业和生产服务领域却不是这样，因为后者中更重要的是专业知识和职业素养，而非金钱成本。此外，他还推测，住户摆脱令人生厌的家务琐事的欲望会导致对购物等领域的服务基础设施的强劲需求。（格尔沙尼，1988）

无论这个结论是否正确，格尔沙尼的分析都证实了一个广为传播的观点，即我们不能认为服务之间是没有差别的。粗通历史就能明确这一点。服务本身并不是什么新的或者革命性的事物。
195 正如富克斯（1968）、贝尔（1973）和辛格尔曼（1974）指出的，许多服务（如家政、修鞋和酒吧招待）都是前工业化的；有些服务紧随工业化而来（交通、公共事业和批发）；还有一些随着“福特主义”的大规模生产和大规模消费而出现爆炸性的增长（零售、营销、消费金融和广告）。

在某些国家，服务就业在一百年以前就已经很突出了。在1870年代的澳大利亚、荷兰和英国，它占到全部工作的三分之一以上。（迈迪逊，1982）因此，后工业理论必须阐明的不是服务就业增长本身，而是其新形式。

长期的就业数据几乎无一例外地表明，传统服务业（交通、公共事业、零售等）的增长已经停滞了，新的活力主要聚集在社会服务（医疗、教育和福利）、某些个人服务（例如，休闲和餐饮）和生产者服务（商务服务、金融、保险和地产）。

后工业服务的理论常常意味着从制造业经济的功能、要求和组织中完全脱离：它们的增长有自己的生命。这种误解可能源于服务业直接取代了工业这一表象。在美国，工业就业在1950年占总就业的50%，但是现在只占到20%。确实是服务业取代了工业的地位，正如工业曾经取代了农业的地位一样。在很多其他国家，也发生了类似的情况。

但是，对这种现象的理论解释有很多。科昂和齐斯曼（1987）令人信服地论证了后工业服务脱离了物质生产是一种错误观点。许多——可能也是大多数——的服务，是作为最终物质产品的中间产品而进入生产领域的。而当服务作为最终产品时，其逻辑就不能从社会和经济组织中剥离出来。社会服务针对的是工业社会中工薪阶层的需要以及家庭和住户再生产的变化；许多个人服务随着我们消费物质产品的方式发展而来。

服务活动的分类

在过去，服务经济一般被定义为剩余经济，是在计算了农业和工业之后的其余部分。然而，我们对于什么是服务，还没有一致的定义。有时候，它们由产品的无形性，或者交换的人际特征所确定。服务和物质产品的边界问题将取决于我们是集中于经济的分支（制造和服务），还是工作和职业（生产线工人或广告顾问）。显然，服务性的职业在传统工业环境中也有不少。 196

为了绕开定义问题，多数研究提供的都是分类而不是定义。辛格尔曼（1974；1978），以及布朗宁和辛格尔曼（1975）为服务业分类的办法是最有用的一种。除了采掘业和转化业，他们还区分了分配服务、生产服务、社会服务和个人服务。

如果我们要关注后工业的扩张，就需要对辛格尔曼的分类做一些改动。零售商店的就业可能很大，而且还在增长，但是很难看出它有什么后工业的特征。对于按“行业”的划分，我们的方法是把那些与新兴消费、生产和人类再生产关系最紧密的活动作为后工业活动；利用法国监管学派的术语就是，我们关心的是“福特主义”的超验性。

那么，什么是后工业化活动？不幸的是，这个问题没有确切的答案。研究该活动的理论家们一般以信息与科学技术的操纵和处理是否在其中占主导地位来进行判断。（贝尔，1973）这是我们转而分析职业时一个很好的起点。然而，对于“行业”研究而言，我们需要一个与服务性消费相联系的标准。

在服务业层面，我们将重点关注那些主要为下述行业中的先进环节提供的服务：1）工业生产（生产者服务）；2）社会再生产（社会服务）；和3）消费和休闲（个人服务）。在实践中，完全不可能确认哪一项行为是“新的”——从广告发布到托儿服务，除了经济表现有所改善以外，没任何新鲜之处。因此，这里所提供的实证方法不过是启发性的。

在下面的分析中，我们将把这三种后工业服务行业和与传统工业社会有关的行业（采矿、制造、建筑、交通等）以及那些在某种意义上说是永恒的行业（公共行政、分配及通信）区分开来。

除非与职业分析相结合，一个完全基于行业的分析显然存在谬误。在某些情况下，制造业也可能因科学和专业人才主宰了生
197 产过程而表现出明显的后工业性。另一方面，医院可能必须使用大量的非技术性杂工。

对职业作出合用的分类，这本身就存在问题。在这个研究中，我们只简单区分了大致属于传统工业世界的职业（技术的和非技术的生产工人、手工艺人、文职和销售人员、经理和行政人员）以及具有后工业化色彩的职业（专业人员和准专业的人员、科学家和技术人员，还有一般意义上的参与休闲服务生产的、不需要资质的服务业工人）。

德国、瑞典和美国的比较从某种意义上有失偏颇：我们已经

了解到这三个国家存在着总体上的和结构性的就业趋势差异。然而，值得一提的是，这三个国家能很好地代表国际上的变体。因此，据以得出的更广泛的一般性概括可能是合理的。

服务业就业增长的三种轨迹

在过去二十年中，发达经济体经历了根本性的变化。新技术已经彻底改革了生产方式，制造业的份额大幅下降，服务业则如雨后春笋，家庭变得富裕起来，福利国家日趋成熟。这也是一个教育革命和女性从传统家庭角色中解放出来的时期。最后，它还带给了我们 20 世纪最大的经济动荡，国内工业发生了大规模的合理化和重塑，国际分工则出现了决定性的重新排序。许多传统上居于经济核心地位的行业正在消失，或被转移到其他地区。

不同国家总量就业趋势的差异很大。从 1960 到 1985 年，美国劳动力增长了几近 5 000 万，瑞典增长了近 20%，德国则实际上下降了。这些差异很好地总结了国际发展的整体情况。

劳动力增长可能是一个人口变动的结果。然而，如果我们比较就业参与率（16—65 岁的男性和女性），结论仍是一样的。在同一时期，美国的就业参与率从 66% 上升到 75%，瑞典从 74% 跃升至世界最高的 81%，德国则从 70% 下降到 66%。

国家之间的不同主要表现在劳动力市场参与的性别差异。由 198
于提前退休和就学时间延长，男性参与率几乎在各地都下降了。但是，正如我们所看到的，德国的下降异常剧烈。女性就业增长在美国和瑞典都很显著，但是在德国几乎可以忽略。

即使就业人数增长了，实际的工作量也有可能下降；令人叹服的就业增长可能主要基于兼职工作的增加。尽管如此，如果我们测度工作小时数，三个国家的相对表现仍没有多大变化。在德国，工作岗位的减少伴随着更为严峻的工作量下降（1960—1980年，下降了17%）；在瑞典，工作时间没有出现实际下降；在美国，总工时的增长达到了24%。（经合组织，1983；人口普查局，1986，第295和322页）

主要的问题是，兼职工作是否使一个国家就业表现的重要性有所下降。如果我们计算兼职工作在1973—1981年占整个国家净就业增长的比重，就会发现刚好和之前的对比完全相反：德国的比率达到165，瑞典为105，而美国只有17。这意味着，第一，美国的良好表现完全不能归因于兼职工作；第二，对于瑞典，以及特别对于德国来说，兼职工作在新增工作中占据了主要地位，但是也取代了以前的全职工作。不出所料，兼职工作在很大程度上与女性就业有关。在瑞典，几乎半数以上的女性都仅从事兼职（计算自经合组织，1983；人口普查局，1986）。但是，从结构角度看，三个国家的就业轨迹确实不同。表8.1列出了按行业的年度平均就业增长（或下降）率的比较数据。我们使用的是传统“产业”、历史“中性”和后工业化活动的粗劣三分。

表8.1展示了许多特殊的国别偏向，这些偏向将随着后面分析强度的增加而更明显地表现出来。首先，德国总量就业的下降不仅仅是因为去工业化；瑞典的农业和制造业也经历了同样的下降，而且两国在“中性”行业上的表现相当类似。德国的特殊之处在于，它的“后工业”就业增长非常缓慢，无论是生产者服务、社会服务还是“享乐”服务都很弱。传统经济可能已经衰落，但是

新经济还没有出现。

表 8.1　传统和后工业行业的就业增长（年平均增长百分比） 199

就业	德国 1961—1984	瑞典 1964—1984	美国 1960—1984
产业型			
农业	−2.6	−2.7	−1.5
制造业[a]	−0.6	−0.7	1.0
中性			
分配[b]	0.0	0.1	2.0
政府[c]	3.8	3.0	0.9
个人服务	0.0	−0.1	2.3
后工业			
生产者服务[d]	4.2	5.0	7.9
健康、教育和福利	4.8	8.6	6.2
“享乐”服务[e]	1.1	1.6	7.2
后工业就业总和	3.5	6.7	6.7
就业总和	−0.1	0.8	2.4

a 包括所有采掘业和转化业。

b 包括零售和批发，交通和通信。

c 包括公共行政和非福利相关的政府行为（军事、警察、环境卫生等）。

d 包括商务服务、金融、保险和地产。

e 包括娱乐和休闲、餐饮、住宿。

资料来源：数据由托马斯·艾尔夫林慷慨提供。参见他的《发达经济中的服务就业》（*Service Employment in Advanced Economies*，博士论文，格罗宁根大学：1988 年 2 月）。

而瑞典和美国却不是如此，但它们走过了两种不同的轨迹。在瑞典，后工业化理论带有一定的福利倾向性；在美国，商务服务和“享乐”服务随着时间的推移而共同扩大。

具体就美国而言，其数据和两个常见的刻板印象不同。第一，传统的制造业并没有衰退——至少从绝对数来说是如此。第二，美国就业机器并不是只创造低标准、没有前途的“垃圾工作”（junk job）。事实上，在生产者服务和医疗行业这两个专业性很强的领域，增长的动力是最强的；在福利服务方面，美国的表现也超过了德国。

我们对增长率的考察跨越了很长的时间段。如果集中看最近的十年，后工业因素会更明显。例如，在美国，1960 年代的快速增长主要发生在教育、分配和政府行政领域；在 1970 年代，则主
200 要是生产者服务、医疗和“享乐”服务。时间往往对一个人的结论有决定性的作用。这可能是为什么我们描绘的乐观的美国（长期）图景与布鲁斯通和哈里森（1986）坚定的“垃圾工作”主导增长的悲观结论相矛盾：他们的数据限于里根时代。

就业增长的职业趋势

我们对后工业职业混合的第一个描述将只呈现泛泛的类别。在表 8.2 中，我们区分了和传统工业社会相关联的职业，以及那些和后工业化时期相关联的职业。二者都包括了高等的工作（经理 / 行政，即专业 / 技术工人）和低等的工作（职员、生产性工人，即一般服务性工作者）。对于这三个国家来说，主导着增长的都是“后工业”职业。在德国，专业性工作增长得更慢，而常

规性的服务就业根本就没有增长。美国比较有意思，因为传统的“好”职位（管理岗）和“坏”职位（文员岗）都增长强劲，后工业职业也是如此。

表 8.2　职业群体的增长趋势（年平均增长百分比）

职业	德国 1961—1982	瑞典 1965—1984	美国 1960—1984
工业社会			
经理和行政人员	1.3	2.5	5.5
文员和销售性工人	1.7	1.4	4.2
生产性工人	−0.8	−1.2	0.5
后工业社会			
专业和技术工人	4.2	5.5	5.1
服务性工人	0.2	2.4	4.7

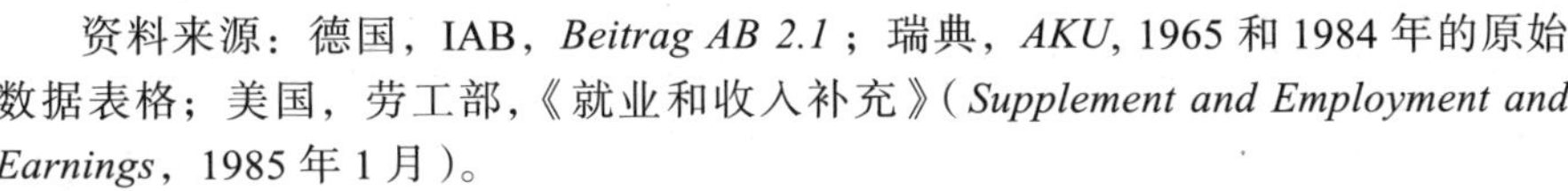

资料来源：德国，IAB，*Beitrag AB 2.1*；瑞典，*AKU*, 1965 和 1984 年的原始数据表格；美国，劳工部，《就业和收入补充》（*Supplement and Employment and Earnings*，1985 年 1 月）。

当我们把工业和职业数据放到一起时，三种不同轨迹的轮廓就出现了。德国代表经济停滞和服务业发展的疲软；瑞典极度地倾向于高度专业化的社会福利就业；在美国，几种趋势相互竞争：一种是传统工业经济的持续活力；另一种是向专业化的强大推力，特别是在与商务相关的服务领域；还有一种则是无需就业资格的工作爆炸性增长，偏重于“享乐”方面的服务。

在此，有三个问题值得关注：1）为什么德国的后工业化这么 201
衰弱？ 2）政府在塑造就业增长结构中的作用是什么？ 3）美国的管理倾向性又是什么造成的？

德国服务就业的“缺口”

德国在现代服务经济方面的软弱可能不过是一种统计现象。服务可能在行业中得到了内部化，而不是在部门间外部化；如果真是如此的话，德国的后工业化说起来可能是在背后悄悄地进行。但没有理由相信这一点。在三个国家中，为第一产业和第二产业提供服务的工作者，其百分比在三个国家几乎相同：德国，30%；瑞典，29%；美国，33%。（经合组织，1984b）

政府的作用

第二个问题是政府在塑造就业增长结构中的作用。前文我们已经看到了政府在出清较大年龄工人方面的重要性。这里的主要问题是它在创造后工业的医疗、教育和福利元素时所扮演的角色，这一角色对女性就业尤其重要。在一项创造性的研究中，赖因（1985）已经跨国记录了福利服务作为女性就业途径的独特重要性。

和赖因的发现一致，表8.3展示了政府的作用有多大的不同：在美国至多是一般的，在瑞典是巨大的，而在德国则介于二者之间。在美国，后工业化和女性就业主要是在市场上实现的；在瑞典，是在福利国家中实现的；而在德国，国家和市场似乎都没有能力开发出新的就业。

初看，德国政府对女性就业增长的贡献似乎是巨大的。然而，其比例之所以很高（149），是因为如果没有政府的冲销，女性就业就会出现显著下降。

表 8.3　政府对就业增长的影响（百分比） 202

	德国		瑞典		美国	
	1961	1983	1965	1985	1962	1985
政府就业占总就业的百分比	8.0	16.1	18.2	33.0	17.2	15.8
政府就业占妇女就业的比例	7.2	19.8	29.8	55.2	15.2	17.7
妇女在公共就业中的比例	39.1	39.4	52.2	67.1	35.6	46.6
	1961—1983		1965—1985		1962—1985	
政府在妇女净就业增长量中的比例	149		106		20	
政府在服务性工作净增长量中的比例	65		82		23	

资料来源：WEEP 数据档案；IAB，*Beitrag AB 2.1*。

政府和服务业之间的关系对女性在过去二十年中的就业机会具有决定性意义。但是它在国与国之间也有所不同。瑞典处于一个极端，公共部门的社会福利服务主宰了一切；确实，在瑞典，女性占了总医疗—教育—福利就业增长总量的 87%！结果就是，福利国家出现了独特的女性化。

在德国的这对关系中，后工业化的社会福利因素几乎没有增加，因此福利国家吸收的女性就业只出现了少量增长。随着私人部门女性就业的减少，结果是在整个时期内女性参与率保持了不变。德国仍是男权的国家，女性留在了家庭。

在美国的关系中，政府在女性就业和后工业化发展方面都是一个被动的力量。美国的例子表明，市场也有能力促进女性就业。和瑞典不一样，美国女性进入的就业领域更为广泛。除了医疗和社会服务工作，商务服务是女性就业增长最快的部门。

新管理革命

我们现在总算可以谈论第三个问题了：是什么造成了美国特有的管理倾向性？经常有人说，美国的经济被“过度管理”了（梅尔曼，1951；钱德勒和迪姆斯，1980；鲍尔斯和钦蒂斯，1986；布莱克和麦尔斯，1986）；虽然公司管理的增长似乎在其他国家出现了停滞，在美国却仍是所向无敌。对这种现象有许多
203 解释，从帕金森法则和技术指令到马克思主义对劳动力控制的强调，不一而足。但所有这些理论都有一个共同的问题：官僚主义、技术和阶级斗争应当在其他发达经济中同样存在。

另一种解释完全是分类性的，即美国有一个特殊的习惯，就是给很低的工头也挂上经理的头衔。虽然确实如此，但我们提供的数据尽量避免了这种现象。与之相对，我们提出了一种替代性的假定。

我们的出发点是，美国和欧洲经济相比，存在三个特点。第一，其福利国家发展不足。因此，附加福利在集体谈判和雇主义务中占有很重要的地位。这就要求有经理人员来负责。第二，劳资关系往往倾向于斗争，美国的工会不可能像在“新法团主义”环境下那样，被企业用来管理普通员工。这样，美国的公司必须借助大批监管人员来实施控制。第三，美国的劳动力市场庞大而复杂，而且缺乏劳动力交流体系和工人培训机制。因此，公司需

要配备猎头、培训人员和很大的人事部门。

在美国，“福利国家”真空带来的管理者需求可以在公司内化，也可以从服务部门购得；我们将后一种情况命名为商务服务。如果我们的假定是正确的，那么就可以解释为什么管理工作作为一种职业，以及商务服务作为一个行业，在美国得到如此大规模的发展。同样的假定还预测，福利国家和新法团主义高度发展的瑞典体制应当只需要非常少的经理人员。

后工业结构

我们看到的就业趋势会产生什么样的结构性结果呢？为了回答这个问题，我们继续用我们传统产业和后工业活动的粗略二分法，对“行业”和职业进行考察。

按行业分支确定的工业结构

在表 8.4 中，我们发现了三种独特的“基于行业的”就业结构。同样，德国的后工业发展程度很低，特别是在社会服务相关活动方面。其经济仍然受到传统工业工作的主宰，事实上，哪怕是相比于 25 年前的瑞典或美国，其“工业性”也要更高。

在德国，总体的就业下降了，但是制造业就业和总就业的关系自 1960 年代以来一直保持不变。因此，德国进入“后工业”社会似乎更多地导致了大规模失业，而不是创造了新的工作。越来越多的“剩余人口”为福利国家所吸收，变成了退休人员或学生，或者回到家里成为主妇。美国和瑞典的去工业化水平相当，但是其相似点仅此而已。瑞典的后工业化基于福利国家的特征。瑞典人大量消费医疗、学校和日托服务，但是却不消费那么多的食物、酒和“享乐”。美国的后工业化基本上是商务导向的；在社会服务方面，它出人意料地比德国要强；而且，它异常具有“享乐性”。

204 **表 8.4　1980 年代中期的就业结构：按行业划分的占劳动力的百分比**

行业	德国 1984	瑞典 1985	美国 1984
产业型活动			
工业	41.8	28.8	25.1
农业	5.1	4.9	3.1
部分和	46.9	33.7	28.2
中性活动			
分配	17.6	18.8	
政府	10.0	7.1	
个人服务	3.3	1.7	
部分和	30.9	27.6	
后工业活动			
医疗、教育和社会服务	11.5	25.3	17.9
生产者服务	6.7	6.4	12.3
“享乐”服务	4.1	3.9	7.9
部分和	21.3	35.6	38.1

这些数据加在一起不是 100，因为我们忽略了规模极小的群体（特别是国内服务）。

资料来源：SSIB 数据档案。

总结一下国家之间基本的差异，我们可以说：德国的传统工
业主导地位比其他国家要强一倍；瑞典的社会服务倾向也比其他
国家高将近一倍；美国的生产者服务和“享乐”服务相当于其他 205
国家的两倍。

后工业职业结构

在分析职业结构时，我们的方法和前面的有所不同。在表 8.5 中，我们列出了经济中特定职业的相对规模。然后在表 8.6 中，我们试图评估不同行业受知识、科技和组织工作所主导的程度。出于这个目的，我们把管理行政性（managerial and administrative）与专业技术性（professional and technological）职业归为一类，共同评估了一个“MPT 分”。职业结构和行业结构紧密契合。在德国，传统的工业蓝领工人依旧占据主导地位；社会福利性职业和其他服务性工作都发展得非常滞后。正如我们所预测的，瑞典是“管理”得最少的经济。相反，它由后工业性职业所主宰，具有很强的福利国家特征，并且专业程度惊人地高。在社会福利之外，服务性工作没有得到很好的发展。表 8.5 再次证实了美国的过度管理现象。在“后工业”综合体中，“垃圾工作”（清洁工、侍者、厨工等）和其他的个人服务性工作比例非常大。

从表 8.6 中我们发现，管理—专业—技术（MPT）的影响在后工业化的国家里要高得多。这是意料之中的。但是，我们还可以看到国家之间的巨大差别。从经济角度看，德国居后，而瑞典则是先锋。美国是后工业化经济体中职业化程度最低的。

表 8.5　一些职业群体的相对规模（百分比）

职业	德国 1985	瑞典 1984	美国 1986
经理	5.7	2.4	11.5
专业技术人员，减去护士和教师	9.8	13.4	9.7
护士、社工和教师	7.0	21.9	9.6
“垃圾工作”：餐饮，清洁和侍应	5.0	4.4	7.8
其他服务部门的工人[a]	3.8	3.8	15.7
工业生产性工人	43.9	29.4	30.5

a 减去了家庭部门的工人。

为了具有可比性，每个国家的职业名称使用的是修正的国际标准职业分类（ISCO）系统。表格排除了若干职业群体（如农民、文员或交通工人），他们在这项分析中的作用并不重要。

资料来源：德国，《工薪阶层的就业培训和工作条件，专业系列 1》（*Berufsausbildung und Arbeitsbedingungen der Erwerbstatigen, Fachserie 1*，1985 年）；瑞典，*AKU* 1984 年原始数据表格；美国，劳工部，《就业和收入》（*Employment and Earnings*，1987 年 1 月）。

206 **表 8.6　1980 年代一些行业中管理层、职业者和技术工人的主导程度**

综合管理人员对专业技术人员的比率	德国	瑞典	美国
工业	12.0	17.0	14.0
分配	8.0	8.0	14.0
社会服务	59.0	62.0	39.0
商业服务	44.0	44.0	31.0
“享乐”服务	N. A.	18.0	11.0
整个经济	20.2	30.1	28.0

资料来源：德国，《工薪阶层的就业培训和工作条件，专业系列 1》；瑞典，*AKU* 1984 年原始数据表格；美国，劳工部，《就业与收入》。但是请注意，工业中的服务性工人项目根据的是经合组织的定义，来自其《就业展望》（*Employment Outlook*，1984 年）。

三种后工业化经济的社会分层

在早期的后工业化文献中，工作的未来被描述成是高质量的。由此，贝尔（1973）所设想的景象集中于科学、信息处理和分析性的工作。相比之下，许多人认为服务业就业的趋势和布雷弗曼（1974）的去技术化和无产阶级化是一致的。库特纳（1983），以及布鲁斯通和哈里森（1986）认为，多数新工作是低工资、低技术和低质量的。由于去工业化同时淘汰了许多传统上收入较好的技术性工作，其结果是新的阶级分化：中产阶级缩小了，一个新兴的、数量很小的专业管理经营阶层面对的是众多的“麦当劳”工人。

中产阶级萎缩的论点受到了质疑。劳伦斯（1985）举例说，事实可能确实如此，但是主要的原因是婴儿潮一代暂时地充斥了劳动力市场。麦尔斯等（1988）近来用加拿大的数据对这一论点
进行了验证，并认为中产阶级还在扩大，而不是在缩小。这和贝 207
尔对后工业化社会的美好憧憬相符合。

对这个问题的比较分析几乎才刚刚开始。我们所拥有的只是基于一个案例的理论概括，而且，几乎所有对“中产萎缩”问题的研究基于的都是收入数据。在这一章中，我们的方法是用就业数据考察后工业社会分层，强调一般工作质量的重要性。因此，我们的重点在职业。

后工业职业的质量组合

三种轨迹中，各自都有后工业化的“好”工作和“坏”工作。

“好”工作包括管理、专业、科学和技术性的职业——那些人力资本含量较高的工作；“坏”工作则包括体力的和重复性的工作。

表 8.7 显示了 1980 年代按职业分的好工作和坏工作分布情况。我们比较了从事“好”工作的专业技术人员、中间层级的服务性工人，以及从事“坏”工作的食品、清洁和旅馆员工。中间层级包括非专业的医护和社会部门的工作者（如助理护士）和个人服务工作者（如理发师、保安人员和摄影师）。家庭佣人不在我们研究的范畴。

表 8.7　后工业职业中的质量组合

职业	德国	瑞典	美国
专业人员、教师和技术人员（“好”）	14.6	21.0	16.5
社会、医疗和个人服务人员（“中”）	6.0	11.3	18.5
食品、清洁和旅馆员工（“坏”）	5.0	4.4	7.8
好 / 中比例	2.4 ∶ 1	1.9 ∶ 1	0.9 ∶ 1
好 / 坏比例	2.9 ∶ 1	4.8 ∶ 1	2.1 ∶ 1

资料来源：德国，1985 年《微观调查》（*Mikrocensus*），摘自 IAB，《职业和培训》（*Berruf und Ausbildung*）；瑞典，1980 人口普查；美国，劳工部，《就业与收入》，1987 年 1 月（1985 年数据）。

表 8.7 展示了三种不同的工作质量组合。德国集中在中上层；瑞典的好工作极多；美国则突出了中层和底层，但是好工作的部分也不算太少。

208 我们掌握的数据太简略，没有办法实证检验关于“中产萎缩”的理论。但是这些数据确实能说明各国之间的差别很大，根据美国经验提炼的理论并不能概括所有的国家。即使美国的大量“垃圾工作”支持了无产阶级化的论点，也还是有一些其他指标证明并非如此。首先，长期来看，美国专业性工作的增速比“坏”工作的增速更快。其次，中间层次的服务性工作者所占的比重远远高于底层工作者。最后，瑞典的情况表明，后工业化可能使人力资源的分布带有很强的专业性导向。

在对后工业社会阶层化进行评价的过程中，真正重要的是：“好”的与“坏”的工作中的职位空缺如何得到填补。问题的关键是雇佣决策的过程是否更开放，是否更看重能力，以及是否更民主。

我们将着重对开放性特征的有限但却有决定意义的方面进行分析，即，在传统意义上处于弱势的劳动力市场群体，获得各种类型的后工业化工作的机会相对有多大。分析的重点是这三个国家的女性群体，以及美国的黑人和西班牙裔。

三种后工业制度中的职业流动

关于职业隔离的文献数不胜数，我们无法在此一一回顾。我们要讨论的是，弱势群体进入具有吸引力的工作的可能性是比以前更大了，还是职业隔离仍然存在。

总体上看，文献资料支持职业隔离的说法。（哈基姆，1979；罗森费尔德，1980；克罗姆顿，1986；戈尔丁，1987；雅各布和布雷格，即将出版）例如，如果只从正式的工作定义看，性别平等似乎确实实现了；但针对单个公司的微观研究却发现，在相似的职业类别中，雇员的事业路径存在着很大的内部隔离（比尔碧和巴伦，1986）。我们的分析将集中在进入后工业化岗位的人。因此，我们的结果与其他研究的可比性不大。

研究职业隔离的方法很多。我们将首先追踪，随着时间的推移，在若干有吸引力和无吸引力的行业中，女性、黑人和西班牙裔人数偏离正常值的变化趋势。为了更好地识别性别隔离，我们把教师和护士从专业 / 技术性岗位中分离出来，因为这些岗位在传统上以女性为主。

我们后面的分析将会评价女性与少数族裔的就业分布情况。在此，我们特别关注女性、黑人或西班牙裔在多大程度上能拼杀到传统的（白人）男性职位（例如，经理和总裁），以及他们在多大程度上集中于并不吸引人的或者传统上女性为主的职位。

在表 8.8 中，我们提出了一个程度指标，度量在特定行业中女性的比重是否过高或过低。负号代表比重过低。指标测度的是偏离正常水平的点数，并根据女性就业的相对比例进行了调整。表格显示，除去几个特例外，基于性别的职业隔离在减少。女性较为成功地进入了享有特权的“男性”职业，例如管理岗和专技岗；她们在传统女性工作和在“垃圾工作”中的过高比重也有所下降。

最为重要的变化是女性从产业工人行列里退出的趋势。这可能是出于两个原因：1）去工业化在传统的“女性”行业（例如纺织业）中表现得尤为突出；2）女性的职位较低，对工作的依恋度较弱，因此可能首当其冲地遭受裁员。无论出于哪种原因，结果都是我们已经看到的，女性更多地在后工业领域就业。

210 性别隔离的消除趋势在德国比较弱，只有在专业性领域，女性才取得了重要的突破。德国女性在“垃圾工作”中的比例也尤其大。瑞典女性则经历了明显的职业升级，但是同时依旧被隔离开来。她们未能够进入管理层，主要集中于社会福利领域的辅助性工作。看起来，瑞典比其他国家的性别偏见更强。性别隔离的消除在美国最强。女性在管理和专业领域的工作中取得了非常大的进步，“垃圾工作”的女性偏向性大幅下降。然而，这些相对的改善又被女性在文员类工作中就业比重的显著增加而抵消。

表 8.8　1960—1985 年女性在传统和后工业职业中的 209
就业过度或不足的现象（百分比）

职业	德国		瑞典		美国	
	1961	1985	1965	1984	1960	1986
工业经济						
管理人员	−22	−21	−24	−26	−19	−8
文员	+23	+25	+28	+20	+24	+33
产业人员	−16	−31	−18	−28	−11	−24
后工业经济						
专业 / 技术性劳工[a]	−18	−12	−23	−20	−14	−6
护士与教师	+29	+29	+40	+34	+46	+36
非专业服务人员	+23	+37	+37	+28	+6	+7
“垃圾工作”的工人	+49	+48	+42	+21	+38	+13

a 护士和非大学教师不计。

资料来源：德国，《工薪阶层的就业培训和工作条件，专业系列 1》；瑞典，*AKU* 1984 年原始数据表格；美国，劳工部，《就业和收入》，1987 年 1 月。

从某种程度上说，少数族裔的就业命运是对后工业化平等主义的更严峻考验。在欧洲和美国，外籍劳工和少数族裔承担了劳动力市场底层的工作，而且是外籍劳工承担得更多，这已经成了人们的共识。事实上，少数族裔的就业陷阱有两种表现：一是他们可能进入传统上条件恶劣的工作，这样就不再有进入后工业岗位的机会；二是他们可能是后工业中“垃圾工作”的储备力量。

瑞典和德国关于外籍劳工的具体数据不可得，因此我们只得把研究限制在美国的黑人和西班牙裔。由于缺少早期的数据，我们对这两个群体的分析只能从1970年代开始。为了作出和前面的表格具有可比性的指数分析，我们对黑人和西班牙裔的数据进行了加权，以调整他们相对于女性在劳动力中的比重。

表8.9是关于少数族裔作为储备力量的有关数据。黑人和西班牙裔就业于传统产业工作和后工业化“垃圾工作”中的比重明显高于其他族裔。我们注意到，虽然黑人和女性在“垃圾工作”中的过高比重有所下降，但西班牙裔的比重却有所提高。西班牙裔人口似乎是填补“享乐”行业低薪工作岗位的新劳动储备。

尽管黑人的就业明显集中于传统和后工业底层岗位，但他们经历的职业隔离还是有明显的下降。他们在最具吸引力的行业中有了明显的突破：在管理层和总经理的位置上，在后工业化的岗位上，以及最具决定意义的，在“福利性的职业”中，黑人都取得了进展。他们在“好工作”中比重过低的现象已经有所缓解，在“垃圾工作”中比重过高的现象也有所下降。社会和其他（非“垃圾工作”）服务是黑人向上流动的主要途径。

西班牙裔群体没有那么成功。他们局限于在“垃圾工作”的可能性更大；他们进入具有吸引力的经营管理职业和专业性工作的能力实际上降低了。他们的职业上升渠道主要是文员和非福利性服务行业。

表 8.9　美国黑人和西班牙裔在若干职业领域就业比例过高或过低的程度（百分比） 211

职业	黑人		西班牙裔	
	1970	1986	1970	1986
管理人员	−27	−21	−17	−19
文员	−10	+1	−8	+5
产业工人	+17	+15	+21	+21
专业技术工人[a]	−20	−14	−15	−19
护士和教师	−3	+12	−18	−18
非专业服务人员	+10	+20	+1	+11
“垃圾工作”的工人	+31	+28	+15	+24

黑人和西班牙裔的数据经过加权，以考虑他们在劳动力市场中的相对比重。通过相对于妇女的份额进行调整，我们找到了能够使指数在妇女、黑人和西班牙裔之间完全可比的方式。我们使用的权重如下：黑人（1970 年），3.4；黑人（1986 年），4.5；西班牙裔（1970 年），8.6；西班牙裔（1986 年），6.7。

a 护士和教师不计。

资料来源：德国，《工薪阶层的就业培训和工作条件，专业系列 1》；瑞典，*AKU* 1984 年原始数据表格；美国，劳工部，《就业和收入》，1987 年 1 月。

即便如此，随着时间的推移，局面还是变得对黑人、西班牙裔，以及特别是女性有利。长期的增长率表明，女性比黑人和西班牙裔更能取得“好工作”。但是所有这三个群体的进展都比男性快得多。黑人和西班牙裔升入管理层岗位的年平均率是 17%，女性是 18%，但是男性只是 3%。至于专业性工作（不计护士和教师）的相应比例，黑人是 8%，西班牙裔是 9%，女性是 13%，男性只有 2.5%。

我们对后工业分层的最后研究将集中在两个问题上：第一，女性在就业结构中成功打破传统性别壁垒的程度；第二，群体在

“好”工作和“坏”工作之间的分配。在表 8.10，我们提供了三个国家的女工在“女性主导”和“男性主导”的工作中所占的比重。表 8.10 传达了双重信息：女性不仅越来越多地集中于传统由女性主导的工作（文员、护士和教师），而且还正在传统由男性主导的岗位中崭露头角。

212 **表 8.10　女性工作者在典型的“男性”和“女性”工作中的分布**

女性工作者	德国		瑞典		美国	
	1961	1985	1965	1984	1960	1986
选定的“女性为主导的”工作						
文员	24	28	37	30	38	38
护士和教师	4	8	13	25	9	12
总数	28	36	50	55	47	50
选定的“男性为主导的”工作						
管理人员	1.0	4.0	0.7	1.1	3.7	9.6
专业技术人员[a]	2.5	6.7	3.2	7.8	4.4	8.5
总数	3.5	10.7	3.9	8.9	8.1	18.1

a 护士和教师不计。

资料来源：德国，《工薪阶层的就业培训和工作条件，专业系列 1》；瑞典，*AKU* 1984 年原始数据表格；美国，劳工部，《就业和收入》，1987 年 1 月。

瑞典又一次成为三个国家中性别隔离最大的国家。一半以上的女性被锁定在典型的“女性工作”中，仅有极少数进入传统的“男性工作”领域。瑞典的后工业化过程只是加重了性别隔离问题。相比之下，德国的隔离程度可能较低，但是我们应该记住的是，其女性特别集中于底层的个人服务和“垃圾”服务性工作。美国又一次证明它能够降低性别隔离。尽管女性在传统“女性工作”中的集中度稍微有所提高，但同时她们也在更多地进军传统的“男性工作”领域。女性在较高级的男性就业领域所占的份额已经相当于德国和瑞典的两倍。

在表 8.11 和 8.12 中，我们通过比较不同群体之间的好工作和坏工作分布来进行分析。如果你愿意的话，可以把这些表格视为劳动力市场机构中阶级结构的粗略指数。我们按照前面的做法，把传统和后工业岗位进行比较。出于篇幅考虑，我们把美国的数据在表 8.12 中分列出来。

表 8.11　德国和瑞典男性和女性就业于好 / 坏工作的比例

	德国				瑞典			
	男性		女性		男性		女性	
	1960	1985	1960	1985	1965	1984	1965	1984
文员和产业工人 / 管理人员	17:1	7:1	44:1	7:1	30:1	18:1	99:1	40:1
专业工作 / “垃圾工作”	10:1	17:1	1:3	1:1	5:1	5:1	1:4	1:1

资料来源：德国，《工薪阶层的就业培训和工作条件，专业系列 1》；瑞典，*AKU* 1984 年原始数据表格；美国，劳工部，《就业和收入》，1987 年 1 月。

这些数据无疑揭示了过去十年中到处都在发生的职业升级。在传统的工业经济中，管理层对工人 / 文员的比例大大提高了，特别是在德国。如果是谈女性的话，在德国和瑞典都是如此。当然，这里我们要记住产业工人中女性的急剧下降。瑞典不尽如人意的表现与其说是由于体力劳动者以及文员的减少，还不如说是因为管理层规模小且发展缓慢。虽然后工业经济中“好”工作和“坏”工作的分布更为均衡，但其发展却不是特别有利于女性；在德国和瑞典，专业性工作对“垃圾工作”的比例都下降了。

如表 8.12 所示，美国的情况非常相近。除了美国的管理层可能相对于欧洲的略显臃肿之外，总的趋势也是对职业升级有利。在管理者—工人的对立中，女性的位置得到了很大的提高；黑人
214 和西班牙裔则差一些。在专业性工作对坏工作的比例上也是如此。美国的劳动力市场有明显的“民主化”力量在起作用，证实这一点的不仅仅是少数群体的改善，还有男性工作的优越性急剧下降。

表 8.12　美国男性、女性，黑人和西班牙裔就业于好 / 坏工作的比例

	所有男性		所有女性		黑人		西班牙裔	
	1960	1986	1960	1986	1970	1986	1970	1986
管理人员对产业工人和文员的百分比	22.1	20.5	5.5	12.5	4.8	6.6	7.7	7.6
专业工作对坏工作的百分比	565	242	55	126	37	74	63	66

资料来源：德国,《工薪阶层的就业培训和工作条件，专业系列 1》；瑞典，*AKU* 1984 年原始数据表格；美国，劳工部,《就业和收入》，1987 年 1 月。

我们现在已经看过了堆积如山的，关于三个国家在向后工业化社会迈进的过程中增长、结构和社会分层方面的数据。在我们作出更为概括的分析性结论之前，或许值得简要地小结一下主要的结论。

我们看到了三种走向后工业就业的路径：每个国家都在其独

特的发展动态中运行。自然，某些基本方面是相似的：工业就业的重要性渐渐减小了；分配型的服务渐渐停滞了；女性的就业机会得到了改善。然而，差异盖过了趋同。

德国的轨迹可能是最与众不同的。服务性和后工业化职业并没有像在其他地方那样蓬勃发展，反而有所下降。德国基本上仍是一个传统的工业化社会，私人和公共服务领域发展得相对迟缓。职业结构也没有像其他地方那样得到升级或专业化。

从社会分层的角度看，这个结果好坏参半。由于后工业化的发展受到限制，德国在新型“垃圾工作”的增长上比较缓慢，结果是结构的两极分化或二元化不那么明显。但另一方面，在现有的结构中，就业分布的性别隔离比较严重。相比之下，女性表现不佳。劳动力市场停滞，故而女性的就业也很难增长，仅在公共部门稍有起色。德国的就业机会在男女之间也没有得到公平的分配。社会福利领域没有什么大的增长，因此我们发现国家依然是男权的。德国女性过度从事“垃圾工作”的程度是其他地方的两三倍多。

因此，对德国轨迹的前景预测是，它将继续保持工业经济为主的状况，但是参与生产的人会有所减少，被排除在就业市场之外并依赖福利国家生存的主妇、青年人和老人的数量将日益增加。德国接近于库特·冯尼格特笔下无工作的世界。

瑞典的后工业化由社会福利服务铺就。尽管经济增长迟缓，
福利国家却异常有活力。但是它的偏向性却是完全在女性这边。
公共部门提供了将近 80% 的新工作，75% 都交给了女性。而反过 215
来，福利国家服务又排挤了私人部门的服务范围，特别是在个人
和“享乐”服务领域。

结果是经济呈现出较高程度的专业化，“垃圾工作”很少。但是，再次强调，这种专业化包括了大量的在卫生、社会和教育机构中的准专业性工作。依据最传统的标准，瑞典女性做得特别好，但是代价是非常强的部门性职业隔离。事实上，瑞典的就业结构发展成了两个经济体：一个是男性为主的私人部门；另一个是女性为主的公共部门。

美国的轨迹看上去像是“自由市场”的产物。总体就业机会的扩张很引人注目，即使在传统经济中也是如此。第一个重要的结论自然而然地就能得出：后工业化的增长很可能和传统经济的增长齐头并进。美国还能够在很广泛的领域里面扩大就业。美国的例子证明，社会服务可以在没有公共供给的情况下扩张。此外，其发展的动态比很多人想象的更良：在美国的就业“机器”中，“好”工作显然超过了“坏”工作。

尽管如此，美国的轨迹也有其自身的偏向性。它过度地偏向于商业服务和“享乐”服务，由此产生了大量二元对立的好工作和坏工作。好工作主要是管理型的，“垃圾工作”则规模巨大。

日趋融合的社会分层体系表现出了一定的二元性，顶部很坚实，底部庞大但不稳定。因此，它——至少在表面上——和传统的工业就业二元分布有点类似。女性和黑人的就业限于“垃圾工作”，白人男性则主宰了管理性和专业性职位。这也是美国后工业化发展轨迹中令人惊异的地方。

确实，女性、黑人和西班牙裔在不受欢迎的工作中所占比例较大，但是这种现象在渐渐减少也是事实。在某些情况下，减少的幅度还很大。女性做得最好，现在她们在管理性和专业性的岗位上所占的比例几乎没有过低的问题——尽管仔细看看仍会发现，在这些领域内，女性还是被排挤到不太有吸引力的以及更为“女性化”的职位上。美国的发展轨迹对于少数族裔特别是黑人来说，并不是无益的。从事优质工作的黑人和西班牙裔人数增长得很不错。如今，黑人和西班牙裔在“垃圾工作”中比例过高的现象已 216
经不比女性在1960年代的德国和瑞典明显了。

因此，证据表明，美国的后工业化“市场模式”在就业分配上也可以说是平等的：好的工作和“垃圾工作”正在以更为民主的方式分配出去。尽管一部分西班牙裔移动到了“好工作”，但是他们也在越来越多地填补着女性和黑人空出的不受欢迎的工作。

把这些后工业表现的差异仅仅归于经济或技术力量似乎并不合适。从经济发展、国民财富和高新技术在经济和家庭中的应用方面看，我们所选的三个国家相似点要多于不同点。

国际地位方面的某些特征可以部分地解释这些轨迹。瑞典，以及特别是德国，是一些劳动密集型服务非常大的进口国。德国人和瑞典人更喜欢到国外旅游而不是在国内，这对两国的“享乐”行业规模有负面的影响。对于德国来说，我们还必须要考虑其工业主导地位的特殊性：相比之下，它精简而且技术先进的制造业在世界市场上一直保持着非凡的竞争力。

这些个别性的解释强调了每个国家的结构特殊性，可能对就业趋势有很强的影响。然而，它们显然不足以作为一般性的比较解释。

鲍莫尔的模型提供了一个一般性的理论。这个理论的基本论点是，如果工资太高的话，服务业将无法增长。这个论点乍看起来很诱人。美国的就业爆炸可能和私营服务经济中更为灵活的工资结构和很低的工会化有关。德国，尤其是瑞典，以其工会在经济中的强大渗透力而闻名。瑞典以团结为基础的工资谈判体系，事实上防止了服务就业在低工资的基础上增长。

然而，用这种方式来论证的鲍莫尔模型也遇到了一定的困难。从美国的经验来看，新工作不可能大部分由低工资带来。保守的估计是“垃圾工作”会占到新增就业的 8%；更为松散的解释会包括其他的个人服务就业，这样最高可以达到总数的 17% 左右。一个好得多的估计方法是计算具体行业随时间变动的工资成本就业
217 弹性。我们发现，1951—1984 年，美国确实只有在“垃圾工作”范围内的就业增长才依赖于较低的相对工资。鲍莫尔模型显然不能解释生产者和医疗服务业的大幅增长。

鲍莫尔模型在比较德国和瑞典时同样存在困难。从总“后工业”就业增长看，瑞典的年均增长率与美国持平，为 6.7%，是德国的两倍。瑞典专业性和社会福利性工作的爆炸性增长，不是低工资造成的，而是高税收的结果。

关键在于，即使是后工业就业，其中很大一部分可能也是针对并没有多大价格弹性的需求：商务服务，如工程和设计、管理咨询、财务管理和法律顾问是因其专业技能而受到追逐；多数专业性和准专业性的社会服务，如医疗保健，也是如此。

换句话说，我们必须面对多数理论还不能解释的复杂性，而正是在这一点上，我们的福利国家分类变得非常重要。

结论

第九章　后工业结构中的福利国家体制 221

我们已经探讨了当代福利国家如何类聚为三种不同的体系，并展示了各国的劳动力市场在很大程度上源自它们嵌于社会政策制度框架中的方式。虽然我们的研究没有涉及现代工业化资本主义社会中的许多其他重要政策领域和制度方面，但在社会分层、社会权利（您也可以称其为“自由”）、资源分配、工作生活和就业发展等关键问题上，我们已经有充分的证据得出结论：福利资本主义已经演化成了三种不同的模式。

在本书的最后一章，我们不会再去回顾之前的证据，而是要深入探讨福利国家和就业体系之间的紧密联系。我们认为，福利国家不仅和就业结构紧密相关，而且对就业结构的变化和随之产生的新社会冲突有直接影响。我们重申本书的一个核心观点：现代福利国家不只是工业发展的结果。随着其制度化，它已经成为了一项强大的社会机制，对未来有着决定性的影响。所以，我们将研究在后工业时代，福利国家制度可以在多大程度上解释社会发展的多样性。

我们的论点与许多当前流行的社会科学理论范式相反。无论是
在马克思主义还是发展主义现代化学派，推动社会变化的主要力量
常常被强调是经济力量。正统的，甚至很多修正的马克思主义都无 222
法将国家视为超越资本主义生产引擎的附加上层建筑。现代化理论

常常受困于自由主义神话，即现代工业革命是在国家干预之外自主发生的，事实上需要国家的缺席。在这里，技术才是推动力量。

我们秉承的理论出现于一个国家主要得见于领导战争和统治大众的时代。那也是一个经济社会进步、自由、现代性的产生与集权主义、干预主义、专制主义国家的瓦解相联系的时代。因此，我们学科的主导理论范式在分析经济发展时无视了国家的作用，也是完全可以理解的。

在我们所处的时代，几乎所有人都同意，经济和社会正在经历一场深刻的重组，甚至可能是一场革命。一系列泛滥的标签化术语，如“后现代主义”“后物质主义”“后福特主义”或“后工业化”，常常替代了真正深入的分析。但它们反映了一个共识：我们正在离开一个我们已经基本理解了的社会秩序，进入另一个轮廓不太清晰的新秩序。我们的分析正是在这种复杂背景中进行的。我们并不打算预测未来，而是试图利用前述章节中通过实证描述的趋势，提出福利国家体制类型是一个有用的出发点，能够用以解释我们在就业和社会分层方面为何沿着多样化的路径前进，并最终走向新的冲突。

我们对瑞典、德国和美国“后工业”就业发展的比较，是区分福利国家体制效果的一个有用方式。这三个国家分别可以作为社会主义、保守主义和自由主义的“理想类型”。

后工业就业中的福利国家

这里简要回顾三种就业轨迹的主要特征：瑞典形成了一个由

社会福利引导的后工业就业结构；美国是商业服务和“享乐”的二元结合，比较好的工作几乎都在前者，坏的工作都在后者；德国还没有发生很多的“后工业”变化。

为了更清晰地说明瑞典的情况，我们需要超越传统的鲍莫尔 223
模型和对瑞典福利模式的简单理解。正如我们之前讨论的，过去几十年里，瑞典一直严格执行团结工资政策，这在很大程度上防止了“垃圾工作”的增加——也许黑市经济除外。瑞典的去工业化过程伴随着相对平庸的经济增长，如果没有福利国家坚持的三个相互关联的原则，可能会产生严重的就业问题。这三个原则是：1）改进和扩大社会、卫生和教育服务；2）最大化就业参与，特别是增加女性的就业机会；以及 3）持续的充分就业。这三个原则在瑞典的社会民主福利国家模式中得到了统一。

瑞典公共部门女性就业和社会服务就业的同步增长，可能会被视为满足女性工作需求的最后一招，以及充分就业承诺的一部分。但事实并非如此：福利国家服务的扩张始于 1960 年代中期，远在对失业的担忧出现之前。在供给和需求两方面，瑞典福利国家的逻辑都倾向于产生偏向女性的社会服务。在供给方面，它提供了如日托这样的服务，既使女性可以走出家门工作，同时又为她们提供了就业机会。它还为有工作的母亲提供了灵活的工作时间和兼职机会。此外，福利国家的转移支付（特别是养老金）和税收为女性提供了强大的就业吸引力：即使是兼职工作也有资格领取与收入相关的养老金；家庭的高边际税率意味着只有双职工家庭才能保持较高的生活水平。

在需求方面，瑞典式福利国家几乎不可避免地会产生我们发现的特殊后工业结果。正如我们所指出的，它的未来取决于中产阶级的支持，而中产阶级的支持又依赖扩大和改善服务的数量和质量。而且，它的财政支持依赖税收基础的最大化，这意味着多数人必须工作，而依靠福利的人要尽量少。因此，瑞典不太可能接受欧洲其他国家实行的提前退休政策，而是努力实现就业的最大化，即使这可能使经济失衡，国家债台高筑。

然而，即使在福利国家补贴服务就业增长的情况下，成本病
224 问题也是不可避免的。将公共就业扩展到总就业的 30% 以上后，即使其中很多是兼职，进一步的增长最终也会因税收上限的限制而停滞。因此，政府必须依赖工资限制。这一点，正是瑞典模式的致命弱点。

在德国，工资政策（固定劳动成本很高）同样防止了低工资、“垃圾工作”的道路。然而，德国福利国家在制度上无法承担就业的补偿功能。实际上，它强烈地倾向于减少劳动供给。在供给方面，它是建立在传统保守主义和天主教辅助性原则之上的福利国家，也就是说，女性和社会服务（医疗除外）属于家庭范畴。因此，它很不愿意提供能够让女性就业并最终为她们提供就业市场的服务。但是，它还是一个强烈致力于为那些“挣了收入”的人提供收入维持的福利国家。然而，德国的享受条件比较严格，要取得福利需要有很长的工作经历，这让许多女性处于严重的不利地位。但是作为对去工业化和劳动力市场疲软的回应，提前退休可以作为在日渐消亡的行业中工作的老年男子的一种主要的，而且往往是唯一的选择。

因而，在需求方面，德国没有什么提升公共服务的意愿。但

是，即使有积极的政策（如 1960 年代后期和 1970 年代早期社会民主时期的情况），公共就业增长也是很有限的。一方面，高昂的转移支付成本限制了额外的收入增加（沙普夫，1985）；另一方面，当局一以贯之的紧缩型财政和货币政策体制阻碍了公共部门以及私人部门的扩张（布鲁诺和萨克思，1985；布朗夏尔等，1986）。

在德国的制度中，整个体系都倾向于反对服务就业的增长，支持减少工作。瑞典模式依赖于就业参与的最大化，德国则必须相信高生产率的工业经济有能力支持维持退休人口和非就业人口增长的负担。这种经济“剩余”人口所带来的成本危机构成了德国道路的致命弱点。

在美国，显然有若干一般条件会影响到劳动力的总供给和总需求。第一，经济政策具有异常的扩张性，主要是在 1960 年代和 1980 年代。第二，国内市场受到的保护更强，直到最近美国才不得不面对严重的国外竞争。第三，美国的人口影响供给和需求；
对前者的影响主要通过人口的显著增长；对后者的影响通过相对 225
滞后，但依然快速的人口老龄化。虽然这些因素会影响总就业的增长，但是它们不太可能解释美国道路的特殊结构特征。

以福利国家为基础的解释与美国由市场驱动的路径似乎驴唇不对马嘴，然而美国的很多特殊之处是与福利国家的补缺主义直接相联系的。但是，要理清美国发展背后的力量，我们首先需要对其构成因素有明确的了解。在所有新创造出来的工作中，“享乐”型服务只占 16%，与商业 / 生产性服务的 23%、社会和教育服务的 30% 形成鲜明对比。如果计算职业，我们发现“垃圾工作”只占总增长的大约 12%，而专业技术性工作占 24%。

鲍莫尔的成本病论点可以很好地用在“享乐”部门的多数工作以及所有“垃圾工作”上——也许还能更广泛一些。这与布鲁斯通和哈里森（1986）的数据相一致。但是正如我们所注意到的，工资不能解释在社会和商业服务中更为惊人的表现。许多社会服务，特别是教育，都受到了公共部门的刺激。具有讽刺意义的是，直到1960年代后期，美国的公共部门社会福利就业都高于瑞典。（丘萨克和赖因，1987）

私人部门在社会服务和生产者服务中培育了巨大且高质量的就业增长。然而，我们必须严肃地质疑市场的“私有性”：正是在此，美国体系独特的公私交互作用变得重要起来。

从管理性和商业服务性工作开始，我们可以回顾一下我们的假设，即在欧洲构成福利国家的内容中，有很大一部分在美国内化于商业企业中。这特别影响了人事和附加福利的管理。美国福利国家的两个方面促进了这种管理主义。首先，福利和服务的不足，使二者成为了工资谈判的目标。其次，美国福利国家税收的支出侧鼓励公司用附加福利替代直接工资。其净效果是，美国公司背负了很多法律未强制要求的间接工资成本。

就业的结果应当是，在欧洲作为福利国家雇员的人力，其中
226 很大一部分在美国对应的是经理人员或商业服务工作者。例如，美国有100多万人就业于人事供应服务中，仅此一项就占到生产者服务总就业的8%。在瑞典，这一群体会小得多，并主要在政府劳动力市场局工作。

类似的逻辑适用于多数私人部门的社会服务就业，无论是在医疗、教育，还是在其他方面。税收结构与直接补贴相结合（主

要通过私人保险市场体系提供），构成了一个大规模的服务体系，因此也提供了就业补贴。

美国特色的福利国家可能在女性和黑人的就业改善方面取得了重要的进展。瑞典式的制度性福利国家认为自己有义务提供机会公平和就业保障；美国体系的内在偏好则是鼓励市场支持这样的崇高目标，因此出现了平权行动（Affirmative Action）和《平等机会法》（Equal Opportunity Act），努力引导教育体系和就业市场改善少数族裔的机会。

我们的发现表明，《平等机会法》式的方法效果不错。当然，从官方的角度，它只适用于有政府合约的公司或组织。鉴于美国国防合约的无所不在，这或许是一个相当大的数字，但是可能还不足以说明我们所见到的趋势。我们因此可以认定其他的公司也采用了平权行动，也许出于形象原因，也许它已被证实有利可图。

综上所述，必须谨慎对待美国“市场模式”的公平结果。在政府干预最少的地方，如“垃圾工作”部门，结果不是很好；而在它干预最多的地方，如平权行动或《平等机会法》，平等的动向是显著可见的。

后工业社会的分层和冲突

研究社会分层的目的在于识别潜在的冲突结构。第一代后工业理论提出了两种可能性：一是普遍的去技能化和无产阶级化；另一是职业升级过程中底层手工劳动的消失。这两种情况都被认为会导致趋同现象。

227 我们研究后工业就业分层的方法尚属尝试性质，但它揭示了三种独特的设置，这可能导致冲突结构出现质的差异。

乍一看，瑞典的职业化水平很高，同时也减少了不佳的工作，似乎证实了乐观的局面。但进一步观察，就会发现该体系在公私部门的轴线上存在明显的性别分割。尽管性别隔离不必然导致冲突，但考虑到该制度的致命弱点，性别与部门间出现严重冲突的可能性很高。

为了维持和扩张福利国家就业，政府被迫对公共雇员实施工资限制。在瑞典，中央控制的团结工资政策意味着这种限制必须扩展到整个经济，但事实是这几乎不可能实现。因此，整个1980年代瑞典劳动力市场上最严重的冲突（包括大规模罢工）都发生在公共和私人部门工会之间。从这个角度看，我们可以预想到一场私人部门男性工人（为主）与福利国家女性工人（为主）之间的激烈冲突。如果这确实是可能的结果，瑞典社会民主党可能只能寄希望于婚姻关系足够强大，足以经受经济战争的风暴。

德国的后工业化时期呈现为无就业增加的经济增长。它并没有在工作阶层或就业部门中创造出新的分层，而是形成了“内部人—外部人”的分隔。在经济学文献中，内部人—外部人问题被定义为这样一种情况：集体谈判仅代表有工作的人，以牺牲无工作外部人的就业机会为代价追求工资的最大化。将这个定义稍微扩展一下，就成了似乎最适合描述德国轨迹的轴线。作为企业、工会和政府之间隐性协议的一部分，德国对去工业化的反应是通过退休和失业计划，以及返聘外籍劳工来减少人力。这大幅减少了劳动力并提高了生产率。再加上缺乏女性劳动力供应的激励，结果就是不断减少的高效率劳动力队伍支撑着日益增长但缺乏生产力的外部群体。在德国，经济上不活跃的人口达到60%，而在瑞典为49%，但这并不是因为德国的老龄人口多于瑞典。

为了养活家庭主妇，男性工薪阶层必须拥有较高的实得收入；
为了维持福利国家，雇员必须缴纳重税——这正是冲突最可能爆 228
发的地方。内部人—外部人问题的一方面是外部人无法参与工作。如凡・帕里斯（1987）所指出的，当工作成为稀缺资源时，它就呈现出一种资产的特质，没有工作的人会感到被剥夺。

内部人—外部人问题的另一方面可能潜藏着更激烈的矛盾。当不断缩减的积极劳动力被迫支撑膨胀的非生产性人群，对税收的怨恨情绪可能会上升，尤其是转移支付是如此明显地由社会生产性部分流向非生产性部分。并行的可能性是对外籍劳工的反感和歧视激增，他们容易被视为不受欢迎的福利寄生虫或工作抢夺者。因此，德国的发展轨迹面临着双重冲突的风险，其中阶级以是否拥有工作来划分。

最后，在美国，后工业时代的冲突轴不那么明显。但可以确定的是，服务经济呈现出明显的两极分化，不仅工作质量，而且工资和福利的不平等程度都比其他国家更甚。如果1980年代的“垃圾工作”偏向成为长期趋势，则真正的无产阶级化效应就可能出现。在美国服务经济的底层，工资和贫困线接近，附加福利几乎不存在。

这个问题要归结到就业结构中的分配机制。显然，某些少数族裔在底层被过度代表，但这种情况正在迅速改变。工作分配在性别和种族之间已经变得更加平等。根据我们相对有限的实证证据，实际上可以预见三种完全不同的结果。第一种是西班牙裔，可能还包括其他近期移民，正成为新的后工业无产阶级，填补劳动力市场的底层。在这种情况下，可能产生的是基于种族的二元分割。然而，这种情景并不特别可信。证据显示，黑人正经历着显著的向上流动，但也很清楚地显示，他们仍被困在低端工作中。

第二种也是更现实的结果是，阶级差异在性别和种族间可能减小，但在性别和种族内部可能扩大。在传统工业经济中，美国的二元分化显然与性别和种族的分隔严重重叠。但黑人和女性被固定在低标准工作上的趋势正在逆转。随着女性和黑人日渐充分
229 地融入主流的阶级结构，阶级差异可能在各种少数族裔群体内部更加明显。当一些女性成为雅皮士，一些黑人成为中产阶级，被留在底层的女性和黑人将更强烈地感到相对剥夺。

第三种可能性对于美国后工业社会来说是最乐观的。在前两种可能性中，我们或多或少地假设了问题重重的“垃圾工作”部门是通往工业贫民窟的死路，一旦进入就难以逃脱。但如果美国服务经济的底层主要被年轻人和新移民用作跳板或中转站，我们的结论将大为不同。为了证实这种假设，我们需要包含具体工作历史的微观数据，以确定滞留或脱离低质工作的人的比例。尽管如此，有迹象表明，在所有从事餐饮服务业的人中，25% 在 16 至 20 岁。（劳动统计局，1987，表 D20）

在我们的研究中得出一个最终结论显然是不可能的。瑞典、德国和美国可能正分别发展出三种不同的后工业时代福利资本主义模式。我们所描述的冲突可能会固化为长期的结构性特征，但也可能由于重大事件或改革而发生变化，从而根本上改变这些国

家目前的发展轨迹。

我进行这项研究的时期正处于快速变化之中，因此任何结论都应是开放的。因此，我希望这本书不会被看作一种多少会失败的预测。本书的目标不在于理论化未来，而在于提供一种有益的分析现代变化的框架。

参考文献

Aaron, H. and Burtless, G. (eds) 1984: *Retirement and Economic Behavior.* Washington, DC: The Brookings Institute.

Alber, J.1982: *Von Armenhaus zum Wohlfahrsstaat.* Frankfurt: Campus Verlag.

Ashford, D.1986: *The Emergence of the Welfare State.* Oxford: Basil Blackwell.

Ball, R.1978: *Social Security.* New York: Columbia University Press.

Baron, J.1984: Organizational perspectives on stratification. *Annual Review of Sociology,* 10.

Baron, J. and Bielby, W. 1980: Bringing the firm back in: stratification, segmentation and the organization of work. *American Sociological Review*, 45.

Bauer, O.1919: *Der Weg zum Sozialismus.* Vienna: Volksbuchhandlung.

Baumol, W.1967: The macroeconomics of unbalanced growth. *American Economic Review*, 57.

Beer, S. 1966: *British Politics in the Collectivist Age.* New York: Knopf.

Bell, D.1973: *The Coming of Post-Industrial Society.* New York: Basic Books.

Bell, D.1978: *The Cultural Contradictions of Modern Capitalism.* New York: Basic Books.

Bendix, R. 1964: *Nation-Building and Citizenship.* New York: John Wiley and Sons.

Berg, I (ed.) 1981: *Sociological Perspectives on Labor Markets.* New York: Academic Press.

Bernstein, E.1961: *Evolutionary Socialism* (1898). New York: Schocken.

Bielby, W. T. and Baron, J. N.1986: Men and women at work: sex segregation and statistical discrimination. *American Journal of Sociology*, 91, 759–799.

Black, D. and Myles, J.1986: Dependent industrialization and the Canadian class structure: a comparative analysis of Canada, the United States and Sweden. *Canadian Review of Sociology and Anthropology*, 23(2).

Blanchard, O., Dornbush, R., and Layard, R. (eds) 1986: *Restoring Europe's Prosperity.* Cambridge, Mass.: MIT Press.

Blau, P. M. and Duncan, O. D.1967: *The American Occupational Structure.* New York: John Wiley and Sons.

Block, F.1977: The ruling class does not rule. *Socialist Review*, 7(May–June).

Block, F.1985: Postindustrial development and the obsolescence of economic categories. *Politics and Society*, 14(1).

Bluestone, B. and Harrison, B.1986: *The Great American Job Machine: The Proliferation of Low Wage Employment in the US Economy*. Study prepared for the Joint Economic Committee, Washington, DC.

Blundell, R. and Walker, I.1988: The changing structure of the labour force: married women and lone parents. Paper presented at the Symposium on Population Change and European Society, European University Institute, Florence (December).

Bordogna, L.1981: The political business cycle and the crisis of Keynesian politics. Paper presented at the American Sociological Meetings, Toronto (August).

Boskin, M. and Hurd, M. 1978: The effect of social security on early retirement. *Journal of Political Economy*, 10.

Bower, R. H.1947: *German Theories of the Corporate State*. New York: Russel and Russel.

Bowles, S. and Gintis, H. 1986: *Democracy and Capitalism*. New York: Basic Books.

Brandes, S. D. 1976: *American Welfare Capitalism 1880–1940*. Chicago,Ⅲ.: University of Chicago Press.

Braun, D. and Keman, H. 1986: Politikstrategien und Konfliktregulierung in den Niederlanden. *Politischen Vierteljahresschrifte*, 27 (1).

Braverman, H.1974: *Labor and Monopoly Capital: The Degredation of Work in the Twentieth Century*. New York: Monthly Review Press.

Break, G. F.1980: The role of government: taxes, transfers and spending. In M. Felstein (ed.), *The American Economy in Transition*. Chicago, Ⅲ.: University of Chicago Press.

Briggs, A.1961: The welfare state in historical perspective. *European Journal of Sociology*, 2,221–258.

Brown, J. and Small, S. 1985: *Occupational Benefits as Social Security*. London: Policy Studies Institute.

Browning, H. and Singelmann, J.1975: *The Emergence of a Service Society: Demographic and Sociological Aspects of the Sectoral Transformation of the Labor Force in the USA*. Springfield, Va.: National Technical Information Service.

Bruno, M. and Sachs, J.1985: *The Economics of Worldwide Stagflation*. Cambridge, Mass.: Harvard University Press.

Bureau of the Census (United States),1976: *Statistical History of the United States*. New York: Basic Books.

Bureau of the Census (United States) ,1986: *Statistical Abstract of the United States*. Washington, DC.: Government Printing Office.

Bureau of Labor Statistics, 1987: *Employment and Earnings*. Washington, DC.: Government Printing Office.

Cameron, D.1978: The expansion of the public economy: a comparative analysis. *American Political Science Review*, 4.

Cameron, D.1984: Social democracy, corporatism, labour quiescence and the representation of economic interest in advanced capitalist society. In J. Goldthorpe (ed.), *Order and Conflict in Contemporary Capitalism*, Oxford: Oxford University Press.

Cameron, D.1987: Politics, public policy and distributional inequalities: a comparative analysis. Paper presented at the Tenth Annual Scientific Meeting of the International Society of Political Psychology, San Francisco, Ca.(July).

Castles, F. 1978: *The Social-Democratic Image of Society*. London: Routledge and Kegan Paul.

Castles, F.1981: How does politics matter? Structure or agency in the determination of public policy outcomes. *European Journal of Political Research*, 9.

Castles, F.1986: *Working Class and Welfare: Reflections on the Political Development of the Welfare State in Australia and New Zealand*. London: Allen and Unwin.

Castles, F. (ed.)1982: *The Impact of Parties*. London: Sage.

Chandler, A. and Deams, D. (eds)1980: *Managerial Hierarchies: Comparative Perspectives on the Rise of the Modern Industrial Enterprise*. Cambridge, Mass.: Harvard University Press.

Clark, C.1940: *The Conditions of Economic Progress*. London: Macmillan.

Cohen, S. and Zysman, J.1987: *Manufacturing Matters: The Myth of the Post-Industrial Economy*. New York: Basic Books.

Colbjornsen, T.1986: *Dividers in the Labor Market*. Oslo: Norwegian University Press.

Cromton, R.1986: Women and the 'service class'. In R. Cromton and M. Mann (eds), *Gender and Stratification*, Cambridge: Polity Press.

Crosland, C. A. R.1967: *The Future of Socialism*. New York: Schocken.

Crouch, C.1977: *Class Conflict and the Industrial Relations Crisis*. London: Heinemann.

Crouch, C. 1978: The intensification of industrial conflict in the United Kingdom. In C. Crouch and A. Pizzorno (eds), *The Resurgence of Class Conflict in Western Europe since 1968*. 2 vols. New York: Holmes and Meier.

Crouch, C. and Pizzorno, A. (eds)1978: *The Resurgence of Class Conflict in Western Europe since 1968*. 2 vols. New York: Holmes and Meier.

Cusack, T., Notermans, T., and Rein, M. 1987: *Political and Economic Aspects of Public Employment*. Berlin: WZB Working Papers.

Cusack, T. and Rein, M. 1987: Social policy and service employment. Berlin: WZB Working Papers.

Cutright, P. 1965: Political structure, economic development, and national

social security programs. *American Journal of Sociology*, 70:537–550.

Cutright, P.1967: Income redistribution: a cross-national analysis. *Social Forces*, 46,180–190.

Danziger, S., Haveman, R., and Plotnik, R. 1981: How income transfers affect work, savings and income distribution. *Journal of Economic Literature*, 19.

Day, L.1978: Government pensions for the aged in 19 industrialized countries. In R. Tomasson (ed.), *Comparative Studies in Sociology*, Greenwich, Conn.: JAI Press.

Derthick, M.1979: *Policymaking for Social Security*. Washington, DC.: The Brookings Institute.

Diamond, P. and Hausman, J.1984: The retirement and unemployment behavior of older men. In H. Aaron and G. Burtless (eds), *Retirement and Economic Behavior*. Washington, DC: The Brookings Institute.

Dich, J.1973: *Den Herskende Klasse*. Copenhagen: Borgen.

Dobb, M.1946: *Studies in the Development of Capitalism*. London: Routledge and Kegan Paul.

Downs, A.1957: *An Economic Theory of Democracy*. New York: Harper and Row.

Edgren, G., Faxen, K. O., and Odhner, C. E.1973: *Wage Formation and the Economy*. London: Allen and Unwin.

Elmer, A.1960: *Folkpensioneringen i Sverige*. Lund, Sweden: Gleerup.

Erikson, R. and Aaberg, R. (eds) 1984: *Vaelfaerd i Foeraendring: Levnadsvillkor i Sverige 1968–1981*. Stockholm: Institutet foer social forskning.

Esping-Andersen, G. 1985a: *Politics against Markets*. Princeton, NJ.: Princeton University Press.

Espind-Andersen, G.1985b: Power and distributional regimes. *Politics and Society*, 14.

Esping-Andersen, G. 1987a: Institutional accommodation to full employment. In H. Keman and H. Paloheimo (eds), *Coping with the Crisis*. London: Sage.

Esping-Andersen, G. 1987b: Citizenship and socialism: de-commodification and solidarity in the welfare state. In G. Esping-Andersen, M. Rein, and L. Rainwater (eds), *Stagnation and Renewal in Social Policy: The Rise and*

Fall of Policy Regimes. Armonk, NY: M. E. Sharpe.

Esping-Andersen, G. and Friedland, R. 1982: Class coalitions in the making of West European economies. *Political Power and Social Theory*, 3.

Esping-Andersen, G. and Kolberg, J. O. 1989: Decommodification and work absence in the welfare state. *European University Institute Working Papers*, no. 367, Florence.

Esping-Andersen, G. and Korpi, W.1984: Social policy as class politics in postwar capitalism. In J. Goldthorpe (ed.), *Order and Conflict in Contemporary Capitalism*. Oxford: Oxford University Press.

Esping-Andersen, G. and Korpi, W.1986: From poor relief to institutional welfare states. In R. Erikson, E. J. Hansen, S. Ringen, and H. Uusitalo (eds), *The Scandinavian Model: Welfare States and Welfare Research*. Armonk, NY: M. E. Sharpe.

Esping-Andersen, G., Rein, M., and Rainwater, L. (eds)1988: *Stagnation and Renewal in Social Policy: the Rise and Fall of Policy Regimes*. Armonk, NY: M. E. Sharpe.

Evans, E.1978: *Social Policy, 1830–1914*. London: Routledge and Kegan Paul.

Fausto, D.1978: *Il Sistema Italiano di Sicurezza Sociale*. Bologna: Il Mulino.

Featherman, D. L. and Hauser, R. M.1978: *Opportunity and Change*. New York: Academic Press.

Feldstein, M. 1974: Social security, induced retirement, and aggregate capital formation. *Journal of Political Economy*, 82.

Fisher, A.1935: *The Clash of Progress and Security*. London: Macmillan.

Flanagan, R., Soskice, D., and Ulman, L. 1983: *Unionism, Economic Stabilization and Incomes Policies*. Washington, DC: The Brookings Institute.

Flora, P (ed.)1986: *Growth to Limits: The Western European Welfare States since World War II*. Berlin: De Gruyter.

Flora, P. and Alber, J.1981: Modernization, democratization and the development of welfare states in Europe. In P. Flora and A. Heidenheimer (eds), *The Development of Welfare States in Europe and America*. London: Transaction Books.

Fuchs, V.1968: *The Service Economy*. New York: National Bureau of Economic Research.

Gershuny, J.1978: *After Industrial Society: The Emerging Self-Servicing Economy*. London: Macmillan.

Gershuny, J.1983: *Social Innovation and the Division of Labour*. Oxford University Press.

Gershuny, J. 1986: Time use, technology and the future of work. *Journal of the Market Research Society*, 28(4),335−354.

Gershuny, J.1988: *The Social Economics of Post-Industrial Societies*. A report to the Joseph Rowntree Memorial Trust, University of Bath.

Giddens, A.1985: *The Nation State and Violence*. Cambridge: Polity Press.

Gilbert, B.1966: *The Evolution of National Insurance in Great Britain*. London: Michael Joseph.

Glyn, A. and Sutcliffe, R.1972: *British Capitalism: Workers and the Profits Squeeze*. London: Penguin.

Goldin, C.1987: Women's employment and technological change. In H. Hartman (ed.), *Computer Chips and Paper Clips: Technology and Women's Employment*. Washington, DC.: National Academy Press.

Goldthorpe, J.(ed.) 1984a: *Order and Conflict in Contemporary Capitalism*. Oxford: Oxford University Press.

Goldthorpe, J.1984b: The end of convergence: corporatist and dualist tendencies in modern western societies. In J. Goldthorpe (ed.), *Order and Conflict in Contemporary Capitalism*. Oxford: Oxford University Press.

Goodman, C. 1986: Changing structures of retirement income in Canada. ISSA Meetings, Baltimore (May).

Gough, I.1979: *The Political Economy of the Welfare State*. London: Macmillan.

Gourevitch, P.1986: *Politics in Hard Times*. Ithaca, NY: Cornell University Press.

Graebner, W.1980: *A History of Retirement*. New Haven, Conn.: Yale University Press.

Griffin, L. J., O'Connell, P. J., and McCammon, H. J.1989: National variations

in the context of struggle: post-war class conflict and market distribution in the capitalist democracies. *Canadian Review of Sociology and Anthropology* (Spring).

Guillebaud, C. W. 1941: *The Social Policy of Nazi Germany*. Cambridge: Cambridge University Press.

Guillemard, A.1980: *La Vieillesse et l'Etat*. Paris: Presses Universitaires.

Gustavsson, S.1988: Cohort size and female labour supply. Paper presented at the Symposium on Population Change and European Society, European University Institute, Florence (December).

Haarr, A. 1982: *I Oljens Tegn*. Oslo: Tanum.

Hakim, C.1979: Occupational segregation. Research paper no.9. London: UK Department of Employment (November).

Hansen, E. J.1988: *Generationer og Livsforloeb*. Copenhagen: Hans Reitzel.

Haveman, R., Wolfe, B., and Warlick, J. 1984: Disability transfers, early retirement and retirement. In H. Aaron and G. Burtless (eds), *Retirement and Economic Behavior*. Washington, DC: The Brookings Institute.

Hay, J. R.1975: *The Origins of Liberal Reforms 1906–1914*. London: Macmillan.

Hedstrom, P. and Ringen, S.1985: Age and income in contemporary society. Walferdange, Luxembourg: Luxembourg Income Study Working Papers.

Heimann, E. 1929: *Sociale Theorie der Kapitalismus*. Frankfurt: Suhrkamp, rpt 1980.

Hewitt, C.1977: The effect of political democracy and social democracy on equality in industrial societies. *American Sociological Review*, 42.

Hibbs, D. 1977: Political parties and macroeconomic policy. *American Political Science Review*, 71.

Hicks, A. 1988: Social democratic corporatism and economic growth. *Journal of Politics*, 50, (3), 677–704.

Higgins, W. and Apple, N.1981: *Class Mobilisation and Economic Policy: Struggles over Full Employment in Britain and Sweden, 1930–80*. Stockholm: Arbetslivcentrum.

Hirsch, F.1976: *Social Limits to Growth*. Cambridge, Mass.: Harvard

University Press.

Hirsch, F. and Goldthorpe, J. (eds)1978: *The Political Economy of Inflation*. Oxford: Martin Robertson.

Hurd, M. and Boskin, M. 1981: The effect of social security on retirement in the early 1970s. *National Bureau of Economic Research Working Paper*, no.659.

Ingelhart, R. 1977: *The Silent Revolution*. Princeton, NJ.: Princeton University Press.

Jackson, P.1977: The philosophical basis of the private pension movement. In D. M. McGill (ed.), *Social Security and Private Pension Plans*. Homewood, Ⅲ.: Irwin Press.

Jacobs, J. A. and Breiger, R. L. forthcoming: Careers, industries and occupations: industrial segmentation reconsidered. In P. England and G. Farkas (eds), *Industries, Firms and Jobs: Sociological and Economic Approaches*. New York: Plenum.

Jantz, K.1961: Pension reform in the Federal Republic of Germany. *International Labour Review* (February).

Jencks, C. *et al*. 1982: *Inequality*. New York: Basic Books.

Jessop, B.1982: *The Capitalist State*. Oxford: Martin Robertson.

Kalecki, M.1943: Political aspects of full employment. *Political Quarterly*, 14.

Katzenstein, P.1985: *Small States in World Markets*. Ithaca, NY: Cornell University Press.

Kautsky, K.1971: *The Class Struggle* (1982). New York: Norton.

Kenneth Hansen, F.1987: Redistribution of income in Denmark. In R. Erikson, E. J. Hansen, S. Ringen, and H. Uusitalo (eds), *The Scandinavian Model: Welfare States and Welfare Research*. Armonk, NY: M. E. Sharpe.

King, F.1978: The future of private and public employee pensions. In B. R. Herzog (ed.), *Aging and Income*. New York: Human Sciences Press.

Klein, R.1985: Public expenditure in an inflationary world. In L. Lindberg and C. A. Maier (eds), *The Politics of Inflation and Economic Stagnation*. Washington, DC: The Brookings Institute.

Kocka, J. 1981: Class formation, interest articulation, and public policy: the origins of the German white-collar class in the late nineteenth and early twentieth centuries. In S. Berger (ed.), *Organizing Interests in Western Europe: Pluralism, Corporatism and the Transformation of Politics*. Cambridge: Cambridge University Press.

Korpi, W. 1980: Social policy and distributional conflict in the capitalist democracies. *West European Politics*, 3.

Korpi, W. 1983: *The Democratic Class Struggle*. London: Routledge and Kegan Paul.

Korpi, W. 1987: Class, power and state autonomy in welfare state development. Stockholm: Swedish Institute for Social Research Reprint Series.

Korpi, W. 1988: The politics of employment policy: a comparative study of unemployment insurance, unemployment and active labor market policy in 18 OECD countries. Paper prepared for the workshop of the ISA Research Committee on Poverty, Social Welfare and Social Policy, Stockholm (August).

Kraus, F. 1981: The historical development of income inequality in Western Europe and the United States. In P. Flora and A. Heidenheimer (eds), *The Development of Welfare States in Europe and America*. London: Transaction Books.

Kuhnle, S. and Solheim, L. 1981: Party programs and the welfare state: consensus and conflict in Norway, 1945–1977. Paper presented at the European Consortium for Political Research Joint Sessions, Lancaster.

Kuttner, B. 1983: The declining middle. *Atlantic Monthly* (July),60–72.

Kuznets, S. 1957: Quantitative aspects of the economic growth of nations Ⅱ: industrial distribution of national product and labor force. *Economic Development and Cultural Change*, 5 (July), Supplement.

Lange, P. 1984: Unions, workers and wage regulation: the rational bases of consent. In J. Goldthorpe (ed.), *Order and Conflict in Contemporary Capitalism*. Oxford: Oxford University Press.

Lange, P. and Vanicelli, M. 1979: From marginality to centrality: Italian unionism in the 1970s. Paper presented at the Annual APSA Meetings,

Washington, DC.

Latimer, M.1932: *Industrial Pension Systems in the United States and Canada*. New York: Industrial Relations Councelors.

Lawrence, R.1985: The middle class is alive and well. *The New York Times*, June 23.

Lederer, E. and Marshack, J. 1926: *Arbeiterschutz. Grundriss der Sozialoekonomik*, 9. Tubingen: Mohr.

Le Grand, J.1982: *The Strategy of Equality: Redistribution and the Social Services*. London: Allen and Unwin.

Lehmbruch, G.1984: Concertation and the structure of corporatist networks. In J. Goldthorpe (ed.), *Order and Conflict in Contemporary Capitalism*. Oxford: Oxford University Press.

Leo XIII 1891: *Rerum Novarum*. Papal Encyclical. Vatican City.

Lindbeck, A.1981: *Work Disincentives in the Welfare State*. Stockholm: Institute for International Economic Studies, University of Stockholm Reprint Series no.176.

Lindbeck, A. and Snower, D. 1984: Involuntary unemployment as an insider–outsider dilemma. Stockholm: Institute for International Economic Studies, Seminar Paper no.282.

Lindberg, L. and Meier, C. (eds) 1985: *The Politics of Inflation and Economic Stagnation*. Washington, DC: The Brookings Institute.

Lindblom, C.1977: *Politics and Markets*. New York: Basic Books.

Lipset, S. M. 1960: *Political Man*. New York: Doubleday, Anchor.

Maddison, A.1982: *Phases of Capitalist Development*. Oxford: Oxford University Press.

Marshall, A.1920: *Principles of Economics* (1890).8th edn. London: Macmillan.

Marshall. T. H.1950: *Citizenship and Social Class*. Cambridge: Cambridge University Press.

Martin, A.1981: Economic stagnation and social stalemate in Sweden. In US Congress, Joint Economic Committee, *Monetary Policy, Selective*

Credit Policy, and Industrial Policy in France, Britain, West Germany, and Sweden. Washington, DC: Government Printing Office.

Martin, A.1985: Wages, profits and investment in Sweden. In L. Lindberg and C. Maier (eds), *The Politics of Inflation and Economic Stagnation*. Washington, DC: The Brookings Institute.

Marx, K.1954–1956: *Capital*. London: Lawrence and Wishart.

Melman, S.1951: *The Rise of Administrative Overhead in the Manufacturing Industries of the United States, 1899–1947*. Oxford: Oxford University Press.

Messner, J.1964: *Die Soziale Frage in Blickfeld der Irrwege von Gestern, die Sozialkaempfe von Heute, die Weltenscheidungen von Morgen*. Innsbruck: Tyrolia Verlag.

Mueller-Jentsch, W. and Sperling, H. J. 1978: Economic development, labour conflicts and the industrial relations system in West Germany. In C. Crouch and A. Pizzorno (eds), *The Resurgence of Class Conflict in Western Europe since 1968*, 2 vols. New York: Holmes and Meier.

Muller, W. and Neussuss, C. 1973: The illusion of state socialism and the contradiction between wage labor and capital. *Telos*, 25(Fall).

Munnell, A.1982: *The Economics of Private Pensions*. Washington, DC: The Brookings Institute.

Myles, J.1984a: *Old Age in the Welfare State*. Boston: Little, Brown.

Myles, J.1984b: Does class matter? Explaining America's welfare state. Paper presented at the Center for the Study of Industrial Societies, University of Chicago (November).

Myles, J., Picot, G., and Wannell, T.1988: *Wages and Jobs in the 80s: The Declining Middle in Canada*. Ottawa: Statistics Canada.

Myrdal, A. and Myrdal, G.1936: *Kris i Befolkningsfraagan*. Stockholm: Tiden.

Neumann, L. and Schapter, K. 1982: *Die Sozialordnung der Bundesrepublik Deutschland*. Frankfurt: Campus Verlag.

Nordhaus, W.1974: The falling share of profits. In *Brookings Papers on Economic Activity*, 1. Washington, DC: The Brookings Institute.

O'Connor, J.1973: *The Fiscal Crisis of the State*. New York: St Martin's Press.

OECD 1977: *Old Age Pension Schemes*. Paris: OECD.

OECD 1983: *Employment Outlook*. Paris: OECD.

OECD 1984a: *Tax Expenditures*. Paris: OECD.

OECD 1984b: *Employment Outlook*. Paris: OECD.

OECD 1985: *Sweden–Economic Survey*. Paris: OECD.

Offe, C.1972: Advanced capitalism and the welfare state. *Politics and Society*, 4.

Offe, C.1984: *Contradictions of the Welfare State*. London: Hutchinson.

Offe, C. 1985: *Disorganized Capitalism*. Cambridge, Mass.: MIT Press.

Ogus, A.1979: Social insurance, legal development and legal history. In H. F. Zacher,(ed.), *Bedingungen fur die Entstehung von Sozialversicherung*. Berlin: Duncker und Humboldt.

O'Higgins, M. 1985: Inequality, redistribution and recession: the British experience,1976–1982. *Journal of Social Policy*, 14(3).

Okun, A. 1975: *Equality and Efficiency: The Big Trade-Off*. Washington, DC: The Brookings Institute.

Olson, M.1982: *The Rise and Decline of Nations*. New Haven, Cornn. : Yale University Press.

Otruba, G. 1981: Privatbeamten-, Handlungsgehilfen und Angestelltenorganisationen. Ihr Betrag zur Entstehung des oesterreichisehen Angestelltenpensionversicherung-gesetzes 1906. In J. Kocka (ed.), *Angestellte im Europaeischen Vergleich*. Gottingen: Vandenhoeck und Ruprecht.

Pampel, F. and Weiss, I. 1983: Economic development, pension policies, and the labor force participation of aged males. *American Journal of Sociology*, 89.

Pampel, F. C. and Williamson, J. B.1985: Age structure, politics, and cross-national patterns of public pension expenditures. *American Sociological Review*, 50,787–798.

Pampel, F. C. and Williamson, J. B. 1988: Welfare spending in advanced democracies,1950–1980. *American Journal of Sociology*, 93(6).

Panitch, L.1980: Recent theorizations of corporatism: reflections on a growth industry. *British Journal of Sociology*, 31.

Parkin, F.1979: *Marxism and Class Theory: A Bourgeois Critique*. London: Croom Helm.

Parsons, D.1980: The decline of male labor force participation. *Journal of Political Economy*, 88.

Pelling, H.1961: *The Origins of the Labour Party*. Oxford: Clarendon Press.

Perrin, G.1969: Reflections on fifty years of social security. *International Labor Review*, 99.

Pius XI 1931: *Quadragesimo Anno*. Papal Encyclical. Vatican City.

Piven, F. F. and Cloward, R. A.1971: *Regulating the Poor*. New York: Vintage.

Polanyi, K.1944: *The Great Transformation*. New York: Rinehart.

Pomerehne, W. and Schneider, F. 1980: Unbalanced growth between public and private sectors. Paper presented at IIPF Conference, Jerusalem (August).

Poulantzas, N.1973: *Political Power and Social Classes*. London: New Left Books.

Preller, L.1949: *Socialpolitik in der Weimarer Republik*. Stuttgart: Mittelbach Verlag.

Preller, L. 1970: *Praxis und Probleme der Sozialpolitik*. Tubingen: J. C. Mohr.

Preusser, N. (ed.)1982: *Armut und Sozialstaat, Vol. 3: Die Entwicklung des Systems der sozialen Sicherung 1870 bis 1945*. Munich, AG SPAK.

Pryor, F.1969: *Public Expenditures in Communist and Capitalist Nations*. London: Allen and Unwin.

Przeworski A. 1980: Material bases of consent: politics and economics in a hegemonic system. *Political Power and Social Theory*, 1.

Przeworski, A. 1985: *Capitalism and Social Democracy*. Cambridge: Cambridge University Press.

Quadagno, J.1988: *The Transformation of Old Age Security*. Chicago, Ⅲ. : University of Chicago Press.

Rasmussen, E.1933: Socialdemokratiets Stilling til det Sociale Sporgsmaal,1890–1901. In P. Engelsoft and H. Jensen (eds), *Maend og Meninger i Dansk Socialpolitik 1866–1901*. Copenhagen: Nordisk Forlag.

Regini, M.1984: The conditions for political exchange: how concertation

emerged and collapsed in Italy and Great Britain. In J. Goldthorpe (ed.), *Order and Conflict in Contemporary Capitalism*. Oxford: Oxford University Press.

Rein, M.1982: Pension policies in Europe and the United States. Paper presented at the Conference on Social Welfare and the Delivery of Social Services, Berkeley, Ca. (November).

Rein, M.1985: *Women in the Social Welfare Labor Market*. Berlin: WZB Working Papers.

Rein, M. and Rainwater, L. (eds) 1986: *Public–private Interplay in Social Protection: a Comparative Study*. Armonk, NY: M. E. Sharpe.

Rein, M. and Rainwater, L.1987: From welfare state to welfare society. In G. Esping-Andersen, M. Rein, and L. Rainwater (eds), *Stagnation and Renewal in Social Policy: The Rise and Fall of Policy Regimes*. Armonk, NY: M. E. Sharpe.

Richter, E.1987: Subsidariataet und Neokonservatismus. Die Trennung von politischer Herrschaftsbegruendung und gesellschaftlichem Stufenbau. *Politische Vierteljahresschrift*, 28(3), 293–314.

Rimlinger, G. 1971: *Welfare Policy and Industrialization in Europe, America and Russia*. New York: John Wiley and Sons.

Rimlinger, G. 1987: Social policy under German Fascism. In G. Esping-Andersen, M. Rein, and L. Rainwater (eds), *Stagnation and Renewal: The Rise and Fall of Policy Regimes*. Armonk, NY: M. E. Sharpe.

Ringen, S.1987: *The Politics of Possibility: a Study in the Political Economy of the Welfare State*. Oxford: Clarendon Press.

Ringen, S. and Uusitalo, H. forthcoming 1990: Income distribution and redistribution in the Nordic Welfare States. In J. E. Kolberg (ed.), *Comparing Welfare States and Labour Markets: The Scandinavian Model*. Armonk, NY: M. E. Sharpe.

Robbins, L. 1976: *Political Economy Past and Present*. London: Macmillan.

Rokkan, S.1970: *Citizens, Elections, Parties*. Oslo: Universitetsforlaget.

Rosenfeld, R. A. 1980: Race and sex differences in career dynamics. *American Sociological Review*, 45,583–609.

Sachs, J.1979: Wages, profits and macroeconomic adjustment: a comparative study. In *Brookings Papers on Economic Activity*, 2. Washington, DC: The Brookings Institute.

SAF 1976: *Wages and Total Labour Costs for Workers*, 1965–1975. Stockholm: SAF.

SAF 1984: *Wages and Total Labour Costs for Workers*, 1972–1982. Stockholm: SAF.

Salowski, H. 1980: *Individuelle Fehlzeiten in Westlichen Industrielaendern*. Cologne: DIV.

Salowski, H.1983: *Fehlzeiten*. Cologne: DIV.

Sawyer, M.1976: *Income Distribution in OECD Countries*. Paris, OECD.

Sawyer, M.1982: Income distribution and the welfare state. In A. Boetho (ed.), *The European Economy*, Oxford: Oxford University Press.

Schmidt, M.1982: The role of parties in shaping macro-economic policies. In F. Castles (ed.), *The Impact of Parties*. London: Sage.

Schmidt, M.1983: The welfare state and the economy in periods of economic crisis. *European Journal of Political Research*, 11.

Schmidt, M.1987: The politics of labour market policy. In F. Castles, F, Lehrer, and M. Schmidt (eds), *The Political Management of Mixed Economies*. Berlin: De Gruyter.

Schmitter, P. 1981: Interest intermediation and regime governability in contemporary Western Europe and North America. In S. Berger (ed.), *Organizing Interests in Western Europe*. Cambridge: Cambridge University Press.

Schmitter, P. and Lembruch, G. (eds)1979: *Trends towards Corporatist Intermediation*. London: Sage.

Schumpeter, J.1954: *History of Economic Analysis*. New York: Oxford University Press.

Schumpeter, J.1970: *Capitalism, Socialism and Democracy* (1944). London: Allen and Unwin.

Shalev, M.1983: The social-democratic model and beyond. *Comparative Social Research*, 6.

Sharpf, F.1985: Beschaeftigungspolitische Strategien in der Krise. *Leviathan*, 13.

Shonfield, A.1965: *Modern Capitalism*. Oxford: Oxford University Press.

Shore, J. and Bowles, S.1984: The cost of labor loss and the incidence of strikes. Unpublished paper, Cambridge, Mass.: Harvard University Department of Economics.

Singelmann, J.1974: *The Sectoral Transformation of the Labor Force in Seven Industrialized Countries, 1920–1960*. Ph. D. thesis, University of Texas.

Singelmann, J.1978: The sectoral transformation of the labor force in seven industrialized countries, 1920−1970. *American Journal of Sociology*, 83(5).

Skocpol, T.1987: The limits of the American New Deal. In G. Esping-Andersen, M. Rein, and L. Rainwater (eds), *Stagnation and Renewal in Social Policy: The Rise and Fall of Policy Regimes*. Armonk, NY: M. E. Sharpe.

Skocpol, T. and Amenta, E.1986: States and social policies. *Annual Review of Sociology*, 12.

Skocpol, T. and Ikenberry, J.1983: The political formation of the American welfare state in historical and comparative perspective. *Comparative Social Research*, 6.

Skolnick, A.1976: Twenty-five years of employee benefit plans. *Social Security Bulletin*, 39(3).

Smeeding, T., Torrey, B., and Rein, M.1988: Patterns of income and poverty: the economic status of children and the elderly in eight countries. In J. Palmer, T. Smeeding, and B. Torrey (eds), *The Vulnerable*. Washington, DC: The Urban Institute Press.

Smith, A.1961: *The Wealth of Nations* (1776). Ed. E. Cannan. London: Methuen.

Soete, L. and Freeman, C. 1985: New technologies, investment and employment growth. In *Employment Growth and Structural Change*. Paris: OECD.

Statistisches Bundesamt (West Germany) 1972: *Bevoelkerung und Wirtschaft VGR*. Stuttgart: Kohlhammer.

Statistisches Bundesamt (West Germany) 1982: *Statistisches Jahrbuch fuer die Bundesrepublik Deutschland*. Stuttgart: Kohlhammer.

Stephens, J.1979: *The Transition from Capitalism to Socialism*. London: Macmillan.

Therborn, G.1978: *What Does the Ruling Class Do When It Rules?* London:

New Left Books.

Therborn, G. 1983: When, how and why does a welfare state become a welfare state? Paper presented at the ECPR Workshops, Freiburg (March).

Therborn, G.1986a: Karl Marx returning: the welfare state and neo-Marxist, corporatist and statist theories. *International Political Science Review*, 7.

Therborn, G.1986b: *Why Some People are More Unemployed than Others——The Strange Paradox of Growth and Unemployment*. London: Verso.

Titmuss, R. 1958: *Essays on the Welfare State*. London: Allen and Unwin.

Titmuss, R. 1974: *Social Policy*. London: Allen and Unwin.

Touraine, A.1971: *Post-Industrial Society*. New York: Random House.

Tufte, E.1978: *Political Control of the Economy*. Princeton, NJ: Princeton University Press.

Ulman, L. and Flanagan, R. 1971: *Wage Restraint: A Study of Incomes Policies in Western Europe*. Berkeley: University of California Press.

United Nations Statistics Office 1949: *United Nations Demographic Yearbook*. New York: United Nations.

Uusitalo, H.1984: Comparative research on the determinants of the welfare state: the state of the art. *European Journal of Political Research*, 12.

Van Parijs, P.1987: A revolution in class theory. *Politics and Society*, 15(4).

Vestero-Jensen, C.1984: *Det Tve-delte Pensionssystem*. Roskilde: RVC.

Viby Morgensen, G.1973: *Socialhistorie*. Copenhagen: Akademisk Forlag.

Von Balluseck, H.1983: Origins and trends of social policy for the aged in the Federal Republic of Germany. In A. Guillemard (ed.), *Old Age and the Welfare State*. London: Sage.

Wagner, A.1872: *Rede ueber die Soziale Frage*. Berlin: Wiegandt und Grieben.

Wagner, A.1962: Finanzwissenschaft (1883), reproduced partly in R. A. Musgrave and A. Peacock (eds), *Classics in the Theory of Public Finance*. London: Macmillan.

Weaver, C. 1982: *The Crisis in Social Security*. Durham, NC: Duke University Press.

Weinstein, J.1972: *The Corporate Ideal in the Liberal State 1900–1918*. Boston,

Mass.: Beacon Press.

Weir, M. and Skocpol, T.1985: State structures and the possibilities for 'Keynesian' responses to the Great Depression in Sweden, Britain, and the United States. In P. Evans, P. Rushemayer, and T. Skocpol (eds), *Bringing the State Back In*. New York: Cambridge University Press.

Weir, M., Orloff, A. S., and Skocpol, T.1988: *The Politics of Social Policy in the United States*. Princeton, NJ: Princeton University Press.

Weisskopf, T.1985: Worker security and productivity growth: an international comparative analysis. Unpublished paper, Department of Economics, University of Michigan, (July).

Wilensky, H.1975: *The Welfare State and Equality*. Berkeley: University of California Press.

Wilensky, H.1981: Leftism, Catholicism and democratic corporatism. In P. Flora and A. Heidenheimer (eds), *The Development of Welfare States in Europe and America*. London: Transaction Books.

Wilensky, H.1987: Comparative social policy: theories, methods, findings. In M. Dierkes and A. Antal (eds), *Comparative Policy Research: Learning from Experience*. Aldershot: Gower.

Wilensky, H. and Lebeaux, C.1958: *Industrial Society and Social Welfare*. New York: Russel Sage.

Wilensky, H. *et al* 1985: *Comparative Social Policy: Theory, Methods, Findings*. Berkeley, Ca. : International Studies Research Series,62.

索　　引

（所标页码为原书页码，见本书边码）

人名译名表

A

阿伯格，R.　Aaberg, R.
阿德勒，马克斯　Adler, Max
阿尔贝，J.　Alber, J.
阿伦，H.　Aaron, H.
阿曼塔，E.　Amenta, E.
阿普尔，N.　Apple, N.
阿什弗得，D.　Ashford, D.
埃德格伦，G.　Edgren, G.
埃哈德，路德威格　Ludwig, Erhard
埃斯楚普，雅各布・布伦纳姆・斯卡维纽斯　Estrup, Jacob Brønnum Scavenius
埃斯平–安德森，G.　Esping-Andersen, G.
埃文斯，E.　Evans, E.
艾尔夫林，托马斯　Elfring, Tomas
艾尔默，A.　Elmer, A.
爱里克松，R.　Erikson, R.
奥尔洛夫，A.　Orloff, A.
奥尔森，H.　Olsen, H.
奥尔森，M.　Olson, M.
奥菲，C.　Offe, C.
奥康纳，J.　O'Connor, J.
奥康奈尔，P. J.　O'Connell, P. J.
奥昆，A.　Okun, A.
奥特鲁巴，G.　Otruba, G.
奥希金斯，M.　O'Higgins, M.

B

巴伦，J. N.　Baron, J. N.
鲍，R.　Ball, R.
鲍尔，R. H.　Bower, R. H.
鲍尔斯，S.　Bowles, S.
鲍莫尔，W.　Baumol, W.
鲍威尔，奥托　Bauer, Otto
贝尔，D.　Bell, D.
倍倍尔，奥古斯特　August, Bebel
本迪克斯，R.　Bendix, R.
比尔，S.　Beer, S.
比尔碧，W.　Bielby, W.
波尔多尼亚，L.　Bordogna, L.
波兰尼，卡尔　Polanyi, Karl
波梅伦克，W.　Pomerehne, W.
伯恩斯坦，E.　Bernstein, E.
伯格，I.　Berg, I.
伯特里斯，G.　Burtless, G.
博斯金，M.　Boskin, M.
布莱克，D.　Black, D.
布莱克威尔，J.　Blackwell, J.
布兰代斯，S.　Brandes, S.
布兰亭，亚尔马　Branting, Hjalmar

布朗宁，H. Browning, H.
布朗夏尔，O. Blanchard, O.
布劳，P. M. Blau, P. M.
布劳恩，D. Braun, D.
布朗，J. Brown, J.
布雷弗曼，H. Braverman, H.
布雷格，R. L. Breiger, R. L.
布里格斯，A. Briggs, A.
布里克，G. F. Break, G .F.
布卢姆，安德烈·莱昂 Blum, André Léon
布鲁诺，M. Bruno, M.
布鲁斯通，B. Bluestone, B.
布伦德尔，R. Blundell, R.
布罗克，弗雷德 Block, Fred
布斯 Booth

C

岑施泰因，P. Katzenstein, P.

D

达伊，L. Day, L.
戴蒙德，P. Diamond, P.
丹齐格，S. Danziger, S.
道布，M. Dobb, M.
德·托克维尔，亚历克西斯 De Tocqueville, Alexis
德克，M. Derthick, M.
邓肯，O. D. Duncan, O. D.
狄福，丹尼尔 Defoe, Daniel
迪克，J. Dich, J.
迪姆斯，D. Deams, D.
迪斯雷里，本杰明 Disraeli, Benjamin
蒂夫特，E. Tufte, E.
蒂特马斯，理查德 Titmuss, Richard

F

凡·帕里斯，P. Van Parijs, P.
费尔德斯坦，M. Feldstein, M.
费瑟曼，D. L. Featherman, D. L.
费雪，A. Fisher, A.
冯·鲍卢泽克，H. von Balluseck, H.
冯·克特乐，威廉·伊曼纽尔 von Ketteler, Wilhelm Emmanuel
冯·塔弗，海因里希·格拉夫 von Taaffe, Heinrich Graf
冯尼格特，库特 Vonnegut, Kurt
弗拉纳根，R. Flanagan, R.
弗里德兰，R. Friedland, R.
弗里曼，C. Freeman, C.
弗洛拉，P. Flora, P.
福斯托，D. Fausto, D.
富克斯，V. Fuchs, V.

G

高夫，I. Gough, I.
戈尔德索普，J. Goldthorpe, J.
戈尔丁，C. Goldin, C.
格尔沙尼，J. Gershuny, J.
格雷布纳，W. Graebner, W.
格里芬，L. J. Griffin, L. J.
格里斯特拉普，摩根斯 Glistrup, Mogens
格林，A. Glyn, A.
古德曼，C. Goodman, C.
古斯塔夫森，S. Gustavsson, S.
固尔艾维奇，P. Gourevitch, P.

H

哈迪，基尔 Hardy, Keir
哈尔，A. Haarr, A.
哈夫门，R. Haveman, R.
哈根，谢勒 Hagen, Karre
哈基姆，C. Hakim, C.
哈里森，B. Harrison, B.

海曼，爱德华　Heimann, Eduard
海伊，J.　Hay, J.
汉森，E.J.　Hansen, E. J.
汉森，G.　Hansen, G.
汉松，佩尔·阿尔宾　Hansson, Per Albin
豪斯曼，J.　Hausman, J.
豪泽，R. M.　Hauser, R. M.
赫德，M.　Hurd, M.
赫德斯特伦，P.　Hedstrom, P.
赫希，弗雷德　Hirsch, Fred
怀特利，P. F.　Whitely, P. F.

J

基尔伯特，B.　Gilbert, B.
基勒马德，A.　Guillemard, A.
基耶博，C.　Guillebaud, C.
吉登斯，A.　Giddens, A
杰克逊，P.　Jackson, P.
金，F.　King, F.

K

卡莱茨基，米哈尔　Kalecki, Michał
卡梅伦，D.　Cameron, D.
卡斯尔斯，F.　Castles, F.
卡特赖特，P.　Cutright, P.
考茨基，卡尔　Kautsky, Karl
科昂，S.　Cohen, S.
科尔贝格，让·埃温德　Kolberg, Jon Eivind
科尔比约恩森，T.　Colbjornsen, T.
科卡，J.　Kocka, J.
科曼，H.　Keman, H
科皮，沃尔特　Korpi, Walter
克拉克，C.　Clark, C.
克莱恩，R.　Klein, R.
克劳奇，C.　Crouch, C.
克劳斯，F.　Kraus, F.
克劳沃德，R.A.　Cloward, R. A.
克罗姆顿，R.　Cromton, R.
克罗斯兰，C.　Crosland, C.
肯尼斯·汉森，F.　Kenneth Hansen,F.
库特纳，B.　Kuttner, B.
库兹涅茨，S.　Kuznets, S.
夸达格诺，J.　Quadagno, J.

L

拉蒂默，M.　Latimer, M.
拉斯姆森，E.　Rasmussen, E.
莱，罗伯特　Ley, Robert
莱德勒，E.　Lederer, E.
莱姆布拉什，G.　Lembruch, G.
赖因，马丁　Rein, Martin
兰格，P.　Lange, P.
朗特里　Rowntree
劳伦斯，R.　Lawrence, R.
勒·格兰德，J.　Le Grand, J.
勒比奥克斯，C.　Lebeaux, C.
雷恩，戈斯塔　Rehn, Gosta
雷恩沃特，李　Rainwater, Lee
雷吉尼，M.　Regini, M.
李斯特，弗里德里西　List, Friedrich
里彻尔，E.　Richter, E.
里姆林格，J.　Rimlinger, G.
里斯，乔伊斯　Reese, Joyce
利普塞特，S.　Lipset, S.
林德贝克，A.　Lindbeck, A.
林德布卢姆，C.　Lindblom, C.
林根，S.　Ringen, S.
卢森堡，罗萨　Luxemburg, Rosa
罗宾斯，L.　Robbins, L.
罗坎，S.　Rokkan, S.
罗森费尔德，R.　Rosenfeld, R.

M

马蒂诺，哈里特　Martineau, Harriet
马丁，A.　Martin, A.
马沙克，J.　Marshack, J.
马歇尔，艾尔弗雷德　Marshall, Alfred
马歇尔，托马斯·汉弗莱　Marshall, Thomas Humphrey
迈德纳，鲁道夫　Meidner, Rudolf
迈迪逊，A.　Maddison, A.
迈尔达尔，A.　Myrdal, A.
迈尔达尔，G.　Myrdal, G.
麦尔斯，约翰　Myles, John
麦卡蒙，H. J.　McCammon, H. J.
麦克夸尔，M.　Macquire, M.
梅尔曼，S.　Melman, S.
梅森纳，J.　Messner, J.
蒙乃尔，A.　Munnell, A.
米勒，W.　Muller, W.
米勒-延奇，W.　Mueller-Jentsch , W.
密尔，约翰·斯图尔特　J. S. Mill
穆尔，巴灵顿　Moore, Barrington

N

纳斯侯德，弗莱德尔　Nashold, Frieder
纽曼，L.　Neumann, L.
纽塞斯，C.　Neussuss, C.
诺迪豪斯，W.　Nordhaus, W.
诺特曼斯，T.　Notermans, T.

O

欧格斯，A.　Ogus, A.

P

帕尔梅，若阿基姆　Palme, Joakim
帕金，F.　Parkin, F.
帕娄海默，H.　Paloheimo, H
帕森斯，D.　Parsons, D.
潘尼驰，L.　Panitch, L.
潘佩尔，F. C.　Pampel, F. C.
佩林，G.　Perrin, G.
佩林，H.　Pelling, H.
佩因，托马斯　Paine, Thomas
皮文，F.　Piven, F.
皮佐尔诺，A.　Pizzorno, A.
普赖尔，F.　Pryor, F.
普兰萨斯，N.　Poulantzas, N.
普雷勒尔，L.　Preller, L.
普罗伊瑟，N.　Preusser, N.
普热沃尔斯基，A.　Pizeworski, A.

Q

齐斯曼，J.　Zysman, J.
钱德勒，A.　Chandler, A.
乔治，劳合　George, Lloyd
钦蒂斯，H.　Gintis, H.
丘萨克，汤姆　Cusack, Tom

S

萨克利夫，R.　Sutcliffe, R.
萨克思，J.　Sachs, J.
萨洛斯基，H.　Salowski, H.
沙莱夫，M.　Shalev, M.
沙普夫，弗里茨　Sharpf, Fritz
沙普特，K.　Schapter, K.
施密特，曼弗雷德　Schmidt, Manfred
施密特，P.　Schmitter, P.
施莫勒，古斯塔夫　Schmoller,Gustav
施奈德，F.　Shneider, F.
施佩林，H. J.　Sperling, H. J.
什科尔尼克，A.　Skolnick, A.
斯蒂芬斯，J.　Stephens, J.

斯考科波尔，T. Skocpol, T.
斯迈利 Smiley
斯梅丁，T. Smeeding, T.
斯莫尔，阿尔比恩 Small, Albion
斯潘恩，奥特马尔 Spann, Ottmar
索叶，M. Sawyer, M.

T

泰伯恩，G. Therborn, G.
图莱尼，A. Touraine, A.
涂尔干，埃米尔 Durkheim, Émile
托里，B. Torrey, B.

W

瓦格纳，阿道夫 Wagner, Adolph
威尔，M. Weir, M.
威格福什，恩斯特 Wigforss, Ernst
威廉姆森，J. B. Williamson, J. B.
威伦斯基，H. Wilensky, H.
韦尔，M. Wier, M.
韦弗，C. Weaver, C.
韦斯科普夫，T. Weisskopf, T.
维比·摩根森，G. Viby Morgensen, G.
维斯，I. Weiss, I.
维斯托-詹森，C. Vestero-Jensen, C.
温斯坦，J. Weinstein, J.
沃克，I. Walker, I.
乌西塔洛，H. Uusitalo, H.

X

西尼尔，纳索 Senior, Nassau
希布斯，道格拉斯 Hibbs, Douglas
希金斯，W. Higgins, W.
希克斯，A. Hicks, A.
肖恩菲尔德，A. Shonfield, A.
肖尔，J. Shore, J.
辛格尔曼，J. Singelmann, J.
休伊特，C. Hewitt, C.

Y

雅各布，J. A. Jacobs, J. A.
杨茨，K. Jantz, K.
叶索普，B. Jessop, B.
伊肯伯里，J. Ikenberry, J.
英格哈特，R. Ingelhart, R.
于尔曼，L. Ulman, L.

Z

泽伊特，L. Soete, L.
詹克斯，C. Jencks, C.
詹姆斯，威廉 James, William
詹内利，詹纳 Gianelli, Gianna

图书在版编目(CIP)数据

福利资本主义的三个世界/(丹)哥斯塔·埃斯平-安德森著;李秉勤译.—北京:商务印书馆,2024
(汉译世界学术名著丛书:120年纪念版:珍藏本:增订本)
ISBN 978-7-100-23820-5

Ⅰ.①福… Ⅱ.①哥…②李… Ⅲ.①资本主义国家—福利制度—研究 Ⅳ.①D57

中国国家版本馆 CIP 数据核字(2024)第 078672 号

汉译世界学术名著丛书
(120 年纪念版·珍藏本·增订本)
福利资本主义的三个世界
〔丹麦〕哥斯塔·埃斯平-安德森 著
李秉勤 译

商 务 印 书 馆 出 版
(北京王府井大街 36 号 邮政编码 100710)
商 务 印 书 馆 发 行
北京新华印刷有限公司印刷
ISBN 978-7-100-23820-5

2024 年 5 月第 1 版　　开本 710×1000 1/16
2024 年 5 月北京第 1 次印刷　　印张 21
定价:112.00 元